2

12歳のルドルフ・ディーゼル。1870年撮影。

1

父テオドール・ディーゼルの名刺。ルドルフ誕生当時のパリの工房兼自宅の住所が記されている。

4

1883年撮影のマルタ・フラッシェ。この年、彼女はルドルフ・ディーゼルと結婚した。

3

ミュンヘンで学業を修了したルドルフ・ディーゼル。1880年撮影。

5

1900年のパリ万国博覧会の機械ギャラリー。フレデリク・ディコフ製造の80馬力のディーゼルエンジンが展示された。

7

1903年に発表されたルドルフ・ディーゼルの著書『社会連帯主義』の初版の表紙。

6

1897年6月、ドイツ、カッセルでディーゼルエンジンの一般公開に臨んだルドルフ・ディーゼル（左）、ハインリヒ・ブッツ（中央）、モリッツ・シュレーター。

8

1899年、イタリアのリゾート地、マドンナ・ディ・カンピリオでハイキングを楽しむルドルフ・ディーゼルと３人の子ども（ルドルフ・ジュニア、ヘディ、オイゲン）。

10

ドイツ・ミュンヘンの「ヴィラ・ディーゼル」の内観。

9

おどけるルドルフ・ディーゼル。娘ヘディ、ペットの犬と。1900年撮影。

「ヴィラ・ディーゼル」の外観。

13

ハインリヒ・フォン・ブッツ（1833-1918）。マシーネンファブリーク・アウクスブルクを1864年から1913年まで率いた。ディーゼルエンジンの開発の重要な支援者のひとりで、リンデの最初の製氷機の開発にも携わった。

12

カール・フォン・リンデ（1842-1934）。冷凍技術の先駆者。ルドルフ・ディーゼルの恩師で、駆け出しの彼を雇った。物心両面でディーゼルを支援し続けた。

15

アドルファス・ブッシュ（1839-1913）。「ビールの帝王」と呼ばれた、アメリカにおけるディーゼルエンジン導入の先駆者。自らのディーゼル事業のために1913年、チェスター・ニミッツをアメリカ海軍から引き抜こうとしたが、断られた。

14

サー・チャールズ・アルジャーノン・パーソンズ（1854-1931）。1884年に蒸気タービンを発明したことで知られる。1897年のヴィクトリア女王の即位60周年記念式典で、蒸気タービンを動力源とする「タービニア号」を披露した。ディーゼルの親友だった。

16

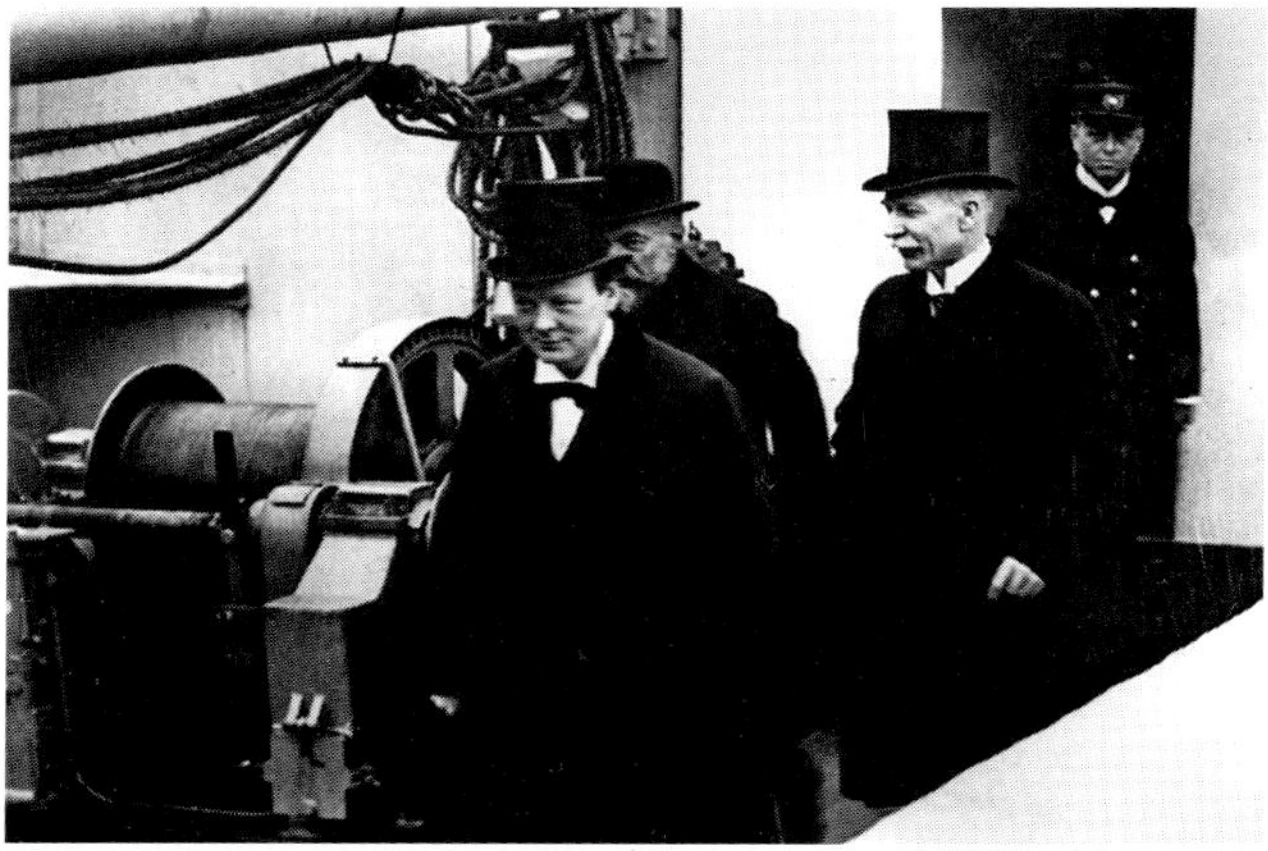

イギリス海軍大臣ウィンストン・チャーチルは、デンマークの海運王ハンス・ニールス・アンデルセンと1912年3月1日に対面した。アンデルセンはイースト・アジアチック社の創設者で、ディーゼルエンジンを動力とする「セランディア号」のオーナーだった。写真は、初航海でロンドンのウェスト・インディア・ドックに到着したセランディア号に乗るふたり。チャーチルはこの船を「20世紀の海の最高傑作」と称した。

17

1912年6月、キール・レガッタに参加した、フィオニア号に乗るドイツ皇帝ヴィルヘルム2世（中央の帽子の人物）、ハンス・ニールス・アンデルセン（左）、ドイツ海軍本部のメンバーたち。フィオニア号はセランディア号の姉妹船。

18

ジョン・D・ロックフェラー（1839-1937）。スタンダード・オイル社の共同設立者にして、世界一の資産家だった。

19

ドイツ皇帝ヴィルヘルム2世（1859-1941）。1888年6月15日に即位し、1918年11月9日に帝位を追われ亡命した。

20

ジョン・"ジャッキー"・フィッシャー提督（1841-1920）。イギリス海軍本部の伝説的英雄で、退役後の1914年、ウィンストン・チャーチル率いる海軍に復帰し、第一海軍卿に就任。潜水艦の有用性をいち早く理解していた。

21

ドイツ帝国海軍大臣を務めたアルフレート・フォン・ティルピッツ（1849-1930）。イギリスの制海権を脅かしうる世界クラスの海軍を構築するうえでのドイツ帝国の戦略として「リスク理論」を提唱。第一次世界大戦中は無制限の潜水艦戦を推進した。

23

1913年のヘント万国博覧会のポスター。このイベントが、ルドルフ・ディーゼルがドレスデン号乗船前に公に姿を見せた最後の場になった。

22

発明界の2大巨頭、ルドルフ・ディーゼルとトーマス・エジソン。1912年5月、ニュージャージー州で。

24

蒸気船ドレスデン号。1896年に就航したイギリスの客船で、グレート・イースタン鉄道が所有し運航させていた。1913年9月30日、船尾側プロムナードデッキの手すりのところでルドルフ・ディーゼルの帽子と、きちんとたたまれたコートが見つかった。第一世界大戦下の1915年にイギリス海軍に徴発され、「HMSルーヴァン」と改名。1918年1月21日、ドイツのUボートの魚雷を受けてエーゲ海に沈んだ。

25

ルドルフ・ディーゼル所有のエナメル塗りのピルケース。北海に浮かぶ遺体から見つかったとされ、ルドルフの息子オイゲンが遺体の身元確認するうえで決め手になった。サイズは手のひらより少し小さい。

歴史に埋もれたエンジン発明家

ルドルフ・ディーゼル失踪事件

ダグラス・ブラント
DOUGLAS BRUNT
越智正子 訳

THE
MYSTERIOUS CASE OF RUDOLF DIESEL
GENIUS, POWER, AND DECEPTION ON THE EVE OF WORLD WAR I

ジャッキーとマンリーへ

The Mysterious Case of Rudolf Diesel
by Douglas Brunt

目次

第1部 戦争とオイルエンジン
1858～1897年

第2部 はばたくディーゼル

1897～1910年

第3部 最高傑作
1910～1913年

第4部 失踪劇

はじめに

中古のモーターボートを2015年に買ったことが、本書執筆のきっかけだ。1996年製の全長11メートルちょっとのランナバウト〔訳注　レジャー用の比較的小型のボート〕で、もともとガソリンエンジンが付いていた。買ったばかりのボートをドックに停め、そのわきで私は修理工場のオーナーと話をした。彼は父親から家業を継ぎ、もう何十年も作業場を取り仕切っているそうで、あたりの空気は1950年代で時間が止まっているかのようだった。オーナーの顔は太陽と潮風にさらされてがさがさで、指は石のようにごつごつしていた。その指が手巻きタバコを巻く。このボートにどう手を加えたらいいだろうかと、私は彼に相談した。

この手のボートはディーゼルエンジンに限るね、ガソリンエンジンじゃなくて、と彼は言った。エンジンなんてどれも大差ないだろうと考えていた私は理由を尋ねた。彼の説明によると、このボートの燃料タンクの容量は200ガロン（約757リットル）だが、ディーゼルエンジンにすれば航続距離がガソリンエンジンの2倍になる。ガソリンエンジンが出すような有毒なガスを吸わなくてすむ。ボート火災のほとんどすべてがガソリンエンジンによるもので、ディーゼルエンジンから出火した例はない。彼は指の間に小枝のように挟んだ吸いかけのタバコを示して言った。「この火のついたタバコをディーゼル燃料の樽に落としたとする。何も起こらないだろうね。ガソリンエンジンは電気の火花で始動する。でもディーゼルエンジンに火花はいらない。ディーゼル燃料は引火性が低くて、エンジンに火花を利用しない。燃料はエンジンの内部でまず加圧される。ディーゼルは別物なんだ。もっと優秀なエンジンなんだ」。私はおやじさんのアドバイスに従い、ガソリンエンジンをディーゼルエンジンに付け替えた。

１年後、ひとつの小説を書き終えてから次の小説を書き始めるまでの、あの何とも言えない平穏の中で、私は新しいアイデアを得るためのルーティンに取りかかっていた。パソコンに向かってあれこれと検索し、さまざまな時代や地域へと私をいざなうスレッドを物色していた。スレッドをたどり、ときどき深く掘り下げては新しいスレッドへと移っていくうちに、「海で起きた謎の失踪事件」のリストを見つけた。リストを目でたどっていくと、ルドルフ・ディーゼルという名前があった。おや、この人物は、私の新しいボートのディーゼルエンジンと何か関係があるのだろうか。私は１９１３年９月29日の出来事を要約したページをクリックした。この本へとつながる壮大な航海が始まった。

プロローグ

１９１３年10月11日。

海面に何かが見えた。

オランダの蒸気式水先船クルツェン号の船員たちは、その「何か」に小舟で近づいた。ここは北海に面したスヘルデ川の河口近くで、黒いさざなみの下にあるものが、はっきりと船員たちに見えてきた。

人の死体だ。

ひどく腐敗が進んでいるが、その体をいまだに包んでいる衣服が上等なのは船員たちにもわかった。遺体を舟に引き寄せ、ポケットにあった小物４つを取り出し、朽ちてゆく亡きがらは再び波に委ねた。所持していたのは小銭入れ、小型ナイフ、眼鏡ケース、そしてエナメル塗りのピルケース。蒸気船は予定通りオランダの港町フリシンゲンに寄り、港湾当局に遺体を発見したと報告し、所持品を引き渡した。

クルツェン号から報告を受けた役人たちの頭に真っ先に浮かんだのは、欧米の主要都市の新聞すべてで報じられていた、ある行方不明事件だった。当局は失踪者の息子に電報を打ち、その翌日、息子がドイツからフリシンゲンに到着した。オイゲン・ディーゼルは品々をひと目見て、父ルドルフのも

NO RAY OF LIGHT ON DIESEL MYSTERY

German Inventor Was a Millionaire and His Home Was Happy.

1913年10月２日付のニューヨーク・タイムズ紙から。「ディーゼル氏の謎、手がかりなし——ドイツ人発明家は百万長者、家庭生活は円満」

のであると認めた。

ルドルフ・ディーゼルは、その名を冠した革命的なエンジンの発明者であり、２週間ほど前に、ベルギーからイギリスに向かう夜行フェリー上で、姿を消した。旅客フェリーの船長は、ディーゼル氏が行方不明になったと発表していた。どの国の司法権にも捜査権にも属さない公海上での事件だった。遺体がないので検死報告書もない。海軍による審理もなく、船会社への聴取さえなかった。本格的な捜査はいっさい行われなかった。

ルドルフ・ディーゼルは、産業の勃興期に生まれ育った。アメリカでは「金ぴか時代」と呼ばれ、フランスでは「ベル・エポック」と呼ばれる時代を経験した。経済は繁栄し、各国の都市は空前の人口増加を見た。少年時代のディーゼルは、貧しい移民としてこの急拡大を目にした。家族はヨーロッパ各地を転々としながら細々と生計を立てていたが、親戚のひとりが少年の才能に気づき、援助の手を差し伸べた。

12歳のとき、ディーゼルは人並みの教育を受ける機会に恵まれ、その好機を最大限に生かした。生まれ持った能力と悲壮な覚悟で優秀な成績を修め、20代前半にはドイツ屈指のエンジニアになった。

同時代の科学界にはエジソン、テスラ、ベル、マルコーニ、フォード、アインシュタイン、ライト兄弟らがいて、テクノロジーの歴史に不滅の名を刻んだ。この天才たちは科学に計り知れない発展をもたらし、新しい産業を興し、旧来の産業を破壊し、伝記本や映画の主人公となり、無数の人々の人生をその肩に背負った。

歴史を通じて、技術的な進歩はしばしば、その開発者たちが想像もしなかったかたちで、また望みもしなかったかたちで、世界に受容されていった。ディーゼルと同時代の発明家たちは、経済がまだ地方に分散していた社会を大量生産の社会へと変え、蒸気の力から石油へ、人間同士の白兵戦から機械化された戦闘へと時代を変えた。政治学上の帝国も、企業帝国も、自らの優位を固めるために革新的な技術を取り入れ、開発者たちの苦心の成果が思いも寄らない破壊や恐怖を引き起こすこともあった。

ディーゼルエンジンが普及する以前、イギリス海軍の戦艦ドレッドノートのような巨大艦や、ルシタニア号やタイタニック号のような大型客船には、蒸気機関が搭載されていた。ジェームズ・ワットが開発した蒸気機関の技術はアメリカ合衆国とほぼ同時期に生まれ、産業革命をもたらした。造船技師たちは水を満たした巨大なボイラーを船に据え、機関員がチームで石炭を炉にくべて水を蒸気に変え、蒸気の圧力でエンジンのギアをまわし、炉から出る黒い塔のような煙を煙突から吐き出させた。原始的なテクノロジーだったと言える。ボイラーの中の冷たい水をあたためて〝蒸気を発生させる〟船は、エンジンが止まった状態から船が動く状態になるまで何時間もかかり、貴重な積み荷用のスペースは何トンもの石炭に食われた。石炭をくべる何十人もの機関員のための居住スペースと、彼らの食糧や水なども必要だった。巨大で非効率的なエンジンで世界の海を巡るには、石炭補給のために途中で何度も寄港しなければならず、空を汚す煙ははるか遠くからも見え、船の接近を知らせた。

ディーゼルエンジンには、水を沸騰させるような時間はいらない。冷えた状態からすぐに始動する。燃料をくべる人員を置く必要もなく、液体燃料がタンクから自動的に出てくる。コンパクトなエンジンにボイラーは不要で、炉や煙突も付属していない。燃料には、クリーンで安全に保管できる粘性の高い液体を使える。燃料効率もとてもよいので、遠洋船舶は燃料補給のために寄港せずにすみ、かつては水平線の向こうから到来を知らせた排煙も上げない。何しろディーゼルエンジンの燃料は、産地を選ばず豊富にとれる天然素材から精製することができた。ディーゼルが発明したものは、物質を動力に変えるという人類の能力を飛躍的に向上させた。彼のエンジンは、歴史上最も革命的なテクノロジーとなった。

コンパクトで安全で熱効率のいいエンジンをディーゼルがつくった目的は、地方の経済も都会の経済も同じように向上させ、人々の労力を軽減し、万人の生活の質を高めることだった。だが、予想外の事態も招くことになった。

1913年にルドルフ・ディーゼルが姿を消すと、ニューヨークからモスクワに至るまで主要新聞は軒並み一面でこの偉大な科学者の失踪を報じた。自ら海に身を投げたという見方がある一方で、他殺を疑う新聞もあり、容疑者の筆頭には地球上で最も有名なふたりの人物の名前が挙がった。

まず疑われたのはドイツ皇帝（カイザー）のヴィルヘルム2世とその配下の者だ。ディーゼルがイギリスと取り引きをしたという噂に激怒したカイザーが、発明家の暗殺を命じたとする仮説が立てられた。「発明家、海に落とされる　イギリス政府への特許売り渡し阻止のため」という見出しの報道もあった。

もうひとり、ディーゼルの死の背後で暗躍したという疑いをかけられたのは、世界一の大富豪ジョン・D・ロックフェラーだ。ロックフェラーとその一派は、ディーゼルの革命的なテクノロジー――ガソリンなど石油由来の燃料を必要としないエンジン――を、彼らのビジネス帝国を脅かす眼前の危機とみていた。ルドルフ・ディーゼルは「巨大石油トラストの手の者に殺害された」とする見出しもあった。

天才発明家ルドルフ・ディーゼルは、大いなるミステリーの主人公になった。わずか1年前の1912年、世界の重要人物たちはディーゼルの画期的なテクノロジーにこぞって拍手を送った。トーマス・エジソンはディーゼルエンジンについて「人類が成しえた最も偉大な業績のひとつ」と断言した。この発明の価値をいち早く認め、支持していたウィンストン・チャーチルは、ディーゼルエンジン搭載の貨物船を「今世紀で最も完璧な海の傑作」と絶賛した。高名なイギリス人ジャーナリストのW・T・ステッドが「世界の偉大なマジシャン」と評したそのルドルフ・ディーゼルが、消えてしまった。

産業化時代においては、エンジンなしでは何も動かない。エンジンは国家を動かす心臓であり、ルドルフ・ディーゼル以上に既存の秩序を破壊した発明家はいなかった。まったく皮肉なことに、ルドルフ自身は、自分の生んだエンジンがもたらした社会の進み方を忌々しく思っていた。都市部への経済の集中に異を唱え、石油独占企業への世界的な依存を嫌い、機械化された戦闘を嫌った。コンパクトで経済的な動力源を開発したもともとの目的は、熟練工階級を活性化させ、産業化時代の工場労働者を解放することだった。どの国にもだいたいある天然資源を燃料とするエンジンを思い描き、地球を覆う汚染物質の霧を晴らすようなクリーンなかたちでそれを実現させた。

世界を変えようとしたルドルフ・ディーゼルの奮闘は、20世紀において最も重要な物語のひとつなのだが、たいていの人にはまず知られていない。エンジンは生き残り、何十年にもわたって広まり続けたが、エンジン設計の基本的なコンセプトは今日でも、ディーゼルが１８９７年に最初に発表したものと驚くほど変わっていない。

しかし、彼の存在は、まるで誰かが意図したかのように歴史から消え去った。あまりにも見事に消えたので、「Ｄｉｅｓｅｌ（＝ディーゼル）」という単語の始まりはしばしば小文字のｄで誤ってつづられる。フォードを「ｆｏｒｄ」と書く人間などいないのだが。クライスラー（Ｃｈｒｙｓｌｅｒ）やベンツ（Ｂｅｎｚ）もそうだ。

世界中の人々が今日、「ディーゼル」と記されたもののそばを1日に何度となく行き交っている。列車の側面や船のエンジン、ガソリンスタンド、そして5億台のディーゼル車のどれかのそばを。[1]だが、その単語が、ある人物の名前だと知る人はほとんどいない。その人物が貧しい移民から身を起こしたことも。ロンドンのスラムから逃れるチャンスをかろうじてつかんだことも。資本主義の厳しさを肯定していたことも。搾取が進む時代にあって、平和、平等、労働者階級、クリーンな環境、人間的な労働条件のために闘ったことも。エンジニアたる者、科学者としてだけでなく社会理論家としての役割があるという信念を持っていたことも。

ディーゼルの非凡な才能は、一国の皇帝や実業界のドンとの衝突を招いた。この衝突は結果として世界大戦の行方や近代社会の命運を左右したが、彼らの人生がどう交錯したのか、いまだに歴史の中で認識されていない。第一次世界大戦へと向かう四半世紀を理解するうえで、鍵となるのは4人の人物だ。ジョン・D・ロックフェラー、ドイツ皇帝ヴィルヘルム2世、ウィンストン・チャーチル、そして——これまで見落とされてきた——ルドルフ・ディーゼルである。第一次世界大戦までの数十年にわたる彼らの足跡をたどり、従来は無関係とされてきた事実をつなぎ合わせれば、歴史の謎は解けて、ルドルフ・ディーゼルの運命が明らかになるはずだ。

失踪前日の1913年9月28日、ディーゼルは妻のマルタに手紙をしたためた。イギリスへ向かう客船「ドレスデン号」に乗るまでの最後のひとときの中で、彼はこう書いている。「私がどれほど君を愛しているか、わかるかい？　どんなに遠く離れていても、君にはきっとわかるだろう。まるで無線電信機の受信器が震えるように、君の中でやさしく震える、私の愛が」

その翌日、ディーゼルは消えた。彼の失踪や遺体発見を伝えるニュースは、しばらくは新聞の一面を飾ったが、世界を揺るがす大事件の数々に押しのけられていった。時は地球規模の戦争の開戦前夜。やがて32カ国が参戦し4000万人が死傷する大戦が始まる。ディーゼルの最後の数日間に彼とかかわった人々がどう行動したのか、その捜査は打ち切られた。失踪から数週間の間に出てきたつじつまの合わない情報が何を意味するのか、その謎を解くことをマスコミも諦めた。ディーゼルの自殺説が有力視されてからわずか数カ月後に、あらゆるニュースを蹴散らす戦争の惨禍が始まった。ルドルフ・

ディーゼルは世界から忘れ去られた。

注

1. アメリカの自動車専門メディア『ワーズオート』の推計によると、2020年段階で世界には14億台の自動車があり、その約35%はディーゼル車だ。オフロード車や重機は含まれていないが、これらはすべてディーゼルエンジンで動いている。

第1部

戦争とオイルエンジン

1858～1897年

WAR & OIL ENGINES

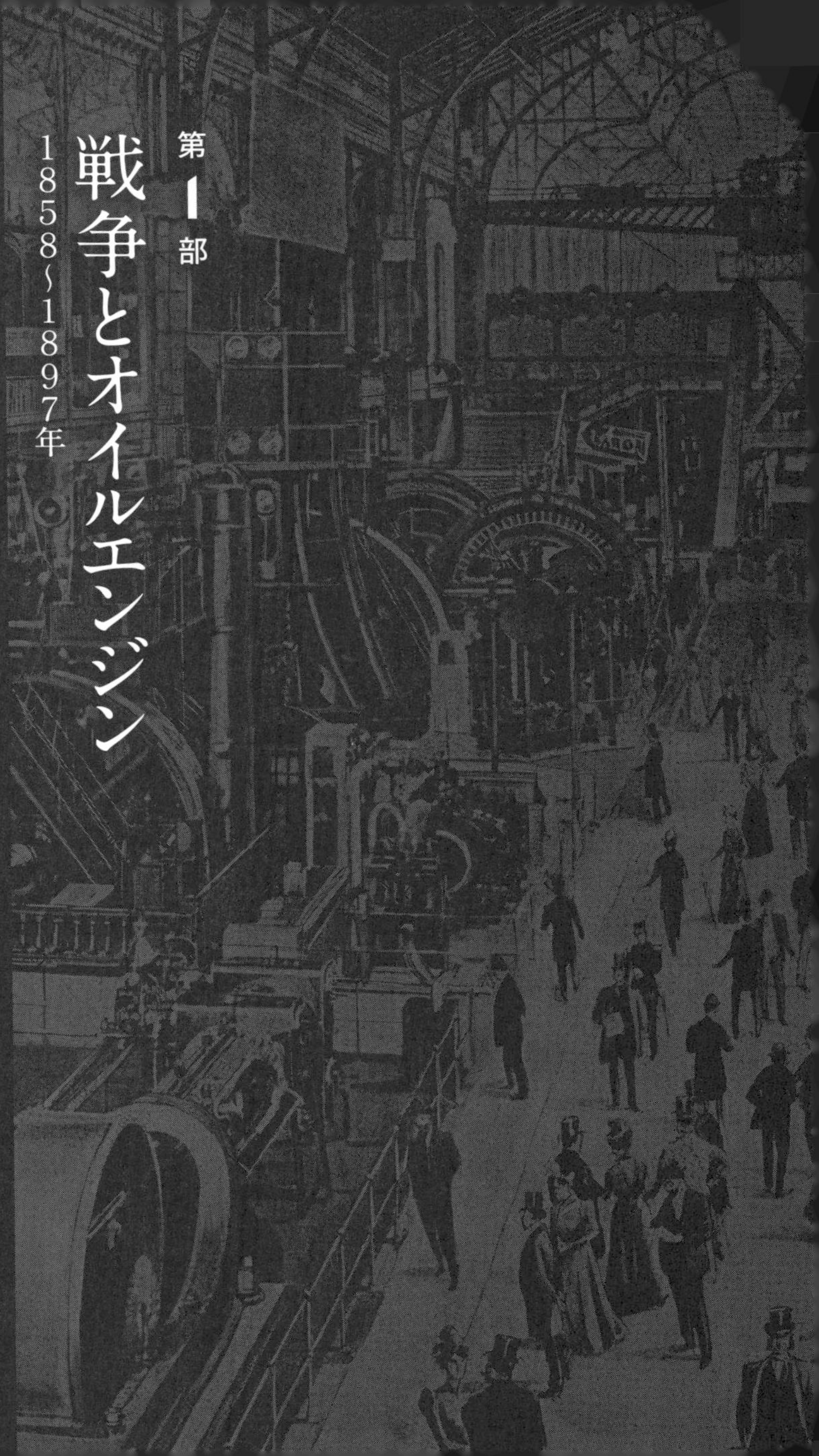

ルドルフ・ディーゼルの人生が始まったころ、そして終わるころ、ヨーロッパは大きな戦争に見舞われた。

1870年8月、当時12歳だったルドルフらドイツ系移民はフランス政府から国外退去を命じられた。フランス国内では何年も前からドイツ人への敵意が高まっていて、それがついに沸点に達し、戦争が始まった。ルドルフと家族はパリの家を追われた。

ルドルフの両親はバイエルン王国の出身だったが、パリで10年以上暮らし、一家は隣近所の住人たちとも親しく付き合っていた。大都市に花開いた文化的生活になじみ、パリに根を下ろしてきた。しかし、バイエルンは、プロイセンを中心に39の国や自由市が緩やかにまとまったドイツ連邦の一国として、フランスとの戦争に突入した。ディーゼル家の人々は、第二の故郷と決めたフランスで敵国民と呼ばれるようになった。

パリの街は、プロイセン軍の進攻から逃れようと地方から流入する避難民で膨れ上がり、混乱を極めた。ルドルフの父テオドールとその妻エリーゼは、ルドルフとその姉ルイーゼ、妹エマを引き連れ、わずかな手荷物をまとめて住居と工房を兼ねたつつましい家を捨て、略奪や破壊が横行する街から逃れることにした、テオドールは融資を受けようと試みたが、険悪な空気の中でうまくいかなかった。

一家は文無し同然でパリを離れた。

ルドルフの父テオドール・ディーゼルは、主に皮革を使う製本職人の３代目だったが、子ども用の玩具や、繊細な絹の縁取りを施した財布、銃のホルスターなどもつくった。彼は１８３０年、バイエルン王国の古都アウクスブルクで生まれた。20歳のときに、パリでひと旗揚げようと弟とともに移住した。腕に自信があり野心家だったふたりは、日々の生活の苦労や長時間労働にも慣れていった。

テオドールはパリで、ニュルンベルクの商人の娘エリーゼ・シュトローベルと出会った。彼女はテオドールより４歳上だった。ふたりは１８５５年に結婚し、３人の子を授かった。上からルイーゼ（１８５６年生まれ）、ルドルフ（１８５８年生まれ）、そしてエマ（１８６０年生まれ）だ。

エリーゼは夫より性格が穏やかだった。若いころはロンドンで家庭教師として働き、英語、フランス語、ドイツ語や音楽を教えていた。父親が不慮の死を遂げると、７人の弟妹の世話をするために故郷に戻って数年間を過ごした。それからパリに移り住み、音楽や外国語の教師をしていたときにテオドールと出会った。ディーゼル一家に許された贅沢には限りがあったが、ルドルフが音楽や芸術を愛するようになったのは母エリーゼの影響だ。

この子はほかの子どもとは違う。ルドルフがまだ幼いころからエリーゼはそう見抜いていたと、友人たちに語っている。その兆しは早くに現れ、長女や次女は母乳で育てたが、息子はやたらに意思の強い赤ん坊で手に負えず、生後まもなく乳母を雇い、９カ月になるまで世話をしてもらった。

幼年期のルドルフには、ほかにも姉や妹や同じ年ごろの男の子とは違うと思わせるところがあった。

鬼ごっこやかけっこなどやんちゃな遊びは嫌がり、家の隅にひとり引っ込んでは父親のつくったおもちゃを分解したり、仕組みを調べたり、部品をスケッチしたりしていた。幼いのによく集中力が続くものだと姉妹や母親は感心したが、父親は息子の分析好きな性格を厄介だと考えていた。ルドルフの飽くなき好奇心は、細々と営んできた工房の枠に収まらないかもしれない。テオドールもエリーゼもそう感じていた。だがテオドールからすれば、工房こそルドルフの居場所であるべきだった。

テオドールの仕事場は、パリ3区のノートルダム・ド・ナザレ通り38番地にあった自宅の1階を占めていた。ルドルフが生まれてから最初の数年間は、見習いをふたり雇えるほど顧客もいて、工房には活気があった。革や油脂類のにおいは階段を上り、共用の寝室がある2階や、エリーゼが子どもたちに外国語や音楽を教える3階にまで漂っていた。

ある朝、父親の作業中に、7歳のルドルフの好奇心が騒いだ。自家製のおもちゃで遊ぶことに慣れていた彼は、家財道具の中でも値打ちものだった鳩時計を床に抱え下ろした。時計の内部のからくりを突き止めようと意気込み、部品をばらばらに分解した。

父親に見つかる前に元通りに組み立てられるはずだ。そうたかをくくっていたが、予想は甘かった。父親は激怒するだろう。おとなしく大目玉を食らおうと覚悟を決めて父を待つと、今度は予想通りになった。その日の午後は家族で外出する予定になっていた。テオドールはルドルフを怒鳴りつけて革ひもでぶち、ほかの家族と出かけてしまった。7歳の少年はその日1日、重たいソファに縛りつけられ、ひとりぼっちで家に残るはめになった。

ルドルフの少年時代、パリはもう「La Ville Lumiere（光の都）」と呼ばれていた。1667年、ルイ14世は治安向上のためにランタンで街を照らすよう命じ、パリはいち早く街灯を採用した都市になった。ルイ14世が没した1715年を発端とする啓蒙思想時代の黎明期、パリは知的、哲学的運動の中心になり、街の異名は実態にも比喩的にもぴったり合っていた。

シャンゼリゼ大通りに初めてガス灯がともったのは1828年。60年代までに街じゅうに広がり、1900年には5万以上の街灯がパリの夜を彩った。

この進歩でパリ市民の屋外生活は華やぎ、夜間も活動できるようになった。土曜の午後ともなると労働者階級の人々は着飾って戸外に集まり、ダンスや飲食に興じた。新しくてまばゆい照明のもと、パーティーは遅くまで続いた。ルノワールの「ムーラン・ド・ラ・ギャレットの舞踏会」（1876年）は、セーヌ川右岸、パリ18区のモンマルトル地区の祝祭感を印象派の目で活写した1枚だ。描かれているのは、レストランや屋外カフェがひしめくパリ中心部の有名スポットで、週末に照明の光のもと中産階級の人々が集う場面。ここはディーゼル家から徒歩で行ける場所だった。1860年代の前半、テオドールの工房はまだ繁盛していて、ディーゼル家の暮らし向きは下層の労働者階級と中流階級の境目というところだった。テオドールと音楽好きのエリーゼの夫妻は、モンマルトルを散歩しては音楽やワインを楽しんだ。

この数十年、パリは間違いなく無敵の魅力を誇っていたが、けして完璧とは言えなかった。19世紀のヨーロッパにおいて、人口50万人規模の都市にはたいてい10万頭の馬がいて、路上に落とす糞《ふん》は1頭あたり1日で15キロ前後、尿は7リットル以上が垂れ流されていた。それだけではすまない。糞にはチフスを媒介するハエが大量にたかり、毎年何千人もの命を奪った。
当時、フランスの人口はロシアに次ぐもので、首都は過密状態だった、１８６１年の統計によると、ディーゼル一家がいた3区だけでなんと９万９０００人（２０１７年の統計では３万４０００人で、その約3倍）が住んでいたという。[1]
馬が引く自家用四輪馬車や乗合馬車が通りにひしめき、交差点によってはあまりの混雑ぶりに「世界の不思議」とまで言われた。ルドルフは手押し車に父がつくった製品を乗せてその雑踏をかき分け、ノートルダム大聖堂からわずか１・５キロほどの工房から、街でも指折りの裕福な貴族のもとへと行き来した。

新しい国家元首の出現によって、街の大部分がこのころ様変わりした。ナポレオン・ボナパルトの甥であるシャルル・ルイ・ナポレオン（ナポレオン3世）は１８４８年、第二共和制の初代大統領に選ばれた。フランスの憲法では再選が禁じられていたため、この傲慢な権力志向の男は政府を転覆させ、１８５１年に自ら帝位についた。
彼は自らの治世を華やかなものにしたいと望み、そのイメージを首都に投影させるため、パリの美化を最優先させた。新皇帝の命令で、幅の広い直線の大通りや広大な公園、壮麗なモニュメント、息をのむような庁舎が建設された。土木事業の傑作は地下にもつくられた。水道や下水、ガスのパイプが何百万本と設置された。土木技師たちはボートを漕いで通れるほど広い地下下水道を築いた。街の上空には熱気球が浮かび、裕福な観光客をかごに乗せていた。こうした空の移動手段はすばらしい娯楽であり、戦争中は敵陣の偵察や焼夷弾の投下にも利用された。

幼いルドルフや同時代のパリの人々は、写真や、アルミを使った宝飾品や上等な食器、飛行船、メタンや天然ガスを燃料とするエンジンなどに親しんだ。世界は、史上に例のない急速なイノベーションの時代を迎えていた。驚くべき技術的成果は人々の移動手段やコミュニケーション、働き方を着実に変化させた。金属精製・加工の技術も発達し、これまでつくり得なかった機械や建造物が生まれた。

人類の知識と成果は加速度的に増え、その盛り上がりは「Exposition Universelle」、いわゆる万国博覧会につながり、世界初の万博が１８５５年にパリで開催された。これほど急速な変化にも社会は耐えられるという考え方自体がひとつの変化であり、祝うべきものだった。

ルドルフは１８６７年開催のパリ万国博覧会を見に行った。パリで開かれた二度目の万博だ。会期は４月１日から11月３日までで、１５００万人の入場者を集めた。ロシア皇帝のアレクサンドル２世、プロイセンの国王ヴィルヘルム１世やオットー・フォン・ビスマルク、オーストリア皇帝のフランツ・ヨゼフ、オスマン帝国皇帝のアブデュルアジーズら各国の要人も来場した。

フランス政府はヴィクトル・ユゴーとアレクサンドル・デュマにこのイベントの宣伝文を依頼した。ジュール・ヴェルヌは電気のデモンストレーションに目を見張り、『海底二万里』（１８７０年刊行）の着想を得た。

９歳のルドルフも好奇心に目を輝かせながらシャン・ド・マルスに設けられた１１９エーカー〔訳注　東京ドーム約10個分〕に及ぶ広い会場を歩きまわった。ここはふだん軍事パレードに使われた土地だ。５万を超える展示が楕円の同心円状に並び、産業分野や出展地域ごとに配置されていた。アメリカから出品され世界のピアノ熱に火をつけたスタインウェイ社のピアノの輝かしい音色に、彼は足を止めて聞き入った。プロイセンのクルップ社の展示にも釘付けになり、最新の金属加工技術でつくられた50トンもの大砲の圧倒的な巨体を、あとで絵に描こうとつぶさに観察した。

日本からの物珍しい展示品にも足を止めた。ナポレオン３世の招きで初めて万博に参加したこの国からは、絵画や華麗に装飾された屏風、刀剣、陶磁器、彫刻などが出品され、ヨーロッパ人の関心を引いた。

だがこの１８６７年の万博で最も注目を集め、幼いルドルフの心をも奪ったのは、別の展示品だった。それは、この万博でグランプリを獲得したニコラウス・オットー開発の石炭ガスエンジンだ。オットーと相棒のオイゲン・ランゲンは、従来の蒸気機関よりも安全でコンパクトで熱効率のよいエンジンを開発し、その技術が評価された。ジェームズ・ワットが実用的な蒸気機関を初めて開発した産業化時代の黎明期以来、ほぼすべての産業で動力源として採用されていたのは石炭を燃やす外燃機関だったが、オットーが新たに生み出したのは、ガス燃料を用いた内燃機関だ。

従来の蒸気機関（外燃式）を頭に浮かべるには、映画『タイタニック』の有名なシーンを思い出すといい。船長が「乗り出そう」と言い、「全速前進」の指示が伝わっていく場面だ。カメラが機関室に入っていくと、何十人もの汗だくの男たちが、巨船の腹の中に収まったオレンジ色に燃えさかる炉へと、何トンも積まれた石炭をショベルでくべている。実際のタイタニック号には１５０人を超える火夫が乗り組み、24時間体制で働いていた。蒸気はパイプに閉じ込められ、エンジンのギアを動かし、ギアが船尾のプロペラをまわす。炉の中で燃える石炭の炎がエンジンに触れることはない。エンジンの外部に水を満たしたボイラーがあり、炎がそのボイラーを熱し、水が燃料とエンジンの媒介物質となる。熱せられた水が蒸気になって密閉され、エンジンを動かし、エンジンが物理的な意味での「仕事」をする。[2]

石炭を燃やすと、すすけた煙が、炉とつながった煙突（チムニー）を通って、船のデッキ上にそびえる煙突（ファンネル）から排出された。蒸気機関にはふたつの物質が欠かせない。燃料（主に石炭やまき）と水（蒸気のもと）だ。エンジンに接触するのは蒸気だけ。原始的な形態の蒸気機関はすでに古代から存在していた。古代エジプト人は石造りの重い扉を蒸気の力で開閉した。だが、蒸気力を工業的に利用できるようになったのは、１７７０年代にジェームズ・ワットらが蒸気機関を改良してからだ。

オットーの内燃機関では、燃焼はエンジン室内で行われ、ピストンを直接動かす設計に変わった。オットーは外付けの炉も、蒸気を発生させるボイラーも用いなかった。媒介物質（水）もいっさい不要だった。

内燃機関は、燃料をエンジンシリンダー内で直接、爆発させる。蒸気の膨張圧力ではなく、燃焼する燃料自体の膨張圧力がエンジン部品（ピストンとクランクシャフト）を動かして仕事をする。

内燃機関の起源は、12世紀の大砲の発明にまで遡る。火薬が燃焼するごとに、ピストンは単一ストロークで大砲の弾丸を射出した。17世紀になると科学者たちは、大砲の弾丸の代わりに、ピストンがクランクシャフトに取り付けられた密閉シリンダーを使って実験をした。オットーはこのコンセプトで実用的なエンジンをつくることに成功した。
初期の内燃機関の燃料は、不安定で引火性が高かった。オットーが通常使っていたのはプロパンや水素、石炭ガスなどで、液体燃料として使ったケロシン（灯油）も引火性が非常に高かった。シリンダー内で燃料が燃焼するとピストンが前後に動き、クランクシャフトがホイールをまわして仕事をする。内燃機関と外燃機関は総称して「熱機関」に分類され、熱または熱エネルギーを、仕事のための機械エネルギーに換える。[3]
地上に固定された大型の蒸気機関は、坑内から水を汲み上げたり、小麦を挽いて粉にしたり、石を砕いて砂利にしたりするのに利用された。設計を変えて大型船や列車に動力を供給し、輸送に役立てられたりもした。とはいえ蒸気機関は巨大で、大量の石炭を炉に投入し続けるために多くの人間がついている必要もあった。この技術には巨大なエンジン、ボイラー、煙突装置が必要で、燃料を船や列車に積んで運ばなければならず、海上や鉄道での利用はとくに困難だった。蒸気圧を伝えるバルブや管の破損が避けられないため、エンジンの定期的なメンテナンスも必要だった。そして、何といっても19世紀の蒸気機関はおそろしく非効率で、燃料のエネルギーのわずか6～7％しか仕事に変換されなかった。
オットーの新しいエンジンは外部の炉とボイラーを廃したため、蒸気機関よりもはるかにコンパクトだった。しかし、このエンジンの欠点は、サイズも出力も非常に小さいということだ。新しい内燃機関はおおむねわずか数馬力しか出せず、何百馬力も要する船のエンジンにはとうてい使えなかった。しかし、一定の燃料あたりの仕事量を考えれば効率が高く、1867年の時点での熱効率は蒸気機関の2倍の12%ほどに達していた。急速に産業化が進む時代において、パリの審査員たちはこの新しい動力源に豊かな応用可能性を認め、オットーとランゲンに最高賞を贈った。

オットーは幼い崇拝者ルドルフより数十年分、前を歩いていた。この新型エンジンの姿を忘れないうちにスケッチしようとルドルフは家路を急いだ。

その年の夏の終わりの週末、9歳のルドルフは父とパリ市内を散歩した。のちにディーゼル家で代々語り継がれる出来事が起きたのは、そのときのことだ。日曜日はたいてい休養と家族だんらんのための日で、あとの6日間、父テオドールは工房で夜明けから日暮れまで働いていた。

花盛りのテュイルリー公園やリュクサンブール公園、そしてセーヌ川沿いを散歩するのは、この時代の最も一般的な娯楽だった。通勤列車や自動車はまだ走っていなかった。パリでメトロが開通するのは1900年のことだ。

父と子は暖かな日差しを浴びて歩き始めた。行く手に1本の木を取り囲む人だかりがあり、興奮した様子で騒がしく何やら言い合っている。父と子も近づいていく。木の枝にぶら下がって注目を集めているのは、死体だった。明らかに首つり自殺だ。

テオドールは死体をしばらく眺め、人垣をかき分けて進み出た。工房で革を切るのに使うナイフを取り出して、木にくくられたロープを切った。死体は地面に崩れ落ちた。テオドールの目には、死者を眺めるヒステリックな見物人たちの態度は礼儀を欠いているように映り、その場面に幕を下ろしたかったのだ。

テオドールは息子を引き寄せると無言で歩き続けた。数分後、池を見下ろす丘の上の小道で、両手をそっと息子の肩に置いた。思いやりの表れと思わせたのはフェイントで、息子の足を引っかけてつまずかせると、力いっぱい池のほうへ突き落とした。ルドルフはぶざまに丘を転がり、池底の泥の中に落ちた。震えが止まらずあざもこさえて汚物まみれで立ち上がった。今度は自分が注目の的になっていた。驚きと恥ずかしさでいっぱいの９歳の少年は、どうしてそんなことをするのかと父親に尋ねた。

人生には厳しい試練が待ち構えてるってことだ、とだけテオドールは答えた。

いまとは時代が違うとはいえ、これは乱暴な教育法だった。荒っぽい父親のせいで内気な少年はますます内気になった。

発明家の血がディーゼル家の人々には流れていた。テオドールも創造的センスに恵まれ、革の札入れにベルベットをあしらったり、子ども向けの斬新なゲームの道具やおもちゃをつくったりした。ガスランプの炎を覆う「光拡散器」を発明したりもした。ガラス製の円筒がほやとして普及する何年も前の話だ。

テオドールは高級品を手がけていたが、１８６０年代の後半には家業が窮地に追い込まれていた。一家は攻撃的なプロイセンに加担するつもりはなかったが、フランスの得意先はそうは考えてくれなくなってきた。

ドイツ嫌いの風潮が広く根づくにつれ、得意先の多くが代金の支払いを渋ったり、取り引きを打ち切ったりするようになった。テオドールはルドルフ少年を集金に差し向けた。

客層は、比較的貧しい層から最上流まで幅広かった。ルドルフは街の端から端まで歩きまわって手帳に記録をとったので、街の隅々まで「まるで自分のポケットの中のように」頭に入っていた。この得意先まわりは社会の各階層を知るためのいい勉強になった。

テオドールが息子を顧客窓口にしたのは、それなりの理由があった。ドイツなまりの強い自分と違ってルドルフは完璧なフランス語を話し、内向的な性格ではあったが生まれつき人を引きつけるものがあった。ハンサムだと言われ、美しいとも言われ、ディーゼルの伝記作家チャールズ・ウィルソン（後年、実際にルドルフとアメリカで会っている）は、ルドルフが「きっとパリで最も美しい少年のひとりだった」と断言している。

のちにルドルフは、家業が傾いて父に集金係を押しつけられたパリでの少年時代について、金銭や貧困についての思想を養うものだったと記した。とはいえ、集金の仕事は気が進まず、しょっちゅうさぼっては父に嘘をついてごまかそうとした。

ルドルフは、セーヌ右岸に位置する家からほど近い隠れ家を見つけた。生家が面するノートルダム・ド・ナザレ通りを右へ進み、サン・マルタン通りへ曲がると、家から数百メートルのところにフランス国立工芸院があった。パリで最も古い理工系の博物館だ。薄暗くてじめじめした建物は、サン・マルタン・デ・シャン小修道院を改装したもので、フランス革命期には監獄として使われ、１８０２年に博物館として開館した。そこには農業用具、船の模型、初期の蒸気機関など、ルドルフの想像力をかき立てる不思議な展示物が収められていた。
展示の目玉は、「ファルディエ・ア・ヴァプール（蒸気式運搬車）」〔訳注　通称・キュニョーの砲車〕で、フランスの発明家ニコラ・ジョセフ・キュニョーが１７７０年に発明した世界初の自動車だ。前方に巨大なティーポット型のボイラーを備えた三輪車で、重量は全体で２・５トンだった。時速３・２キロで走るのがやっとで、燃料効率もひどく低かったが、その当時としては驚異的な発明だった。[4]
ルドルフは博物館の学芸員と顔なじみになった。静かでほこりっぽい通路に腰を下ろして、機械の特徴をスケッチブックに描き留めていった。家に戻ると屋根裏部屋にこもって、博物館で見た油彩画を模写したり、パリの街の風景を描いたり、かつての修道院に置かれた奇抜な機械工学装置をスケッチしたりした。大人になってから彼はよく友人たちに、「デッサンはエンジニアに必須の素養だ」と語っていた。

１８６９年のある夏の日、11歳のルドルフはセーヌ川のほとりで、日光にあたたまった平らな岩に腰かけていた。彼はよくそんなふうに、にぎやかな岸辺の中でも静かな場所を選んだ。プロイセンの脅威が迫っているという噂はますます頻繁にささやかれていたが、真の危機を想像するには彼はまだ幼かった。小さな革の小物入れから鉛筆を取り出し、ひざの上にスケッチブックを開く。そこには、目の前を行き過ぎる船や上空に見える熱気球、馬、馬車などが、十代に入ったばかりの少年とは思えないほど精密に描かれていた。白いページはあとわずか。女性がふたり、すてきなドレスと手の込んだ帽子で着飾って上手《かみて》を歩いていた。デッサンの腕を磨くための次の題材は、あのふたりにしようと決めた。

下流のほうには水浴びをするグループ、向こう岸にはマスやタイセイヨウサケを釣る老人がいたが、絵を描いているとまったく目に入らなかった。少年時代の彼にとっての至福の時間だった。

ところがその朝のルドルフは、父親から何軒か集金にまわるよう言いつけられていた。だがどうにも気が進まない。母親が繕った、継ぎはぎだらけのすり切れた服で客の家を訪ねるのは恥ずかしかった。客の家に着いたとしても、言葉に詰まって不安の涙がこみ上げてきた。家計は明らかにひっ迫している。そう思うと代金を請求するのがなおさら屈辱的に感じられた。

この日もルドルフは父に渡された住所に行かなかった。短くなった鉛筆を入れた小物入れとスケッチブックを持って足を向けたのが、このセーヌのほとりだった。

日も落ちたころ、ルドルフはスケッチを終えた。もう家に帰らなきゃ――集金できなかったけど。夢見がちで懲りない少年は、どんな嵐が待ち受けているかも考えずに帰宅した。工房の奥でテオドールは息子に代金を渡すように言った。払ってくれって言ったけど、お客さんはこの次、払うからっていた。

――その嘘はすぐに父親にばれた。伝統的なドイツ式教育でも、そこまでは、というほどの罰が待っていた。テオドールはルドルフの手からスケッチブックと小物入れをもぎ取る。そんなとき、父と子の手はまったく対照的だった。ルドルフの手は柔らかくなめらかで、まるで女性の手のようだった。父の手は、革や木材を扱うときに使うオイルで汚れ、石のようにごつごつして、たこができていた。その手が革のベルトに伸びる。

さんざんに打ち据えてから、父親は息子に「ぼくは嘘つきです」と書いたプラカードをつくらせ、

ルドルフ・ディーゼルが1874年９月に描いたイエス・キリストのスケッチ。当時16歳だった。

次の日に学校でずっと首から下げておくように命じた。

１８６０年代後半、ディーゼル家の暮らし向きは悪化の一途をたどり、１８７０年にはもうフランス人を相手に商売ができなくなった。ドイツ系のケラー家が経営していた百貨店にすべての製品を卸すようになったが、直売をしていたころの売り上げには及ばなかった。そしてその年の7月、戦禍が一家に迫ってきた。

バイエルンやザクセンなど、ドイツ連邦を緩やかに構成していた諸国の多くの人々は、フランスとの平和を望み友好的な姿勢だった。しかしとりわけプロイセン王国は、ナポレオン1世から受けた打撃をいまだに苦々しく思っていた。国民は復讐心に燃え、ナポレオン1世亡きいま、彼を模範とするナポレオン3世にその矛先を向けた。バイエルンはついにプロイセンの勢いに押され、その同盟国として対フランス戦争に組み込まれた。

１８７０年9月4日、フランス北東部スダンでの戦闘の様子がパリに伝えられた。フランス軍は３日前に大敗した。プロイセンはフランスを降伏させ、ナポレオン3世は捕虜になり、退位に至った。

パリは大混乱となった。街のいたるところに派手好きな皇帝への敬愛を示すものが飾られていたが、群衆によって破壊された。皇室御用達の看板を誇らしげに掲げていた店も、略奪の憂き目に遭った。ドイツの血を引く人々の身の安全も脅かされた。プロイセン軍がパリに東側から迫りつつある9月5日、ディーゼル一家は、パリから西側の海岸へと向かう難民列車に乗り込んだ。蒸気船に乗り換えてイギリス海峡を渡り、一路ロンドンを目指した。

急な避難を強いられたディーゼル一家は、家も工房も、そしてほとんどの家財も捨てることになった。所持金はごくわずかで、荷物も各自で背負える分しか持ち出せなかった。テオドールは海を渡る5人家族のために「パンひとかたまりとチョコレートバー1本」を確保するのがやっとだったと、孫のオイゲンがのちに記している。

イギリスになだれ込む避難民の群れのなか、一家もまた不透明な未来へと漕ぎだした。

背後では戦闘が激化していた。統制のとれたプロイセン軍にフランス軍はいともあっさりと敗れ、まもなくパリはプロイセンの軍隊に包囲され、外界から孤立した。ここに至る以前に、オットー・フォン・ビスマルクはプロイセンを率いてデンマーク、次いでオーストリアに勝利を収めていて、続くフランスへの完勝は自身の政治戦略の最終段階を飾るものだった。ビスマルクの目標は、ドイツ連邦を統一し、プロイセンが実権を握る強大なドイツ国家を建設することだった。フランスを短期間で破り、彼はゴールを確かなものにした。

1871年にプロイセン・フランス戦争（普仏戦争）が終結し、20世紀につながる現代ドイツが生まれた。陸軍を主体とする世界一強大な軍事力を持つドイツは、たちまちヨーロッパの列強に脅威をもたらすライバルになった。ドイツがフランスに課した講和条件は、巨額の賠償金と、アルザス＝ロレーヌ地方の割譲を含む過酷なものだった。ドイツがフランスの財産を分捕った1871年のこの出来事は、両国の間に政治的な不和を引き起こし、ルドルフの人生にも多大な影響を及ぼすことになる。

注

1. パリ全体の人口は1870年には100万人を超え、周縁部の人口増加に伴い1921年にはピークの290万人に達した。第二次世界大戦以降、しだいに減り、現在は220万人前後で推移している。
2. 物理的な意味での「仕事（work）」の定義は、エネルギーを力に変換し運動または位置の変化を生み出すことを指す。18世紀半ばの初期の蒸気機関は、燃料の約0・5％を有効な仕事に変換した。18世紀後半のワットの革新によって効率は約2％に向上した。こうした初期の蒸気機関は、当時の金属加工技術の制約を受けていた。膨張する気体を完全に取り込むことができず、多くのエネルギーが失われた。エンジンのフレームは木材でつくられ、金属部品は鍛冶職人が手作業で加工していた。パイプを密閉するためにロープが詰められ、バルブの接続部分などは革で覆われた。蒸気は漏れ、効率低下は避けられなかった。
3. 熱力学は異なる形態のエネルギー（熱や熱エネルギー、機械的エネルギー、電気エネルギー、化学エネルギーなど）の関係を研究する学問。「熱機関」は、内燃機関と外燃機関の両方を含む広い分類だ。
4. キュニョーのエンジンの運命は、一世紀以上あとでディーゼルエンジンがたどる運命を示唆するものだった。キュニョーのエンジンが大いに注目を集めた1770年代、フランスを支配していたのはルイ16世だ。革命前の最後の君主で、民間利用よりも軍事目的の技術革新を優先させた。王の指示でフランス陸軍はキュニョーに車を開発させ、大砲の運搬に使おうとした。荷台に大砲を積むと、原始的な自動車は制御不能になり巨大な石の壁にぶつかった。衝突で大破したその蒸気自動車はパリの博物館に飾られ、やがてルドルフ・ディーゼル少年の目に留まることになる。技術が軍事に吸収される例は歴史を通じて繰り返されている。ディーゼルも早くから自分の運命を悟るべきだったのかもしれない。

第2章 ロンドンでの体験

プロイセン軍のパリへの進軍が進むなか、多くの避難家族が、イギリスへ向かう定員オーバーの蒸気船に詰め込まれた。ディーゼル家の5人もイギリス海峡の荒波で船酔いに苦しみながら身を寄せ合った。捨て身の乗船者になけなしの所持品を奪われまいとテオドールは神経をとがらせた。一家は手すりの近くのデッキに陣取ったが、船の揺れで子どもたちはすっかり具合を悪くした。新天地には経験したこともない恐ろしい状況が待っているだろう。12歳のルドルフにもそれは予想がついた。

7時間のつらい船旅を終えて、ディーゼル一家はイギリスのニューヘイヴンに到着した。最初の夜は、ロンドン&パリ・ホテルという安宿で窮屈に過ごした。2日後、一家は列車でロンドンにたどり着いた。

知人もいない街で新生活を始めるために、やるべきことは山積みだ。テオドールとエリーゼは駅のベンチに子どもたちを残して出かけていった。まずは雨露をしのげる場所が必要だ。ふたりは数時間後、成果を得られないまま戻ってきた。

今度は家族5人で一緒に出発し、箱詰めにした持ち物を引きずって街を歩いた。疲れ果てたころにやっとホクストン地区ハーバート通り20番地に質素な2部屋のアパートを見つけた。子ども3人はソファで、両親はベッドで眠った。持ち歩いていた荷物の箱は、椅子やテーブル、洗面台として使った。

ホクストンはロンドン東部でも歴史の古い地区で、その始まりは15世紀にまで遡れる。だが産業時代の初期以降、工場や倉庫が増えるにつれて住民は徐々によそへ移っていった。ここは『オリヴァー・ツイスト』に描かれたロンドンそのものだった。１８７０年にロンドンに到着したとき、ルドルフは12歳で、ディケンズの小説の主人公が救貧院を脱走してロンドンに着いたときの年齢とまったく同じだ。ホクストンはハクニー区にあった。ハクニーという地名は下層階級が話す「ハクニーなまり」、あるいは「コクニーなまり」と結びついていた。もともと暮らし向きは楽ではなかったが、花のパリから危険だらけの新居への急な移住で生活は厳しさを極め、その体験は大人にも子どもにもトラウマになった。

オリヴァー・ツイストは窃盗団の一味になったが、内気なルドルフはパリと同じように過ごそうと考えて大英博物館やサウス・ケンジントン博物館〔訳注　現在のヴィクトリア＆アルバート博物館〕への道を覚え、展示されたエンジンを研究したりスケッチしたりした。世界有数の機械工学の伝統を誇るふたつの都市での生活を経験したことは、彼にとって不幸中の幸いだった。

しかし、ロンドンでは終生忘れられない恐ろしい目にも遭った。ロンドンの産業労働者が暮らす共同住宅や工場には照明が少ないうえ換気装置もなく、空気には不衛生な人間の体臭と、機械が吐き出す石炭の煙のスモッグとが混じり合っていた。

目にしたなかでも最悪だったのは、人倫にもとる強制的な児童労働だ。ルドルフはまだ12歳だったが、同じ年ごろだけでなく年下の子どもたちまで、学校ではなく工場に通っていた。むち打ちも日常茶飯事で、ホクストンでは、囚人のように青白い顔をして、むち打ちの傷から血を流している子どもたちも見た。ルドルフはとても心を痛め、後年、自分の子どもたちにその体験を詳しく伝えた。息子のオイゲンは、家族史をまとめた本にルドルフのロンドン時代の話を盛り込んでいる。

　あるすがすがしい秋の午後、ルドルフはテムズ川にかかるロンドン・ブリッジを歩いて渡り始めた。橋の中ほどで足を止め、船やクレーンや杭打ち機、そして風景の中に散在する工場から立ちのぼる黒い煤煙で覆われた地平線を見つめた。ロンドンに来てまだひと月ほどだが、あの煙を上げている場所でどんな非人道的なことが行われているのか目撃していた。ほかの多くの難民にまじってドイツ系移民の職人である父親がこの新しい街で職を見つけられなければ、自分にも工場労働とむち打ちが待っているのだ。

　橋の欄干のところで立ち止まっているこの痩せた少年に目を留める通行人は、ほとんどいなかった。彼はちょっと変わった少年だった。孤独を好み、夢想家で、まだ修業は積んでいないが機械工学の才能に恵まれ、やさしい母の影響で芸術を愛していた。次の食事にありつけるかどうか定かではなかったが、いまのところ、工場で働かされている不幸な子どもたちに比べれば恵まれていた。純真で楽天的なこの少年は、博物館の展示物の仕組みや、すてきな空想の産物を空き時間にスケッチする日々の中で、自分はもっとすばらしい機械を発明するんだと決意した。自分や家族のような労働者階級の人々の状況を変えるような何かを、ぼくは生み出す。橋の上にたたずむこの瞬間、彼は漠然とした野望に身を捧げる覚悟を決めたのだった。[1]

　石造りのアーチ橋の手すりから彼は離れた。背筋はぴんと伸びていた。そのまっすぐな立ち姿は生涯にわたって周囲の人々の印象に残った。痩せた手足を包む服は、パリにいたころよりもすり切れて、サイズも合っていなかった。ロンドンの空に広がるスモッグと、パリの父親の工房で経験したことを比べた。イギリスで幕を開けた機械化社会はヨーロッパ大陸に波及し、都市部で急拡大する産業が地方の中小事業者を圧倒するようになっていた。この新たな規模の産業の到来は、一種の奴隷制度のように思えた。大勢の従順な労働者と、石炭の倉庫から燃料を供給される巨大な機械に、企業は依存していた。産業時代を支えるこうした人的・物的資源は、少年時代のパリで一般的だった小規模自営業のそれとは対極的だった。

ルドルフがパリとロンドンで見聞きし経験したことは、自身の発明の源になった。彼はノートに何千回も、貪欲に石炭を消費する機械をスケッチした。それは個人経営の職人の手に余り、オーダーメイドの職人技の伝統にも反するものだった。しかし、彼は考えた。地方のコミュニティーに動力を提供する新たなエンジンが存在してもいいじゃないか。工房の片隅に据えられるようなエンジンが。工房そのものよりも巨大な設備としてではなく。そんな方向性にわずかに踏み出したエンジンを、ニコラウス・オットーもつい3年前に発表しているではないか。

ルドルフは橋の向こう側へと歩いた。頭の中にはアイデアが渦巻いていた。彼は目標を見つけた。父親のような職人たちにとって重要な意義を持つだろうビジョンが、このとき芽生えた。

テオドールには自分の店もなく、仕事に就けるめどもなく、ロンドンでは移民のひとりにすぎなかった。上の娘のルイーゼが何とか市内の小さな私立学校で教職にありつき、外国語と音楽を教えた。その稼ぎで一家はどうにか食べていくことができたが、家計はとても苦しかった。家族の苦境を乗り越えていくうちに、きょうだい３人の絆はこれまで以上に深まった。貧困の中にあっても家族の絆は揺るがなかった。

テオドールの弟（彼の名もルドルフ）は数年前にパリを離れ、故郷ドイツで暮らしていた。テオドールはアウクスブルクの弟に手紙を書いて将来について相談したが、ドイツでも雇用状況は厳しいという返事だった。

そんなとき、ルドルフに助け舟を出す人物が現れた。アウクスブルクにはテオドールのいとこのベティもいて、彼女は数学教師のクリストフ・バーニケルと結婚していた。夫妻はルドルフに、アウクスブルクに渡って地元の産業学校で学んではどうかと提案した。さらに、ほかの学生らと一緒にうちで下宿すればいいと申し出てくれた。

テオドールとエリーゼはやさしい顔ばかり見せていたわけではないが、息子を愛していた。そののち数年間にわたって交わされた手紙にもその愛情が表れている。ふたりは息子の才能も認めていた。アウクスブルクでバーニケル夫妻と暮らせば、ロンドンでは固く閉ざされている未来への扉を開くことができる。

テオドールは厚意を受けることに気が進まなかった。だが、教育を受ければ12歳の息子はその日暮らしの苦境から抜け出せる。安定した家庭生活と教育の機会を享受したルドルフは、きっと自分のもとに戻って工房の再建を手伝ってくれるだろうと考えた。[2]

ルドルフのロンドン生活は３カ月に満たなかったが、彼の人生と世界観に大きな影響を与えた。１８７０年11月下旬の身を切るような寒い日、彼はひとり船に乗った。空は鉛色で、荷物は着替え一式と数枚の硬貨、そして母が数日分の食べ物を詰めてくれたバスケットだけだった。

アウクスブルクまでは8日間の旅だった。悪天候で航海は予定より長引いた。オランダのロッテルダムで列車に乗ってドイツに入り、エメリッヒ、ケルン、フランクフルト、ビュルツブルクを経由した。途中で安宿に泊まったが、見知らぬ人々との相部屋だったため、わずかな所持品を盗まれはしないかと気が休まる暇がなかった。寒さの厳しいある晩、ある人がシュナップス〔訳注　蒸留酒の一種〕を1杯ごちそうしてくれた。おいしかったけれど旅の間じゅう、のどや歯や耳が痛かった、と両親への手紙に書いている。

バーニケル家に着いたときにはくたびれ果てて体調が悪く、ホームシックになっていた。姉と妹の身を案じ、父親の職探しがうまくいっているか案じた。

ルドルフ少年の第一印象について、クリストフ・バーニケルはのちに、「12歳の少年というより、しっかりした大人のよう」で、「誰もがたちまち心を奪われる」少年だったと語っている。バーニケル家に落ち着いて体調が回復するまで3日かかった。

体は休めていても。心は抑えきれなかった。生まれて初めて列車で長旅をしたばかりの彼は、列車のとりこになった。バーニケルによると、ルドルフは3日間の休養中に「葉巻の箱を使って、操車場も完備した鉄道模型をつくった。木製の線路は葉巻の箱に釘で打ち付けられた。実際に動く転轍機《ポイント》は、ヘアピンを伸ばした金属線で信号箱に接続されていた」。

将来有望な若者を何人も教育していたバーニケルは、たちまち心を打たれ、ルドルフに明らかに備わっている才能を伸ばそうと決心した。ルドルフはこの家に腰を落ち着けると、ライフワークの基盤となる学校教育を受け始めた。このアウクスブルクの地で、ルドルフ・ディーゼルの創造の種は芽吹いていく。

ルドルフの息子のオイゲンはのちに、機械工学の観点から、父が送った流浪の少年時代の効用を次のようにまとめている。「パリでは、フランスならではの天才たちの業績を知り、技術的、科学的なものに対する情熱に火がついた。ロンドンでは、熱機関時代の古典的なエンジンの原型と、強大な世界帝国の展開を目の当たりにした……ドイツで父は、堅実さと論理性を兼ね備えたシュヴァーベン的なドイツの技術者魂に触れた[3]」

生涯にわたってルドルフはエンジニアとして、また並行して社会理論家として、力を尽くした。戦争や、国を離れる経験は、彼の少年時代に影を落としたが、真に国際的な感覚も養われた。１８７０年に先祖の地にたどり着くまでに、彼はドイツの二大ライバル国の首都で生活し、３カ国語を話し、英仏両国の文化、政治、そして教育システムに接するという経験をした。

しかし、トラウマになるような個人的経験を通じて、家族の平穏がいかにもろいかということも学び、この教訓は彼の心に強く刻みつけられた。戦争も産業的イノベーションも、家族が築き上げた生活を破壊する可能性を持っていた。

注

1．橋の上で迎えたこの瞬間をルドルフは終生忘れず、この場面はディーゼル家で語り継がれた。彼は鮮明な記憶を子どもたちに何度も話し、やがて息子のオイゲンがこの逸話を含む家族史を１９３７年に出版した。

2．テオドールはバーニケルに年間1000マルク（現在の約6000ドル）を支払うと約束した。これは当時の下宿代の相場で、実際にはルドルフが自分で稼げるようになってから自身で払った。

3．シュヴァーベンは中世の大公領で、1803年にバイエルン王国に組み入れられた。質素倹約と起業家精神、そして勤勉さを重んじる気風だと言われている。現代でもそういう固定観念は生きていて、たとえばアンゲラ・メルケル首相が、「節約上手のシュヴァーベンの主婦」を手本にしたいと述べた記事（2012年9月17日付のガーディアン紙）などに表れている。

ルドルフがやって来たころ、アウクスブルクは人口が約5万人で、それほど大きな都市ではなかった（ベルリンの人口は当時約82万人、ミュンヘンは約18万人で、急激な人口流入のさなかだった）。市内を巡る運河沿いには水車が立ち並び、何世紀にもわたって古い形態の産業の動力源となってきた。ここはヨーロッパでも古い都市で、古代ローマに通じる交易路にあたった。この都市の創設時のラテン語名「アウグスタ・ウィンデリコルム」は、ローマ皇帝アウグストゥスに敬意を表して名付けられた。

19世紀までは手作業や機械による繊維産業やタバコの葉の加工が盛んで、あらゆるタイプの貿易商の拠点だった。1838年、ドイツの鉄道技師カール・ブッツはこの古代都市のいっそうの産業振興のため、アウクスブルクとミュンヘンを結ぶ全長約80キロの路線の建設を指揮した。

鉄道を完成させたブッツは、このアウクスブルクは自分のような若いエンジニアにとって理想の街だと考えた。才能と人脈に恵まれたカール・アウグスト・ライヘンバッハという、志を共有できそうな人物にも出会った。ライヘンバッハのおじは1811年に平台印刷機を発明していた。

1844年、ふたりはアウクスブルクで工場設備一式を買い取り、ブッツはただちにアウクスブルク機械工場、すなわちマシーネンファブリーク・アウクスブルク（MA社）を立ち上げた。産業用の重機械製造に特化した会社で、蒸気機関や蒸気ボイラー、水力タービンなどを製造した。

１８６４年、会社の経営はブッツの息子ハインリヒ・ブッツが引き継ぎ、目端がきいて大胆な彼の商才によってＭＡ社は、ドイツが世界の産業界に台頭するのと軌を一にして、ドイツ産業界のリーダーとしての地位を固めた。ルドルフがアウクスブルクに着いた１８７０年11月、ハインリヒ・ブッツは「ドイツ産業界のビスマルク」と異名をとっていた。アウクスブルクでは未来のエンジニアたちが才能を伸ばし、19世紀後半のドイツで夢をかなえたいエンジニアにとって、ＭＡ社のハインリヒ・ブッツは面識を得るべき人物だった。

これに先立つ数百年間、工学上の進歩はフランスやイギリスからもたらされたが、変化の時代が訪れた。ドイツは急激な経済発展を迎え、ルドルフは、力を増すエンジニアリングの中心地に身を置くことになった。


戦争と産業はつねに共生関係にある。科学者は政治体制の内側で働き、その体制の性質は、科学者の研究の方向性や応用に決定的な影響を与える可能性がある。科学者は自分の立ち位置を見定めなければならない。ドイツの産業が急伸した理由としては、プロイセンの統率力が軍事的に勝利を収めたことが大きい。プロイセン率いるドイツがフランスに大勝すると、アウクスブルクは単なるバイエルン王国の一都市ではなくなった。１８７１年、アウクスブルクはドイツ帝国の一都市になった。

ルドルフがここで暮らし始めたころ、そして働き始めたころの政治的、社会的情勢を理解するうえでまず重要なのは、ドイツ帝国の成り立ちを理解し、皇帝ヴィルヘルム1世や、のちのヴィルヘルム

2世が権力をどのように行使したかを理解することだ。このころのドイツ帝国は、まだアイデンティティーの確立期にあった。

1871年に普仏戦争で勝利を収めると、ヴィルヘルム1世はドイツ帝国の初代皇帝となった。プロイセンの首相だったオットー・フォン・ビスマルクは「ドイツ帝国宰相」に任命され、「鉄血宰相」と呼ばれた。皇帝の孫であるひとりの皇子が、ドイツ軍の勝利に拍手を送っていた。彼はルドルフより1歳下だった。

宰相ビスマルクはドイツにおいて政治面で絶対的な存在になった。肩幅が広く身長は180センチを超え、あらゆる意味で堂々たる雄姿を誇り、年老いた皇帝でさえ意のままに従わせた。世界各国の君主や大臣も、欧州一の強大な軍隊を率いる彼を敬い、恐れた。続く約20年間、彼は世界外交を牛耳ることになる。9世紀のカール大帝以来、彼ほどヨーロッパ全土で自分のビジョンを具現化した指導者はいなかった。

ドイツ帝国を築くうえでフランスはビスマルクにとって3番目の、そして最後の交戦国だった。1864年にはデンマークとの9カ月にわたる戦争に勝利し、1866年にはオーストリアを破った。ライバルであり脅威であったフランスを打ち負かしたビスマルクは、ドイツ統一という目標の達成に必要な政治的資本と国民の支持を獲得した。彼はかねてからの考えを1862年の演説でこう述べた。「(ドイツ諸邦は) プロイセンの自由主義ではなく、その強さに目を向けるべきだ……目下の大問題は、演説や多数決によってではなく……鉄と血によって解決される」。国家統一の過程で、彼はふたりの皇帝に影響力をふるい、3人目の皇帝を誕生させた。

ビスマルクはドイツの新しい憲法を起草した。ドイツ帝国は名目的には大英帝国と同じ立憲君主制だったが、ビスマルクは政府の権限にはるかに保守的な制約を加え、皇帝に大きな権限を与え、自身もイギリスの君主以上の職権を持った。世界的な潮流としては民主主義が台頭し専制政治が衰退する方向だったが、ビスマルクは旧時代的な専制政府を築いた。このイギリスとの根本的な政治思想の違いが、何世代にもわたって影響を及ぼすことになる。

ビスマルクでさえ制御も予測もできなかったのは、皇室の血統の厄介なもつれだった。国際的な同盟関係が急激に変化する時代、支配階級において婚姻は戦略的ツールだった。1858年、ヴィルヘルム1世の息子であるフリードリヒ3世は、イギリスのヴィクトリア女王の長女ヴィクトリア（愛称ヴィッキー）と結婚した。ふたりの息子であるヴィルヘルム2世はイギリス女王にとって可愛い初孫だった。こうした複雑な血統を持つヴィルヘルム2世がのちに、いとこであるジョージ5世に宣戦布告することになる。

だが、19世紀後半のイギリスは平和で、ドイツとは友好関係にあった。ドイツのいくつかの州邦はクリミア戦争（1853~56年）でロシアに対抗してイギリスと同盟を結んでいたし、それ以前のナポレオン戦争（1803~15年）でも対抗勢力の一翼を担っていた。ヴィクトリア女王はドイツの血を引いていて、夫にはドイツのザクセン・コーブルク・ゴータ公子アルベルト（アルバート）を選んだ。お気に入りの第1王女ヴィッキーとドイツの王子フリードリヒの結婚にも喜んで賛成した。

ヴィッキーとフリードリヒの第1子であるフリードリヒ・ヴィルヘルム・ヴィクトル・アルベルト

は1859年1月27日、プロイセン王国の首都ベルリンで生まれた。ルドルフ・ディーゼル誕生の10カ月後のことだ。王位継承順位は第2位（第1位は父）だった。

ヴィルヘルムには生まれつきの身体的障害があり、左腕が右腕より15センチほど短かった。男らしさを極端に重んじる気風のプロイセンにおいて、この弱点は大いに不面目なものだった。子供心に悲しかったのは、この短い片腕を母親も恥じていたことだ。母はイギリスにいる自分の母親に手紙を書いた。「あの哀れな、不幸な腕でさえなければ、あの子はとても美しい少年だったことでしょう。腕のせいで顔立ちや……身のこなし、歩き方、立ち姿も台無しで……どんな動きもぶざまになってしまう……ひとりでは何ひとつできず……。そんな姿を見ると、言葉に尽くせない悲しみに襲われます」

ヴィルヘルムが少年時代に最もつらかったのは、乗馬の時間だった。いずれ王位につく者として必須のスキルだと母は言い聞かせた。ヴィルヘルムを指導した講師はのちにこう記している。「プリンスは泣き泣き、あぶみをつけていない馬に乗せられ、馬に一連の動作をさせるよう強制された。しょっちゅう落馬し、そのたびにもういやだと涙を流すのだが、また馬の背に抱え上げられるのだった」

のちにヴィルヘルムもそれを認めている。「私に乗馬は無理だという考えは、（母にとって）受け入れられないものだった。だが、この障害がある以上、自分は乗馬に不向きだと思っていた。不安でこわかった。近くに人がいなくなると泣いていた」

ヴィッキーは自分を責めた。出産時、ヴィルヘルムは処置の難しい逆子で、分娩中に腕を傷めてしまったのだ。この子は父親のような背が高くてハンサムでたくましい人間には育たないだろう。ハンディキャップに対するヴィッキーの思い込みは問題をこじらせるばかりだった。1870年に母であるヴィクトリア女王に手紙で、「（ヴィルヘルムは）体のどこを動かすにも、自分より小柄な少年たちに後れをとっていると感じ始めています――バランスをとれないので速く走れませんし、乗馬も、木登りも、食べ物をナイフで切ることもできず……」と伝えている。

腕の障害と、それを思い患う母親の強迫観念のため、彼は終生、不安感につきまとわれた。生涯を通して、写真を撮るときには短い方の腕を体の後ろに隠した。

腕のことに失望しながらも、ヴィッキーはヴィルヘルムの心身の発達に力を注ぎ、教育全般を管理した。そのやり方は断固としてイギリス流だった。ドイツの文化や教育法は彼女にはがさつに感じられた。ドイツの貴族階級に友人がほとんどいなかったのはそのせいだったが、格下と見ている人々から好かれなくても構いはしなかった。

ヴィッキーのドイツ嫌いは政治にも及び、ビスマルク流の専制的政府は非近代的でほとんど中世的だと考えていた。ヴィクトリア女王への手紙に「ビスマルク公は私たちの運命の唯一絶対的な支配者として君臨しています。ここでは彼の意思のみが法です」と書いた。

ヴィルヘルム少年をつねに教え導いたのはヴィッキーだった。少年時代の大切な思い出の多くは、長期滞在したバッキンガム宮殿や、ワイト島にある夏の別荘、オズボーン・ハウスでのものだった。なかでも忘れられない印象をヴィルヘルムに残したのは、イギリス海軍の偉容だった。大英帝国の国防と、世界各地の領土保全を担う威風堂々たる主力艦に、少年は胸を打たれた。

ヴィッキーは頻繁に里帰りしただけではなく、すべての私信の中で終生、イギリスのことを「わが家」と呼んだ。[1]暮らしぶりは徹底して英国流で、ヴィルヘルムにイギリスはドイツより優れていると意識的に、あるいは無意識に教え込もうとした。夫のフリードリヒ皇太子（1888年に即位するが、在位わずか99日で喉頭がんで死去）は、ドイツを愛する一方で妻にも愛を捧げていた。息子にリベラルな教育を施し、ビスマルクがドイツ帝国のために構築した政府がより自由主義的なかたちになるよう望んでいた。

時とともに、従順なヴィルヘルムは成長し、フリードリヒとヴィッキーは王座に近づいた。ビスマルクは、皇太子夫妻が体現しようとするリベラルな空気を脅威に感じたが、夫妻に対抗するための政治的な味方になりうる人間が誰なのかわかっていた。

甘やかされたり、厳しい教練を受けたりしながらヴィルヘルムが十代を迎えると、ビスマルクと大臣たちは帝王教育の方向性に干渉し始め、ヴィッキーの手から監督権をゆっくりと奪っていった。ビスマルクは、少年に保守的な原理を植えつけ、プロイセン流の生活倫理を身につけさせようと図った。彼はすでにドイツ国民と大臣たちに影響力を持っていた。保険として、少年の父が帝位についたときに予想される闘争に向けて、若い皇子を味方につけておきたかった。

人心掌握の達人であるビスマルクのもくろみは成功した。少年の世界観、そして気性さえも変わり始めた。もう母の故郷に遊びに行きたいとせがんだりせず、ヴィッキーの政治信条に賛同することもなくなった。母の切なる思いをはねつけ、ドイツの血統を引くことを全面的に受け入れ、国家統一というプロイセンの偉業に敬意を払った。両親を差し置いて祖父ヴィルヘルム1世を偶像視した。祖父を「ヴィルヘルム大帝」と呼び、ドイツ帝国初代皇帝として崇拝した。ふだんの態度までプロイセンの軍隊風の無愛想でそっけないものになっていき、母親との関係は冷え込む一方だった。

自分が身体的障害を負うことになったのは、幼少期、母ヴィッキーがドイツ人医師の能力をみくびってイギリス人医師の治療しか受けさせなかったせいだと述べている。ドイツ人医師たちを解雇したのは侮辱的行為だと考えるようになった。1889年、ヴィルヘルムは自らの少年時代を振り返って、積もり積もった憎しみを次のようにぶちまけた。「イギリスの医者が父を殺し、イギリスの医者が余の腕をだめにした。これは母の責任だ」

親への態度を硬化させる一方で、ヴィルヘルムの心はまだ、壮麗なイギリス海軍をうっとり見つめた少年のままだった。イギリス流のマナーや伝統、知的素養を重んじ、尊敬する祖母の膝元で楽しく遊んだころのままだった。伝記作家のデイヴィッド・フロムキンは、「彼の半身はドイツ人、半身はイギリス人で、そのふたつがせめぎ合っていた。イギリス人に激しく嫉妬し、イギリス人になりたがり、イギリス人以上にイギリス人らしくなりたいと望みながら、自分が彼らに完全に受け入れられることはなく、それゆえイギリス人を憎み、怒りを抱いていた」と述べている。

民族や文化が混じり合ったアイデンティティーを持つことは強みだと考える人は多い。だがヴィルヘルムにとって二元的なアイデンティティーは戸惑いと葛藤の種だった。ルドルフ・ディーゼルも複数の国から文化的影響を受けたが、その影響は彼の人格の中で一定のバランスを保っていた。母は若いころにロンドンで家庭教師として外国語や芸術を教えていた。父は、軍隊主義的とも言える古風なドイツ流の規律を体現していた。ルドルフは少年時代をフランスとドイツで過ごしたが、両国の敵対心がやがてヨーロッパで最大の政治的対立につながったという事実には無頓着だった。ルドルフはどちらの国も故郷だと受け止めていた。バイエルンにルーツを持つことだけでなく、生活を送った各国の都市の文化、とりわけパリの文化を高く評価した。自分は「世界市民」だと喜ばしげに宣言した。ヴィルヘルムは穏やかな気持ちで二元性を受け止めることができなかった。彼の場合、前面に表れたのはプロイセンの軍隊文化で、かつて母ヴィッキーや祖母ヴィクトリア女王に抱いていた思慕の念は心から追いやられた。

ルドルフの息子オイゲン・ディーゼルは、文化や技術の分野でドイツを代表する著述家になった。ビスマルクが帝国に与えた影響について、のちにこう記している。「ドイツが道しるべとする星は、軍人だった。そして軍国主義の権化であるプロイセンは、秩序と組織を愛するドイツ人を完璧に満足させる理想となった。ドイツは、あらゆる防衛手段において強く、守られるべき国民文化においての み弱い、奇怪な組織になった。ドイツは剣によって立ち上がった。そしてその剣によって生き続けるだろう。ドイツの成功への道は、軍隊の厳しさによって開かれる」

だが、ビスマルクのリーダーシップには、オイゲンの記述よりもっと微妙な陰影があった。彼のプランは、具体的で戦略的な目標に基づく平和なものだった。ドイツ統一を達成したビスマルクは、いまのところ剣を使い果たした状態で、まずはドイツ経済の成長に集中して内政の平穏を保とうとした。政治的には、ドイツがアルザス＝ロレーヌを占領しているかぎりフランスは永遠に敵である。だからフランスを政治的に孤立させなければならない。そうなると、他の列強とつねに良好な関係を保つことが、すなわちドイツの成功の鍵だった。

ビスマルクは世界最強の陸軍を擁していたが、ドイツにはさしたる海軍がなかったため、イギリスがこのような事態に動じることはなかった（当時、フランスやロシアの海軍でさえイギリスには大差をつけられていた——海はイギリスに支配されていた）。19世紀初頭のナポレオン軍に対してもそうだったが、イギリス海軍は大陸の軍隊を自国に近づけることなく無力化していた。[2] ビスマルクは、海軍の発展や海外での植民地拡大を望んでいなかった。近隣諸国の反感を招きたくなかったからだ。

ビスマルクは内政に重点を置き、平和を保障する同盟の網を巧みに張りめぐらせ、ドイツの産業は世界の国々が驚くような速度で成長した。１８７１年、イギリスは産業革命の中心地で、１億１２００万トンの石炭を供給する世界有数の石炭生産国だった。同年のドイツの生産量はわずか３４００万トンだった。イギリスも堅調に成長を続けたが、１９１１年には英独両国の石炭生産量はほぼ同じになっていた。

鉄鋼産業の成長は戦争と重工業にとって重要だが、その生産量の増加ぶりは石炭以上に驚異的だった。１８７１年、ドイツの鉄鋼生産量はイギリスとは比べものにならない少なさだった。１８９０年にドイツは２４０万トンの鉄鋼を生産してイギリスの３６０万トンに近づき、１８９６年までにはイギリスの生産量を上回った。１９１４年にはドイツの鉄鋼生産量はイギリスの２倍以上になっていた（イギリスの６５０万トンに対してドイツは１４００万トン）。もうひとつ、産業と戦争を支えるうえで重要なのが人口増加だが、ドイツの人口増加率は石炭や鉄鋼と同様に他のヨーロッパ諸国を上回っていった。

ビスマルクが築き上げたドイツは、1850年にテオドール・ディーゼルが去ったころとは様変わりしていた。それからわずか20年後にルドルフが先祖の地として戻ったドイツは、全土がビスマルクとヴィルヘルム1世の政治的支配下で統一されようとしていた。都市の中心部は成長し、近代化が進んだ。ビスマルクの指揮でドイツの産業は繁栄したが、底流にはナショナリズムがあり、軍事力の優勢を維持することに重点が置かれていた。玉座のそばで出番を待つ11歳の皇子にとって、そしてまた、自分の頭脳で世界を変えようと決意した12歳の学生にとって、胸躍る時代だった。

注

1. ヴィッキーは最晩年の1901年、ふたつの遺言を残した。第1に自分の亡きがらをイギリスに埋葬すること。第2に、埋葬にあたって亡きがらを服ではなくイギリスの国旗で包むこと。ヴィルヘルムはかねてより母親の親英感情を心から苦々しく思い、ドイツにとって国辱的である第1の遺言を拒否したが、いっときの同情から2番目の望みはかなえた。
2. ナポレオン率いる多国籍軍（グランダルメ）はイギリス陸軍よりもはるかに優れていて、ナポレオンはイギリス諸島への侵攻を計画したが、強力なイギリス艦隊に阻まれてフランス海軍は軍隊を海峡の向こうに送り込めなかった。最終的にイギリス海軍は1805年10月21日のトラファルガーの海戦でフランスとスペインの連合艦隊と対峙した。イギリス海軍は旗艦「HMSヴィクトリー」に乗り込んだホレイショ・ネルソン提督の指揮で勝利を収め、世界の海におけるイギリスの覇権を決定的なものにした。

アウクスブルクではハインリヒ・ブッツが経営するマシーネンファブリークの工場がにぎやかに操業し、そこからわずか数ブロック離れた王立の郡産業学校でルドルフ・ディーゼルは学業に励んだ。生まれ育ったパリでの外国人差別や戦禍を逃れ、ロンドンに渡ったが、そこでは極貧と奴隷的労働の恐怖が待ち受けていた。運と血縁に恵まれ、この地でやっと自由を手に入れた。愛情深い親戚と安定した家庭で暮らし、すばらしい偶然に恵まれて数学や工学の才能を伸ばしてくれる完璧な環境に身を置いていた。のちに息子のオイゲンは、父が「（マシーネンファブリークの）経営陣や主要なエンジニアの名前を耳にし、若い想像力を膨らませ、有名企業で働きたいという熱意を強めていた」と記している。

郡産業学校は、もともと修道院だった建物の2階にあり、ルドルフは3年間の教育課程をとった。1階は、小さいながら立派な美術ギャラリーで、ヴァン・ダイクやダ・ヴィンチの作品も展示されていた。ルドルフもよくここで時間を過ごし、心ゆくまで鑑賞したり、母のことを思い出したりしては、自室に戻ってそのことを母への手紙に書いた。

当時、ドイツをはじめヨーロッパのほとんどの国では、生徒を能力別に分ける教育システムがとられていた。教育者たちは子どもの能力をごく早い時期に評価し、将来の可能性を厳正に見極めて進路を決めた。

子どもたちの多くは、外国語や古典を教えない職業訓練校に送られた。人文系の教育を施すギムナジウムに進んで法律関係や官公庁の仕事に就く者もいた。ルドルフは、工学の才能を示したことと、おじがアウクスブルクの数学教師だったこともあり、より技術系教育に力点を置くレアルギムナジウムに進むことになった。ここでは、ギリシャ語こそ教えなかったが、技術的なコース学習を補完するため哲学や文学もある程度は教えていた。

教育はより良い人生への切符であることを、ルドルフはわかっていた。おそらく同級生の誰よりもつらい経験を経てきた彼は、クラスの少年たちが楽しんでいる遊びには消極的だった。すべての授業に出席し、全力で学んだ。毎日1時間ピアノを練習したり、たまにハイキングをしたり、美術館を見てまわったりするのがわずかな気晴らしだった。両親に宛てた手紙では、クラスでいちばんになると宣言した。

父テオドールからの仕送りはなかったが、臨時のアルバイトをしたり、フランス語や英語の家庭教師をしたりして小遣いを稼いだ。足りない分はバーニケル家が出してくれた。

ロンドンでは、ディーゼル家を取り巻く状況は悪化していた。姉のルイーゼは1871年1月の日記に、「食糧の蓄えが減っている」とつづり、このままロンドンで生活を続けるかどうか両親が迷っているとも書いている。比較的、気分がよかった1月14日の日記はこんな内容だ。「父と一緒にリージェント・ストリートやその周辺の目抜き通りを散歩したけれど、どこもパリの大通りの半分も美しくない。パリとロンドンは大違い。この街の通りはとても汚れていて、ほとんどいつも霧がかかっている。パリのほうがずっと好き。華やかで、優雅で」

次の日には、父が疲れ果てていて、母も「気分が優れず、しょっちゅう偏頭痛に悩んでいる」と書いている。

テオドールと妻エリーゼ、そして娘ふたりは、普仏戦争の終結後、とうとうパリに戻った。1872年9月11日、ルドルフは家族に自らの学業プランについて書き送った。「あと1年、郡の産業学校に通います（3年制課程の3年目だった）。そしてアウクスブルクの工業学校で2年間学んで、その後はミュンヘンの高等工業学校に進むつもりです」

ルドルフは実家を離れてからも姉ルイーゼと手紙を頻繁に交わしていた。ふたりは努めて明るい話題を選び、共通の趣味である音楽や美術に関して刺激を受けたことを報告したり、両親の癖をからかったり、両親が厳しい状況で助け合いながら頑張っていると伝えたり、身内ならではの調子でやりとりした。家族から遠く離れている孤独な若者にとって、胸の内を明かすことができて、肉親の情を思い出させてくれる姉の存在はとても大きいものだった。

バーニケル家のおかげでルドルフはロンドンの工場で重労働をせずにすんだものの、勉学を続けたいという計画に父は真っ向から反対した。14歳になった息子が家に戻ってくるよう願い、早く学校をやめればそれだけ早く一家の稼ぎ手になれるし、職人として稼げるようになると訴えた。自分の腕ひとつで働いていけるのは名誉なことだとも説いた。

こうなったらパリに帰省して家族を説得するしかないとルドルフは考えた。引き続き教育を受けるメリットを納得させなければ。父の言うことを聞いて学業を諦めて職人の道を進むことになれば、当時の慣習では3年間、無給で見習いをしなければならない。進学と就職、どちらを選んでも3年間稼ぎがないのは同じこと。ならばどうして、学業を捨てなければならない？

アウクスブルクからいちばん安い列車に40時間揺られ、彼はパリへ向かった。１８７４年のことで、家族と別れてかれこれ3年以上経っていた。

緊迫したやりとりは物別れに終わり、再会はほろ苦いものになった。ディーゼル家はパリ11区ヴォルテール大通り１２７番地に自宅兼工房を構えていて、以前と同じセーヌ川右岸ではあったが、川からはだいぶ離れていて、前の家ほど快適ではなかった。暮らし向きもロンドン時代からあまり改善されていなかった。音楽の才能に恵まれていた姉ルイーゼがピアノを教えて苦しい家計を支えていた。テオドールとエリーゼは、息子がパリに戻って家業を手伝うよう望んでいた。

16歳になったルドルフは家族の待つ家に、怒りと絶望が入り交じった気持ちで足を踏み入れた。ドイツの大学の神聖な講堂で学べる日は、すぐそこまで来ている。幼いころ、集金をさぼって通った国立工芸院で描いた夢が、アウクスブルクで現実になろうとしている。なのに両親ときたら、わが子のずば抜けた才能にまだ十分に気づいていない。諦めさせようとしているものの大きさを理解していない。興奮したルドルフは母に向かって声を荒らげ、どうして科学や数学の道に反対ばかりするのか、なぜ学問の志を応援してくれないのか、目の前の家計のことしか考えないのはばかげていると訴えた。大学には奨学金で行けることが確実で、進学すれば大きなことが成し遂げられるとも伝えた。

テオドールはエリーゼをかばって怒鳴り返した。「一緒に遊んだり物語を聞かせたりしてお前の好奇心を目覚めさせたのは、母さんじゃなかったのか？　自分ひとりで大きくなったつもりか？　親の教育のおかげじゃないのか？」

帰省の間じゅう、親と子は激しく感情をぶつけ合い、双方ともに一歩も退かなかった。そこに悲劇が襲った。わずか数週間の滞在中に、まだ十代だった姉のルイーゼが突然、亡くなったのだ。家族が残した記録によると、彼女は心臓を患っていたようだ。やさしい文通相手であり、心の友であり、誰よりも強い絆で結ばれていた存在が、いなくなってしまった。

ショックは大きかった。それからのルドルフは、ルイーゼをしのぶときにしかピアノを弾かなくなった。

テオドールの悲しみは、さらにとっぴなかたちで表れた。初めは深く沈み込んでいた。ゆっくりと自分を取り戻す中で、すっかり人が変わったようになった。クリスチャンとしての信仰を捨て、スピリチュアリズムに傾倒した。自らを霊能力者と称し、亡き娘と交信するための降霊会を開くようになった。

ついには神秘主義者を職業とし、「実践的な磁気療法家」を名乗るようになった。数年後の1882年には『磁気療法　動物あるいは生命体の磁力』なる本を出版した。磁気は人間の神経系の電気の一種であると彼は説いた。自分のような一部の人間は過剰な磁気を持っていて、それを磁気欠乏症の人々に伝達して病気を治せると主張した。ルドルフは、父が妄想に陥ったと述べている。

そんなときアウクスブルクからパリに届いた2通の手紙が、議論を結着させてルドルフがドイツに戻れるよう促す助け舟になった。1通目はクリストフ・バーニケルからで、またアウクスブルクの家に戻るよう勧め、在学中は経済的に支援すると申し出ていた。才能あるルドルフから教育の機会を奪うべきではないとクリストフは訴えた。

2通目はアウクスブルクの学校長からで、ルドルフに旅費と学費を支給するという内容だった。ルドルフは意志を固めた。テオドールとエリーゼも折れた。バーニケルは再びルドルフの窮地を救い、少年はアウクスブルクに戻れることになった。両親からの経済的援助には頼れないとわかっていた。援助したくても彼らにはお金がないのだ。

大西洋の向こうの新世界では、教育と機会をめぐる状況は、統制された封建的な旧世界とはかなり様子が違っていた。アメリカは急成長の時代を迎えていた。大小の都市が、ヨーロッパの大都市とは似ても似つかない土の上に生まれた。パリでは何百万人もの生活を支える地下インフラが築かれたが、アメリカでは、未開の地をならしたばかりのところに、ほとんど一夜にして急ごしらえの町が生まれた。わずか数十年前に建てられた建物が歴史的ランドマークと呼ばれ、都市の中心部を支えるインフラは、できたてか、あるいはまだ姿かたちもなかった。こうした町では、法的機関も教育システムも発展途上だった。この新しい国は、質よりもスピードと量を重視する急成長と土地拡大の時期だった。アメリカは内政に焦点を当て、自らの大陸の範囲内での拡大に努めていた。ルドルフ少年が転々としたヨーロッパで見られたナショナリストの台頭や、文化的分断を懸念する必要はなかった。

発明のプロセスというものは、その時代の社会的、経済的な課題と分かちがたく結びついている。ルドルフ・ディーゼルのような発明家は一般的に、自らの力では制御できない時代の波に対応しながら動いていた。猛スピードで変化するアメリカでは、ひとりの男が産業界に君臨しようとしていた。ルドルフが活動したころの社会状況を理解するには、ジョン・D・ロックフェラーという存在を理解することも重要だ。19世紀後半から20世紀初頭にかけて、世界の化石燃料生産の大半を牛耳り、歴史上の誰よりも多くの富を蓄えた人物である。

ジョンは1839年7月、ニューヨーク州リッチフォードで生まれた。ルドルフがパリで誕生する19年前のことだ。父のウィリアム・エイヴリー・〝ビッグ・ビル〟・ロックフェラーは、たいてい家を留守にしていた。ジョンは、母のイライザ・デイヴィソン・ロックフェラー、姉のルーシー、弟のウィリアム・ジュニア、妹のメアリー、そして双子のフランクリン、フランセスと暮らしていた。近くの町には、父が別の女性との間にもうけた1歳上の姉と1歳下の妹がいた。ジョンがこの異母姉妹の存在を知っていたかどうかは定かではない。

父の教育方針には、ルドルフ少年を丘から突き落としたテオドール・ディーゼルを思い出させるところがあり、「すきあらば息子たちを引っかける。切れる人間になってほしい」と語っていた。

ジョンはのちに父のことを、現金を1000ドル以上持ち歩くのが好きで、世渡りのうまい人だったと語っている。出先から帰ってくると、よくナルシシストが人に好かれようとやるように、子どもたちにプレゼントや小遣いを与えて甘やかした。

ルドルフの育った家庭を、不完全だったと表現するならば、ジョン・ロックフェラーの家庭は、壊れていた。ビッグ・ビルはペテン師だった。詐欺や特許薬の行商で稼いでいて、たいてい自宅から遠く離れた町で仕事をし、現金を手にご機嫌な様子で帰ってきた。

ビッグ・ビルにはカナダ・オンタリオ州の近くにも別宅があり、もうひとりの妻と複数の子どもがいた。その家族と過ごすときには、ドクター・ウィリアム・レヴィングストンという別名を使った。

彼は医師でも何でもなかったが、あやしい商品を売るために本宅からも別宅からも遠い町へ馬に乗って出かけ、「ドクター・ウィリアム・A・レヴィングストン、本日来たる／重篤以外のあらゆるがんが消える／大いに薬効あり」と書かれた看板を掲げた。ルドルフ・ディーゼルの父もジョン・ロックフェラーの父もいんちきな療法で生計を立てたというのは、興味深い共通点だ。

1843年、ロックフェラー一家は人口わずか2000人ほどのニューヨーク州モラヴィアに引っ越し、ビルはそこに、キッチンから出るストーブの熱を暖房に利用する羽目板張りの2階建ての家を建てた。壁にしっくいは塗られておらず、冬には板のすき間から風が吹き込んできた。開発途中の町での暮らしは厳しく、とりわけビルが不在のときの生活は苦しかった。しかし、子どもたちは野原で遊んだり湖で釣りをしたり、小さな土地を耕したりしながら何とかやりくりした。

1850年、一家は同じくニューヨーク州のオスウェゴに移った。エリー運河につながるオンタリオ湖岸の交易地だ。町の建物は主に地元の木材で建てられ、彼らが移住する10年ほど前に再建されたオンタリオ砦が、数少ない石積みの建造物のひとつだった。オスウェゴはモラヴィアよりもにぎやかで教育の機会にも恵まれたが、ここには3年しか住まなかった。ニューヨークはビッグ・ビルにうんざりしていたし、彼もまたニューヨークにうんざりしていた。借金や子どもの認知をめぐる法的問題のため、ビルはニューヨークを離れなければならなかった。

1853年、一家はオハイオ州ストロングスヴィルに引っ越した。ジョンは14歳だった。ルドルフ・ディーゼルがアウクスブルクでキャリアの土台を築いたように、ロックフェラー少年も大富豪への道をオハイオで歩み始めた。ここオハイオで、彼は帝国の礎を築いたのだ。

オハイオに一家が落ち着くと、ビルはますます家に居つかなくなった。ジョンの母とまだ婚姻関係にありながら、別宅の女性とも結婚し、家族のオハイオ移住から数年後に戻ってきて、正式に別居すると告げた。父との連絡が完全に断たれたわけではないが、自分も家族ももう父をあてにはできないとジョンにはわかっていた。ジョンは事実上の家長になり、家族全員を養う立場になった。

１８５６年、17歳のジョンは、穀物商のヒューイット&タトル社に帳簿係として就職した。ジョンは数字に強く、信用が置けるうえ、のみ込みが早くてまじめだった。身なりは贅沢ではないがきちんとしていて社会人らしかった。

起業家気質があった彼は、いくらか資金を貯めて日用品を自ら商うようになり、小麦と豚肉の取り引きを軌道に乗せた。

ジョンは好景気のクリーブランド界隈で評判を上げた。18歳になると、会社の近くの農産物取引所で働くモーリス・クラークという28歳のイギリス人と親しくなった。クラークはのちに、ジョンは当時すでに「並外れた能力と信頼を備えた将来有望な帳簿係として評判だった」と述べている。

ヒューイット&タトル社で働いて3年半が経ったころ、タトルが引退した。ジョンはその経営権を引き継いだ。タトルの年収は２０００ドルだったが、ヒューイットは若いジョンが同じだけの仕事をしても７００ドルしか払おうとしなかった。

ジョンには自分の値打ちがわかっていた。給料も評価も低すぎると憤った。ここで友人のクラークが手を差し伸べた。

クラークは、自分と組まないかとジョンに持ちかけた。２０００ドルずつ出資して商社を立ち上げようという提案だ。倹約家で働き者だったジョンには８００ドルの蓄えがあったが、必要額にはまだ足りない。

そんなジョンの前に再び現れたのが、相変わらずな調子の父ビッグ・ビルだった。父はジョンに、子どもたちが21歳の誕生日を迎えたらめいめいに１０００ドル贈るつもりだ、お前はあと数カ月でその日を迎える、と言った。喜んで前借りに応じるとも言った。そしてこう付け加えた。「だがな、ジョン、利息は10％だ」

10％というのは当時の一般的な金利の2倍に近かった。父と駆け引きをしても無駄だとジョンにはわかっていた。法外な話に乗るも乗らぬも自分次第。手っ取り早く資金が手に入るまたとない機会だ。この元手を増やす自信はある。高い利息も払えるはずだ。ジョンは金を受け取った。

クラークとジョン・ロックフェラーには才能とエネルギーがあったが、資本はもう少し必要だった。野心家コンビに注目したジョージ・W・ガードナーら出資者候補とふたりは面会を重ねた。

ガードナーはクリーブランドのエリート家庭の出だった。資金も、銀行や法律家との人脈もあり、若きふたりの実業家の卵を一人前の存在として扱った。３人は条件面で合意し、ガードナーも手を組むことになった。

ジョンはパートナーのふたりより10歳近く年下だった。年齢など関係ないと主張したが、３番手の地位に甘んじさせられ、社名にも名前を連ねられなかった、会社名は「クラーク、ガードナー＆カンパニー」――誇り高い若者にとっての痛恨事だった。

しかしジョンには、プライドを満たす看板や肩書よりも大切なものがあった。大切なのは金《かね》だ。クラーク、ガードナー&カンパニーで彼は、自分流の行動パターンをとり始め、それを生涯続けた。財産を蓄えても、細心の注意でそのことを隠した。人前で札束を見せびらかした父を反面教師とする本能がそうさせた。自分と取り引きしたことで利益を得た相手にも、それを口外しないように勧めた。儲けをひけらかす自社の役員にも罰を与えた。贅沢品を毛嫌いする性格だったからではなく、派手さで注目されるとその先、稼ぎにくくなるからだ。

新会社では格下の地位に置かれたが、ビジネスを展開するにはむしろメリットもあった。クラークとガードナーの名前は銀行家に受けがよかったので、社名については文句を言わなかった。

我慢できなくなってきたのは、ガードナーの豪勢な暮らしぶりだった。ある日の午後、ジョンが会社で帳簿をにらんでいると、ガードナーがふらっと入ってきて、２０００ドルで新しいヨットを買ったんだと言う。人懐っこく爽やかな調子で、帳簿なんていいから午後のクルーズを楽しもうじゃないかと、ジョンやその場にいた数人を誘った。

ジョンの反応は、いかにも彼らしいものだった。金を稼ぎ、敵をつくり、親しい者はごく少数、それも清教徒的な規律と金銭欲を分かち合える者ばかりという彼の人となりを象徴していた。「ジョージ・ガードナー、あんたほど金遣いの荒い人間はいない！　人生始まったばかりのいい若い者がヨットなんかにうつつを抜かして！　銀行の信用が台無しだ――あんたの信用も、おれの信用も……。あんたのヨットになんか乗らない。見たくもない！」

財力を見せつけるなど、もってのほかだ。これではビジネスに差し支える。

三頭体制を担うもうひとりも悩みの種だった。ビッグ・ビルに実の息子以上に似ていたのはモーリス・クラークだ。タバコは吸う、酒は飲む、口は悪い、信仰心はない。そして故郷イギリスのお尋ね者だった。対照的にジョンは家族を大切にし、信心深く、落ち着きがあった。浪費家や逃亡者とパートナーを組んでいるのは耐えがたいことだった。

こうした問題を抱えながらも、クラーク、ガードナー&カンパニーは南北戦争の間に成長した。ジョンは親きょうだいを養う大黒柱だったため、兵役を免れた。３００ドルの大金を政府に払って徴兵を回避できる富裕層でもあった。

農産物を扱っていたこの商社は、石油取引に事業を広げた。石油は地元で豊富にとれ、石油取引の成功で出た収益で製油所に投資した。会社の業績は好調だったが、経営陣の亀裂は深まった。自分の価値を知る男ジョン・ロックフェラーにとって、もはやクラークもガードナーも成功に必要な存在ではなかった。必要なのは、さらなる資本だけだ。

前に進むにはパートナーシップを完全に解消するしかない。ロックフェラーはついに腹を決めた。そして会社の得意先だった地元の実業家、サム・アンドリューズの金銭的支援を取り付けた。パートナーのふたりと再び大バトルが起きると、彼らは、君などいなくても平気だと、はったりをかけた。解散をちらつかせるのはクラークとガードナーが野心家のロックフェラーをつなぎ留めるときの常套手段にすぎなかったが、いまのロックフェラーには後ろ盾があった。上等だ、解散しようじゃないかとふたりに迫った。彼はパートナーたちに会社を入札《オークション》にかけるよう迫った。最高額をつけた者が会社を手に入れるという勝負を仕掛けたのだ。

もちろん勝者はロックフェラーだった。最高入札額は7万2500ドル（2022年時点で130万ドルに相当）で、当時としては破格の金額だった。1865年2月、彼は社名を「ロックフェラー&アンドリューズ社」と改めて会社を再編した。社業の一環として同社は、クリーブランドに多数ある石油精製所のうち比較的大きなものをすでに所有していた。石油は当面のサイドビジネスという位置付けだったが、自身の船の船長となったロックフェラーは、石油市場に可能性を見いだし始めていた。

マーク・トウェインは、南北戦争が終わった1865年から19世紀末までの数十年を「金ぴか時代」と名付けた。1882年から85年までの不況を除き、この時期は急激な経済成長の時代だった。産業、画期的な特許、革新的ビジネスが次々と生まれ、同時に食わせ者の詐欺師も横行した。市場は活況を呈し、着実に価値を増していた。銀行家のトーマス・メロンは1863年から73年までの10年間について「何でもいいから買って寝かせておけば、売って儲けが出た」と記している。

だが、市場はひどく非効率的で、急成長に規制が追いついていなかった。産業もそれほど細分化されていなかった。ルドルフ・ディーゼルの父テオドールの工房のように親方と見習いで成り立っていた小規模のビジネスモデルは、より集約的な産業形態へと進化していった。市場に多大な影響を与え何千人もの従業員を擁する巨大な企業体に、多くの小規模事業者たちは押されていった。企業トラストは小規模事業主に対して圧倒的なスケールメリットを誇った。労働力の面では、組織化されたトラストと、まだ組織化が進んでいない労働者階級との間に、この新たな経済環境のもとで力関係の不均衡が生じた。頭のまわる人間たちが、とくに石油や鉄鋼、タバコ、砂糖の業種で労働者を安くこき使って荒稼ぎし、「追いはぎ成金（悪徳資本家）」の時代を開いた。

1867年、ロックフェラーはようやく、安心して一緒に富を増やしていけるビジネスパートナー、ヘンリー・フラグラーと出会った。彼には資産も人脈もあり、石油市場への参入を望んでいた。ロックフェラーとアンドリューズはそのころ、クリーブランド最大の石油精製所を所有していて、ビジネス拡大のためにより多くの資本が必要だったためフラグラーと組み、社名も「ロックフェラー、アンドリューズ&フラグラー社」と改めた。

フラグラーは厳しい規律を自分に課し、教会に通い、良き夫であり、酒を飲まず、何よりもビジネス第一という人間だった。その手法は冷酷非情だった。

彼とロックフェラーには共通する哲学があった。家庭が安定していなければオフィスで革命は起こせない、というものだ。[1] たしかに彼らのチームはオフィスでどう猛な不屈の闘志を発揮した。フラグラーは、ロックフェラーが生涯にわたって右腕として最も信頼する存在になった。

フラグラーは正規の法律教育は受けていなかったが、グループの法務担当に任命された。ルドルフ・ディーゼルがパリを離れてロンドン、次いでアウクスブルクへ移った1870年、フラグラーは「スタンダード・オイル社」設立のための定款を作成した。200語に満たないきわめて簡潔な文書で、ビジネスをする権利を宣言するものだった。この設立文書は、歴史上最も強大な会社への道筋を示した。スタンダード・オイルは石油の国際市場を支配し、関連する技術革新を促進し、時には抑え込み、世界的な戦争の帰趨《きすう》をも左右する存在になるのだった。

ロックフェラーはのちに、石油事業に打ち込むようになったきっかけは、ペンシルベニア州ピットホールで起きたオイルラッシュだったと語っている。

１８６５年1月の、霜が降りるほど寒い午後、トーマス・ブラウンという中年の農民がピットホール・クリークのほとりを歩いていた。小枝の占い棒を前方にかざして彼が探していたのは、油田だ。石油は当時、主に照明用の燃料に用いられていた。小枝がある場所を指した。ブラウンは地面を掘り始めた。

目の見えないリスが時には運よく木の実を見つけるように、ブラウンは数日後、地下の油層を掘り当て、そこから1日あたり２００バレル（約3万１８００リットル）の原油が産出された。

ブラウンが大当たりした話は瞬く間に広まった。一攫千金を狙う者たちが押し寄せた。

５月にはもう川沿いに木造の油井やぐらが点在していた。

６月には町ができていた。２本の通りには商店や酒場、事務所、ダンスホールが立ち並んだ。12月には50軒のホテル、複数の学校、教会、賭博場、銀行が建っていた。人口は1万５０００人以上に膨らんだ。南北戦争の軍隊が解隊すると、兵士たちがこうした石油の町に流入した。ピットホールには尉官や佐官など上級軍人も住むようになった。急成長する町に、法や秩序は対応しきれなかった。野生動物がのし歩いていた不毛の広野は、1年も経たずに24時間で６０００バレル以上の石油を産出する狂乱の無法地帯のようなフロンティアの町に変わった。

原油から精製された灯油を燃やすランプは、照明器具として世界を席巻していて、ロックフェラーは石油事業に全勢力を注ぐ決意をした。[2]

農業や鉱業の分野で優位に立つ鍵は、流通を有利に進めることだ。自社の石油でこの新しい市場への参入を図るロックフェラーは、競争相手よりコストを抑えて勝負する必要があった。

油井を数多く所有していたロックフェラーは、精製の段階も支配するようになった。これはライバル社に対して優位に立つための第一歩だった。すでにクリーブランド最大の精製施設を所有していた彼は、そこで生産した灯油の輸送契約について鉄道事業者と交渉するうえでのスケールメリットを手にしていた。スタンダード・オイル社のビジネスコストを下げられれば、製品の価格も、たとえ一時的にでも同業他社が利益を出せないレベルまで下げられる。ロックフェラーに派遣されたフラグラーは鉄道会社のトップらと交渉し、自社製品を他社製品より安く輸送してもらう密約を結んだ。輸送面での優位性を確立したロックフェラーは、ライバルを蹴散らしていった。

この非情な価格戦略の要となったのが「リベート」だ。

石油精製業者も鉄道会社も共通の問題に頭を痛めていた。どちらもモノやサービスの差別化が難しいコモディティ産業である。クリーブランド産の原油1バレルと他の産地の原油1バレルの品質に大差がなかったように、ペンシルベニアからニューヨークまでどの会社の鉄道で石油を運んでも輸送サービスの質に違いはなかった。品質で差別化できないというのが、まさにコモディティ商品の性質である。[3]唯一、違いを打ち出せるのは、価格だ。ロックフェラーと鉄道システムの元締たちは、お互い手を組めば問題を解決して双方の利益につなげられると考えた。石油業者も鉄道事業者も、過積載と捨て売りの価格競争で疲弊していた。状況を打開するため、両者は謀議をこらした。

1872年、ペンシルベニア鉄道のトム・スコットは、競争相手であるニューヨーク・セントラル鉄道とエリー鉄道の担当者を招き、スタンダード・オイルと排他的取引をする合意に達した。極秘の協定が結ばれた。

4社はサウス・インプルーヴメント・カンパニー（SIC）の株主になった。この会社は、連邦政府が南北戦争後の復興支援のため導入したシェル組織（ペーパーカンパニーのようなもの）の一種だった。株主たちは、各鉄道会社で運ぶ石油量の割合を事前に取り決めた。これによって鉄道会社は価格競争をしなくてすむようになった。

このスキームの中で唯一の石油精製業者であるスタンダード社は、大量の石油の輸送委託を約束した。鉄道会社にとっては、それだけの量を石油専用のタンク貨車で運べれば、多様な商品に応じた貨車を用意する必要もなく、収支を改善できた。

その見返りとしてスタンダード社は鉄道会社から多額のリベートを受け取り、その他の石油業者が支払った料金の50％がスタンダード社に流れた。価格で競い合うコモディティビジネスの世界で、スタンダード社はコスト面での圧倒的優位を背景に競争相手をつぶしていった。

鉄道による石油の輸送路はすべてスタンダード社が支配していたため、ロックフェラーは余った列車で他社の石油を運んで定額の運賃を取り、さらにリベートを徴収した。他社が精製した石油も、スタンダード・オイルへのリベートの一部になった。

周到に組み立てられた、倫理的には問題のある容赦のないスキームだった。伝記作家や記者たちは、この戦術がもたらした結果を「クリーブランドの虐殺」と呼んだ。スタンダード・オイルはクリーブランドのすべての製油所を吸収し、あるいは廃業に追い込んだ。ジャーナリストのアイダ・ターベルは批判的な立場でロックフェラーの伝記を書き、スタンダード・オイルのその後の展開をまとめた記事で賞も受けた。彼女はＳＩＣのスキームを、ロックフェラーとスタンダード・オイルの「原罪」と表現した。

ロックフェラーは競合するクリーブランドのすべての石油業者に、究極の選択を迫った。トラストに加わるか、それとも、滅びるか。同地で小さな製油所を経営していた弟のフランクにまで同じように言った。「われわれは鉄道会社とパートナーシップを結んでいる。われわれはクリーブランドのすべての製油会社を買収するつもりだ。傘下に入るチャンスをみんなに与える。お前にもやる。拒否する者はつぶす」

そんなビジネスを正当化する彼の言葉からは、デスマッチのような戦略を支えた使命感が浮かび上がる。「金を稼ぐ力は神からの贈り物だと信じている――芸術、音楽、文学に対する本能や、医師や看護師の才能と同様に……」。自分こそが石油産業の救世主であり、自分ほど石油産業の構築に適した人間はいないと彼は信じていた。あるいは他者にそう信じさせようとしていた。

１８７０年代から80年代にかけて、スタンダード・オイルは油井と製油所を結ぶパイプラインの建設への投資を進めた。巨額の利益によって、つねに同業他社の一歩先を行くための資本を投下することができた。28人編成のチームが、１日あたり3分の２マイル（約１・１キロメートル）のペースで直径６インチ（約15センチ）のパイプを溝に埋めていった。この方式でスタンダード・オイルはフィラデルフィア、ボルチモア、バッファロー、ピッツバーグ、そしてクリーブランドとペンシルベニアの油田とを結ぶパイプライン網を築き上げた。ニュージャージー州ベイヨンとロングアイランドの製油所を、ハドソン川の下、マンハッタンのセントラルパークの南端を横切りイースト川の下を走るパイプで結んだりもした。

油井から出た原油で、スタンダード・オイルのパイプを通らないものはなかった。

ロックフェラーは１８８０年代に小売市場に進出した。スタンダード・オイルの荷馬車は田舎道や市街地を行き交い、炊事や照明に使うケロシン（灯油）を消費者の家々に直接、届けた。

アメリカの石油事業を独占するという目標は、１８８０年代初頭までに達成された。自分の商才は神からの贈り物だと言い切りながらも、ロックフェラーはそれをひけらかさないよう細心の注意を払った。秘密主義もまた彼の才能だった。あるとき、ロックフェラーはクリーブランドに戻る列車に乗っていた。乗り合わせたある乗客が、車窓から見える丘の上の美しい豪邸について話していた。その屋敷の所有者はスタンダード・オイルの幹部だった。

クリーブランドのオフィスに着いたロックフェラーは給与帳簿に目を通し、その幹部が報酬をもらいすぎているとして給与をカットした。莫大な富を見せびらかせばライバルをあおり、マスコミの反感を買い、当局に目をつけられるからだ。

ロックフェラーは、国外にも石油を大量かつ安定的に供給するため、インフラ建設に巨額の投資をした。自社製品の世界展開に期待をかけつつも、需要の安定性まではコントロールできなかった。

ジョン・D・ロックフェラーの前半生は、ルドルフ・ディーゼルのそれとは対照的だ。19歳の年の差と地理的な隔たりはあったが、どちらも家庭的な安定に恵まれず、引っ越しを重ね、より良い人生を求めて苦闘した。どん底の貧困を目の当たりにし、自らもその辛酸をなめた。だが、10代前半でめぐり合わせた境遇の違いから、ふたりの進む道は分かれていった。

ディーゼルの家には父テオドールがいた。家族に苦労もかけたが、テオドールは息子を愛し、教育を受けさせる価値を理解していた。息子にチャンスが訪れると、家業の支え手を失うと承知しながらもしぶしぶ息子の希望をかなえた。ルドルフの少年時代にはつらいこともあったが、バーニケル家に迎えられ、貧乏暮らしや工場での児童労働という不安から解放された。哲学的、学術的レンズを通して世界を見ることができるようになった。それはロックフェラーが得られなかった贅沢だった。

ロックフェラーは学校教育に執着しなかった。高等教育への道を開いてくれる人もいなかった。家族の中で唯一の稼ぎ手として家族を養う義務を負ったものの、働くことは彼にとって権利でもあった。正式な教育を受けるより、会社で成功して実地で勉強するほうを選んだ。道徳的なレンズを通して産業の成長を観察したり状況の改善を図ったりするより、その成長に自ら寄与し、金儲けを神の御業《みわざ》として合理的に考える人間だった。

ロックフェラーとディーゼルの青少年期におけるこの決定的な違いは、のちのちにまで影響した。オハイオに移住して以来、ロックフェラーは生涯、富を追求し、経済や政治のシステムを学び、そのシステムが自分に有利に働くよう操った。ディーゼルの発想はその逆だ。高等教育を受ければ長期的に安定した地位が約束され、それによって機械工学の道を極めたり、経済や政治のシステムに内在する問題の社会的解決策を探ったりできると考えた。

とはいえ、ロックフェラーはディーゼルに劣らないイノベーターだった。石油の供給や世界的な需要をコントロールする自分を阻むような代替技術の脅威に、生涯を通じて対処していった。そのための手段は非情で、しばしば犯罪的だったと歴史に記録されている。そうしたやり口で画期的な成功を収めた彼は、ルドルフ・ディーゼルのライバルとして歴史の舞台に上げられ、ついには殺人事件の容疑者という役を割り振られることになる。

1870年、世界は、どのタイプの燃料が実用向きか、それを燃焼させるにはどのタイプの機械がよいのかで揺れていた。

当時、燃料は主に3つの用途に使われていた。「照明」「熱」、そして物理的な意味での「仕事」だ。スタンダード・オイル社は創業時から20世紀初頭にかけて、照明用の灯油の販売で富を築いた。原油を灯油に精製する過程で副産物としてできたのがガソリンだが、当初は廃棄するしかない無価値な液体とされていた。今日でこそロックフェラーの名前は、石油や、燃焼機関に使うガソリンを連想させるが、ガソリン市場が生まれるのはずっとあとのことだ。

19世紀より前の照明用燃料は一般的に、魚、クジラ、オリーブ、ナッツなど動物や植物に由来する油だった。1800年代までに、世界でも工業化が進んだ地域では、水素、メタン、プロパン、ブタン、その他の天然ガスなど気体燃料が照明用に使われ始めた。手も汚さず、調達も簡単だったからだ（1000年以上前の中国の一部の地方には、天然ガスを燃やしたり、竹のパイプを配管して照明に使ったりした痕跡が残っている）。19世紀後半には、石油由来の液体である灯油が照明用燃料としてその他の燃料に取って代わり始め、その灯油も20世紀の間に徐々に、電気に追いやられていった。

燃料の用途として照明に次いで市場が大きかったのは「熱」で、木材や石炭が主な天然資源だった。そして1882年、ルドヴィグ・ノーベルが初めて商業ベースに乗る石油ストーブをヨーロッパに導入した。[4]石油ストーブは石炭やまきのストーブよりも安全かつ確実に燃焼し、かつては住宅街を覆った煙の排出もはるかに少なかった。同様のモデルが数年後にはアメリカでも人気を博した。この新技術はやがて石炭ストーブに取って代わり、世界的な石油の需要に二度目の急増をもたらした。

第3の市場、つまり「仕事」の市場はごくささやかに始まり、やがて最大の規模に育った。初期の仕事を担ったのは、機械ではなく家畜だった。そこから着想を得て、ジェームズ・ワットは18世紀後半、自ら開発した蒸気機関の出力を荷役用の馬の力と比較できるように力の単位を定義した。その定義は世界に広まり、「馬力（ホースパワー）」という単位はエンジン出力の単位として採用されるようになった。[5]

仕事を生む初期のエンジンは、ワットが設計した蒸気機関のように木材や石炭を燃やす外燃機関だった。最初の内燃機関は、1867年にニコラウス・オットーがパリ万博に出品したエンジンと同様に、照明用に使うような気体燃料（通常は石炭ガス）で作動したが、１８７０年までにエンジニアらは、灯油、のちにはガソリンなどの液体燃料で動く内燃機関の開発に向けた実験を開始した。液体燃料を燃やすこうした内燃機関は広く「オイルエンジン」と呼ばれた。

最初に商業ベースに乗ったオイルエンジン（オットーのエンジン設計が土台）は１８８０年代中期から後期にかけて登場した。カール・ベンツの自動車用エンジンなどがその一例だ。最終的に、液体燃料であるガソリンが燃料として好まれるようになった。ガス燃料よりは安全だが、引火性が高く、閉鎖空間では命取りの有害な煙を放出し、保管や輸送にも危険が伴う。ガソリンエンジンは19世紀末にかけて広まったが、照明用の灯油の市場に比べればまだまだ小さな市場だった。実際、１９１６年までは、世界の灯油生産量はガソリン生産量よりも多かった。

ガソリンや灯油などの軽質液体燃料とは対照的に、ナッツ、野菜類、石炭、石油派生品からとれる粘性油などの重質燃料は、安全に保管できて、極端な高温でないかぎり発火もしない。しかし、これらの安全ではるかに安価なオイルは、オットー設計の初期の燃焼機関の燃料として実用的ではなかった。オットー式には、燃焼しやすい軽質燃料しか使えなかった。

ルドルフ・ディーゼルが博物館や教室であこがれた発明家たちは、エンジンの部品に利用できる金属や、エンジンを動かす燃料など、現実的な制約を受けざるを得なかった。１７７０年にニコラ・ジョセフ・キュニョーが蒸気自動車のエンジンを製作したとき、彼は精密な金属部品を手に入れられず、バルブを密閉するためにロープや革を使わなければならなかった。また、仮にエンジニアが特定の燃料を気に入ったとしても、エンジンに技術的に採用できるかどうかは、どの燃料が安定的に供給されるかを前提に考えなければならなかった。たとえば、1870年当時、イギリスには石炭が豊富にあったので、イギリスの鉄道システムはほぼすべて石炭を燃やす機関車で成り立っていた。対照的に、1870年のアメリカには多くの原生林があり、森林破壊が問題になるまでは鉄道システムは主にまきを燃やすエンジンで運行されていた。

19世紀後半、アメリカは(次いでほかの国々も)大量の石油を蓄え、灯油とガソリンを生産するための精製技術も完成させた。石炭よりも輸送が容易で、いきなり驚異的な生産量になったこの石油燃料は、経済的、そして地政学的な意味においてだけではなく、機械設計にも影響を与えた。未来を担うエンジンをつくる人々は、どの燃料が調達しやすいかも考慮する必要があった。

燃料供給をめぐって競い合う企業は、会社の収益や自己の利益の確保に走り、しばしば不正行為にも手を染めた。ロックフェラーは照明用の燃料として、世界を灯油漬けにしようと図った。照明に植物油を何世紀も使っていた中国の市場に進出するとき、彼は灯油を大量に安売りして植物油の生産者に価格を引き下げさせたり、灯油用につくられたランプを無料で配ったりした。消費者が灯油を燃やす照明器具になじんでしまえば、ロックフェラーの思うつぼだ。あとは自由に値上げすることができた。これは、供給が需要のかたちを決定する明確な例だった。ロックフェラーは燃料供給を自在にコントロールできたので、人々が使う機器のタイプを意のままに限定できた。彼が中国で成功を収めたことは、灯油ランプのメーカーにとっては幸運であり、植物油を燃やすランプのメーカーにとっては不幸だった。それぞれのランプを設計・製造した人々のスキルの優劣は、どちらのランプが勝ち残ったかという結果にほとんど関係がなかった。

ルドルフ・ディーゼル少年が足を踏み入れたアウクスブルクの機械工学界も、発明家と顧客との一対一の関係などという単純なものではなかった。よりコンパクトで、効率的で、クリーンなエンジンという彼のビジョンが具現化したとしても、それだけでは勝負に勝てない。新しいテクノロジーが市場に受け入れられるか、それとも拒絶されるか、そこに大きな影響を与える利害関係者——顧客、競争相手、そして燃料供給者——がいるからだ。教育課程を終えて実社会に出る準備を整えたルドルフを待ち受けているのは、顧客との一対一のゲームではなく、実業家や独占企業、政府、競合するエンジニアなど、利害を異にするプレイヤーとのポーカーゲームだった。

注

1. 小説家ギュスターヴ・フローベールはこうアドバイスしている。「規則正しく秩序ある生活を送れば、猛烈で独創的な仕事ができる」

2. ピットホールの石油は4年以内に枯渇した。建築物の大部分は解体されて売られ、近隣の町の住宅や事業所の建材に使われた。1860年代の終わりまでにピットホールはゴーストタウンになった。

3. 後年、メキシコやロシアで産出された原油は品質が低かったが、アメリカのこの地域の原油の品質にはおおむね差がなかった。

4. 世紀の変わり目には、3つの勢力が世界の石油市場を支配していた。まずロックフェラー家。次にロスチャイルド家で、カスピ海沿いのロシア南部で石油事業を行っていた。そしてノーベル家。彼らは本社をロシアのサンクトペテルブルクに置いていた。

5. ワットは、1頭の荷役馬には180重量ポンドの牽引力があると計算した。馬がこの力で半径12フィート（約3・65メートル）の水車をまわすと、羽根車を1分間に2・4回転させることができた。ワットは水車の円周（2πr）を盛り込んで馬力の計算式を考案した。1馬力＝180重量ポンド×2・4回転×2π×12フィート≒3万3000フィート・ポンド／分（ワットは端数を切り上げた）。

ルドルフのノートは、家族の顔やエンジンのスケッチ、試してみたい科学実験に関する書き込みで埋まっていた。そこには「ジェファーソンの実践的生活のための十箇条」と見出しをつけた2ページがあり、その第1条は「今日できることを明日に延ばすな」。第3代アメリカ合衆国大統領、トーマス・ジェファーソンの助言に従ってルドルフは自分を甘やかすことなく勉学に打ち込んだ。

1875年、彼はアウクスブルク工業専門学校を、開校以来、最も優秀な成績で卒業した。これは単なる自尊心の問題ではなかった。ここで学業が終われば、苦しい生活に耐えている家族のもとに帰らなければならない。だが、優秀な成績を修めれば奨学金を得て進学でき、家に戻らなくてすむのだ。学費さえ払えれば、名門のミュンヘン工科大学（1868年までは高等工業学校と呼ばれていた）に入学できるのは確実だった。ミュンヘンからは、ルドルフの成績を聞きつけた大学総長のカール・フォン・バウエルンファイント教授が、17歳の秀才ぶりを自分で確かめようとアウクスブルクにやって来た。

ルドルフと対面した総長はたいへん好感を持ち、大学に通えるよう年間500グルデン（1000ドイツマルク、現在の6000ドルに相当）の奨学金を支給することにした。ルドルフはありがたく受け取った。

晴れてミュンヘン工科大学の学生になったルドルフは、ドイツきっての才能あるエンジニアの卵たちと知り合い、彼らと肩を並べて勉強した。そしてある客員教授にとりわけ強く影響を受けた。それは、冷凍技術の先駆者であり実業家としても成功していた当代随一の発明家カール・フォン・リンデ――熱力学の講義を受け持っていた――で、のちにルドルフの良き助言者になった。

1872年、リンデは機械式冷凍のコンセプトをかたちにし、おかげで凍った池や湖から氷を運んで貯蔵室に入れておく必要がなくなった。マシーネンファブリーク・アウクスブルク（MA）を経営するハインリヒ・ブッツは、リンデの研究にいち早く注目した。ブッツはリンデをMA社に招き入れ、1873年から77年まで彼の研究を後援した。圧縮アンモニアを冷却剤に用いる、性能の安定した冷凍装置が世に出たのはこのころのことだ。この発明品の販売促進と、技術面での国際的なライセンス契約業務を目的として、ふたりは「リンデAG社」を1879年に立ち上げた。当時の発明家たちが通常選ぶビジネスモデルだった。

リンデはルドルフを期待の新星だとたちまち見抜き、その才能や労働倫理、謙虚さに感心した。ルドルフは何時間も大学の研究室や機械工場で過ごし、日曜日のための一着きりのスーツを汚さないように、バイエルンの労働者階級の伝統的なユニフォームである丈夫な青い作業着を着て講義に出席した。

少年時代のルドルフは父とまったく似ていない風貌だったが、厳しい労働を通して培われた倫理観や、まくり上げた袖、たこのできた黒く汚れた手だけは受け継いだ。いい服を買えて爪の手入れも行き届いた同級生たちにまじって、ひとり異彩を放っていた。

１８７７年１月、18歳の大学生ルドルフはドイツの市民権を得た。３年間の兵役義務を負うべきところ、「学業猶予」をドイツ軍当局に認められた。[1]

空き時間には同級生たちに数学やフランス語を教え、気晴らしのために弾くピアノを借りる金はすぐに稼いだ。だが、自由時間はほぼすべて勉強にあてた。学習課題をこなしていくうちにルドルフは、熱力学に、とりわけ熱と機械的エネルギーの関係に、自然と引き寄せられていった。彼はフランスのエンジニアで熱力学の先駆者だったニコラ・カルノー（１７９６～１８３２年）の理論を研究した。

カルノーが着目したのは、蒸気機関には高温・高圧で燃焼するガスを封じ込めるための巨大な重い金属製の容器が必要だという点だ。たとえば「ファルディエ・ア・ヴァプール」（１７７０年に発明された蒸気式運搬車）には何トンものティーポット型の蒸気がまが付いていた。カルノーは１８２４年の論文で「石炭の燃焼によってかなり大きな熱素の落差を得られるのに、われわれが実際に利用できるのはごく限られた熱でしかない」と書いている（訳注　当時、熱は一種の元素と考えられ、その「熱素」が、温度の異なる物質間を移動するとき動力が生まれ、温度差が大きいほど動力が大きくなるとされた）。

基本的にカルノーは、蒸気機関は甚だしく非効率的だと考えた。大量のエネルギーが有用な仕事に使われず、図体の大きいエンジンのパーツを動かす過程で熱や圧力が失われたり、エンジンから単純に漏れたりもした。カルノーは、理論的には効率は格段に上げられると証明したが、既存の蒸気機関ではその理論に近づくことはできなかった。ルドルフは理論上の効率と実際の効率の差に驚き、それを埋めたいという思いに取りつかれた。

１８７８年７月11日、ルドルフは40人の学友とともにスタジアム状の講堂の上のほうの席に、闘牛でも見物するようなかたちで座っていた。下のほうからリンデ教授の声が受講席の間を縫って聞こえてくる。彼は理想的なカルノー・サイクルを証明する計算式を黒板に書いて説明した。ここはリンデの機械設計理論の講義の最重要ポイントだった。

続けてリンデは、優れた蒸気機関でもカルノーが理論化した理想の6〜10%にしか達していないとする計算式を示した。一瞬にしてルドルフの頭の中で、ロンドン・ブリッジで浮かんだおぼろげな考えの輪郭がクリアになった。身を乗り出し、教授の言葉をひと言も聞き逃すまいと集中した。興奮のままにルドルフは、大学ノートの余白に「あまり複雑な構造にせずに、完璧なサイクルプロセスを実現する蒸気機関をつくることはできるだろうか？」と書きつけた。このノートはいまもマシーネンファブリーク（現在のMAN社）に保存されている。

ルドルフの頭の中は、エンジンの効率のことでいっぱいになった。ノートの余白に書いた問いへの答えを見つけることが、自身のライフワークの原動力になった。この1878年のリンデの講義から受けた影響について、ルドルフは1913年にこう記している。「そのとき以来、カルノーの理想のプロセスを実現させたいという願望が、私のあり方を決定づけた……その願望は片時も頭から離れることがなかった」

彼はその突破口を、蒸気を発生させることなく有益な仕事をするエンジンに見いだそうとした。そのことは、講義の数カ月後のノートへの書き込みからうかがえる。まだ比較的新しいニコラウス・オットーのエンジンよりも効率的で、より大きな出力を得られるエンジンを開発したかった。「だが、どうしたらそれが実現できる？　それこそがまさに発見すべきことだ‼」

水も蒸気も媒介としないエンジンという方向性は、内燃機関の概念の基本であり、オットーもこうした変革を模索していたが、蒸気機関以上に産業に安定的に使えるエンジンはいまだに存在しなかった。だが、希望は消えなかった。自分にオットー以上のエンジンを開発できるだろうか？　オットーのエンジン（ガス燃料を用いた）は、水から蒸気を発生させるボイラーや炉、煙突などの付属物を必要としないためコンパクトだったが、出力が限られ、たいていは数馬力も出せなかった。燃料効率も、蒸気機関の倍とはいえ、12～14％にすぎなかった。

ルドルフ・ディーゼルがエンジン開発に着手した時代は石油時代の幕開けのころで、その舞台は世界でも石油の産出量が乏しい地域だった。アウクスブルクはエンジニアにとって恵まれた土地だったが、西ヨーロッパの多くの地域と同様に、石油は出なかった。不利をはね返すためにエンジンの効率が重視され、石油に代わる燃料への期待も高まった。ヨーロッパの実業家や軍事指導者、そしてルドルフは、石油の供給を支配する外国の石油王に依存するのを避けたかった。やがてルドルフは突破口を開くことになるが、彼がエンジンの効率性を追求したひとつの要因は資源不足だった。

ルドルフは１８７９年7月に大学を卒業する予定だったが、その夏、腸チフスがミュンヘンで猛威をふるった。彼も感染し、重篤に陥った。何十日も高熱と闘い、再び勉学に打ち込めるほどに回復はしたが、最終試験の日程を逃したため次の機会を待たなければならなかった。

そこでリンデが救いの手を差し伸べた。ルドルフを機械メーカーのスルザー・ブラザーズ社に推薦し、一時的に雇ってもらった。スルザー社はスイスのヴィンタートゥールに工場を構え、リンデが開発した製品のほか、蒸気機関やボイラーも製造していた。[2]

ヴィンタートゥールで3カ月間、貴重な工場実習を受け、産業界で生きていくうえで重要な人脈を築いたルドルフはミュンヘンに戻り、最終試験の準備をした。試験はすべて口頭試問で、各教授と討論したり質問に答えたりするかたちだった。1880年1月15日、ハードな試験がすべて終わった。ほとんどお約束になった表現だが、彼は開学以来、最も優秀な成績を修めた。

もはや彼は、身ひとつで命からがら国境を越えたころのような、みすぼらしい身なりの瘦せっぽちの少年ではない。あのころは確固たる市民権すらなかった。1880年のルドルフは、ドイツのエリート大学システムの頂点に立っていた。難民だった若者はいま、成功への野望に燃えていた。

注

1. ドイツの市民権を取得したことをルドルフは喜んだ。教育の機会が広がり奨学金が得やすくなるからだ。パリで生まれた彼には、それまでドイツ市民としての登録がなく（12歳まで足を踏み入れたこともなかった）、社会的身分が不安定だった。父テオドールはフランスの市民権取得をたびたび検討していたが、その身分は子にも引き継がれるため、ルドルフは何とか考え直すよう頼み込んだ。フランスの市民権はドイツで勉学するうえで妨げになっただろう。また、当時のフランス人の兵役義務は9年間（訳注　現役5年、予備役4年）にも及んだ。

2. スルザー兄弟はルドルフの生涯の友になり、34年後にはルドルフの息子オイゲンを父と同じようにインターンとして迎えた。

第7章

給料より大事なもの

天性の才能を大学で磨いたルドルフは、生まれて初めて金に困らない身になった。卒業試験に合格するとすぐにリンデが仕事を紹介してくれたのだ。

スルザー・ブラザーズ社の製氷機は、ドイツやスイスでの売り上げが好調だった。フランスでの販売・サービスの拠点としてパリにできる新工場に、パリで生まれ育ったルドルフはうってつけだとリンデは考えた。フランスにおけるリンデの特許権を取得したモリッツ・フォン・ヒルシュ男爵は、グルネル河岸通りに製造工場を立ち上げた。この近くでのちにエッフェル塔が建てられる。ルドルフは1880年3月20日、見習い社員のひとりになった。1200フランという年俸はささやかな額だったが、生活には困らなかった。その年のうちにパリ工場の工場長に昇進し、給料も倍になった。1881年8月までにリンデはさらに年俸をその倍の4800フランに引き上げた。

スルザー社が部品をつくってパリに送り、ルドルフが設計、組み立て、設置の責任を負った。23歳という年齢で引き受けるには大きな責務だったが、彼の才能には見合っていた。

リンデの製氷機を購入したのは、醸造タンクを冷やしたり、肉など傷みやすい食品を冷蔵したりする業務に携わる人々だった。この製氷機ではまだ衛生的な氷はつくれなかった。だが、飲食店や家庭の食卓で使える氷の需要があることにルドルフは気づいた。飲み物に入れられる、きれいな氷が必要だ。

1年後、ルドルフは自身初となる特許を取得した。1881年9月24日、「瓶入りクリアアイス」の特許をフランス当局に認可された。その1カ月後にはブロック状の飲料用の氷で特許をとった。ディーゼルエンジンの発明者の業績としては意外な印象を受けるが、彼はアイスキューブの発明者でもあるのだ。生まれながらの発明意欲も満たしながら、ルドルフは日々の仕事をうまくこなしていた。頭の中では変わらず、大学時代に関心が芽生えたエンジンの効率性というパズルの答えを探し続けていた。

ポケットマネーに余裕が生まれ、ルドルフの服装はあか抜けていった。当時アメリカで人気だったステットソン社の帽子（カウボーイハットではなく山高帽に近い）をかぶり、仕立てのいいスーツを着た。富裕層の人間はこれまでいつも身近にいた。学友の多くは裕福な家庭の出だったし、恩師リンデは莫大な富を築いていた。パリで過ごした少年時代には父の得意先の金持ちを見てきた。自身は母が繕った、すり切れた服を着て青春時代を送ったが、自由に金を使えるようになると、上等な品を買い求め、うっ積していた物欲を満たした。

ステットソンの帽子を買ったのは、初恋も影響していたかもしれない。彼の心をとらえたのは、パリに住む離婚経験のあるアメリカ人アーティスト、ミセス・フラートンだ。ルドルフの妹のエマが1880年にふたりを引き合わせた。

1880年12月5日、フラートンはエマへの手紙でルドルフについてこう書いている。「あの人は感じがよくて、謙虚で、洗練された若者です！　芸術家肌――詩人のような気質――で、ふつうの若者よりずっと高潔な心の持ち主です。私には彼のことがとてもよく理解できるのです」

数カ月後、ミセス・フラートンがアメリカへの帰国を決意すると、ルドルフは、リンデとの仕事を捨てて彼女を追いかけかねない勢いだった。妹への手紙に、「コンパスの針が必ず北を指すように」自分の心も恋人に引き寄せられるのだとつづった。だが結局、ミセス・フラートンはひとりでアメリカに戻り、ルドルフはパリにとどまった。

木曜の夜、彼はたいてい、ドイツ生まれの友人アーネスト・ブランドの家を訪ねた。彼はパリで商売に成功していた。フラートンと別れてからまもないある木曜日、その友人宅で出会った女性の美しさにルドルフは目を見張った。彼女の名はマルタ・フラッシェで、ブランド家の家庭教師としてドイツから招かれたばかりだった。ブロンドで青い目をしたスタイル抜群のこの女性は、ウィットに富みチャーミングだった。ピアノを弾くのが好きで、英語、フランス語、ドイツ語で見事に歌った。さらに、イギリスから取り寄せた最新の小説やフランスの哲学書を読み、芸術を深く理解していた。ルドルフの母が結婚前にそうだったように、子どもの教育を監督する一方で自身の教養も磨いていた。

木曜が来るたびに、ルドルフは欠かさずブランド家を訪ね、やがてほかの曜日にもマルタと一緒に歌い、ピアノで伴奏をするようになった。ふたりとも、「幅広く、そして激しく芸術に引かれている」と彼は記している。

ふたりは恋に落ちた。しかし、彼の友人すべてがこのカップルを好意的に受け止めたわけではなかった。ルドルフが話すフランス語には外国なまりがなく、彼は生粋のパリ人として受け入れられていた。実際、彼はパリの出身だった。だが友人たちは、マルタにドイツの血が流れているとすぐに見抜いた。ドイツなまりがきついマルタは、自分はフランスに溶け込めそうにないと思っていた。出世を考えれば、ルドルフにとってこの結婚は不利だった。

しかし彼の頭には、出世のことも、仕事か愛かという二択問題も浮かびはしなかった。マルタと結婚するつもりだった。

1883年5月、ルドルフの仕事が夏の繁忙期に入ると、マルタはドイツに長期の帰省をした。ずっと家族に会いたかったし、このころミュンヘンに引っ越していたルドルフの両親とも近づきになりたかった。

数カ月に及ぶつらい遠距離恋愛の期間中、ルドルフはマルタに宛てて、科学者というより詩人の作品のような手紙を何通も送った。5月16日には、彼女の声を白昼夢で聞いたと書いている。

ぼくの体はどんどん軽くなっていく。もはや実体もなくなって、空中に浮かんでいるようだ。すると、やさしい、やさしい天使の声がこう言うんだ。「ルドルフ、愛しているわ」

その何週間か後に出した手紙にも、詩人としての側面が表れている。苦労の多い、仕事漬けの生活の中で自分のバランスがとれているのは、彼女が光と幸せを人生にもたらしてくれるからだと書いた。

小さな星になって、闇を照らしておくれ。ぼくの心の深い闇を。ぼくの心は、黒いモミの木と岩に囲まれた、照らすもののない湖。あまりの暗さに、夜になると誰の目にも見えない。だけど、その小さな星が金色の輝きを帯びて現れると、男の心の湖は波打ち、星の姿を何千も映し出し、闇は払われ、湖は星の光にきらめき、命を吹き返す。

そして彼はこう付け加える。「あと2、3通やりとりしたら、最後の手紙にぼくはこう書くよ。君のもとへ飛んでいって、その腕の中からこの先一生、けして出ることはない、と」

君以上に、ぼくから愛されている女性はいない。誰もいないよ。そして、ぼく以上に愛の喜びを待ち望んでいる男はいない。君がぼくに愛を、心を、そして人生を捧げたいと言ってくれたあのときから。

ルドルフはルイーゼ・〝マルタ〟・フラッシェと1883年11月24日にミュンヘンで結婚した。ささやかな式には父テオドールと母エリーゼだけでなく、クリストフ・バーニケルと、彼の新妻となった妹のエマも出席した。エマは夫より27歳下だった。バーニケルの最初の妻で、テオドールのいとこだったベティは、腸チフス（当時、猛威をふるっていた）で2年前に他界していた。

この再婚によってバーニケルは、ルドルフのおじのような立場から義理の弟になった。妹やバーニケルとの距離はさらに縮まった。姉ルイーゼの死によって心に空いた穴も、エマがいくらか埋めてくれた。彼とエマは手紙を交わし、とくに、奇矯さを増していく両親のふるまいが話題になった。両親は経済的に息子を頼るようになっていて、彼も諦めの境地でその状況を受け入れていた。テオドールからは金を無心する手紙が頻繁に送られてきた。両親が楽に暮らせるようにルドルフは喜んで仕送りをしたが、その金があるためにテオドールが神秘主義にますます傾倒していくという状況に、いらだってもいた。ルドルフとエマは手紙を通して父に対する腹立ちを共有した。ルドルフは父への不快感をマルタへの手紙でも伝えている。「どうやら、偏ったスピリチュアリズムを追究していくと、人間は本当に愚かになっていくらしい……」

この1883年のマルタへの手紙には、自由で教義にとらわれない思考に価値を置く彼の信念についても記している。「人類愛を胸に抱き、力のかぎりそれを実践するためには、スピリチュアリスト、プロテスタント、カトリック教徒、あるいはユダヤ教徒、そのどれになってもいけない。特定の主義主張に固執しなくなれば、人の考えはよりオープンで自由になり、身近な人々にもっと寛容で愛情深く接することができるようになる」

しかし、当時のパリ市民には、ドイツ人に対する寛容や親愛の情はなかった。ルドルフもこの街で社会生活や仕事上のストレスを感じ始めていた。芸術を通してできたフランスの友人たちも徐々に離れていった。彼がドイツ人と結婚したのが主な理由だ。フランスはナショナリズムの揺り返しの真っただ中にあった。1880年代の半ば、選挙立候補者たちは、普仏戦争の講和条件である50億フランの賠償金とアルザス＝ロレーヌ地方の喪失に対する不満をかき立てる怒りの演説によって当選を勝ち取っていた。1871年にフランスが降伏した直後はドイツ国民に対するネガティブな態度が短期間、わずかに和らいだが、パリの人々は再びドイツ人に敵対感情を持つようになってきた。

とはいえ、両親のことも社会情勢も小さな問題だった。ルドルフは両親に意見することもできたし、その気になればいつでもパリを離れられた。

もっと大きな問題があった。アウクスブルクで芽生えた、より効率のいい熱機関を開発するという野望が、いまだに彼の頭から離れていなかった。

リンデのために機械を売ったり修理したりするのは、自ら望んだ未来図ではなかった。リンデに仕えていれば、いい収入やエンジニアとしての評価は得られる。この給料なら、妻や未来の子どもたち、さらには両親を養ってもお釣りがくる。だが、彼はそんなことで満足できる人間ではなかった。

ルドルフの野望は、エンジンの効率を高めるという科学的な成果にとどまらなかった。効率のいいエンジンの実用化について考えるとき、彼の胸にはロンドン・ブリッジにたたずむ少年時代の記憶がよみがえった。コンパクトで経済的なエンジンを開発すれば、地方の小規模事業者に手ごろな動力源をもたらせると確信していた。地方経済を地盤沈下させながら進行する、無数の労働者の劣悪な生活環境を前提とした、都会の巨大工場への集中という流れを、そのエンジンは食い止められるはずだ。ルドルフは、社会が目指すべきゴールと、エンジニアとしての自らのゴールを結びつけて構想していた。彼にとって成功とは、スラム街の共同住宅に逆戻りしないという個人的なことだけでなく、劣悪な生活の根源を打破することでもあった。

1883年6月にはマルタへの手紙にこう書いた。「われわれのゴールは、不寛容や外的事情を前提とした〝来世〟での幸福の増進であってはならない。むしろわれわれは、能力のかぎりを尽くして、〝現世〟できょうだいを助け、人類の置かれた状況を改善し、貧富の差を是正すべきだ。それこそが私の理解するところの宗教であり、知りえない来世のために現世をないがしろにせよと説くのが宗教ではないのだ。イエスが教えたのはプロテスタント主義でもカトリック主義でもなく、教会通いや説教を垂れることでもない。彼が教えたのは、人類愛なのだ」

リンデに仕えることと野望をあたためること、その両立は長続きしなかった。より効率的なエンジンの理論的コンセプトをどう実現するか、そしてそのエンジンを使って大企業と中小事業者のパワーバランスをどう是正するか。リンデの工場で働いていてもルドルフは仕事に集中できなかった。

後年、ルドルフ・ディーゼルを中傷する人々は、彼の職歴をあざ笑った。冷凍からキャリアをスタートさせた人間に、どうして熱機関をつくれようか、と。ルドルフは、絶対零度というのは摂氏マイナス273度のことだと愚直に答えるのだった。つまり、それ以上の温度ならば、すべて熱を持っているということだ。

製氷機ビジネスで積んだ経験、とくに高圧縮されたガスについての知見は、オーソドックスではないアプローチや革命的なエンジン設計の下地になった。1913年、ルドルフはこう振り返っている。「アイデアはどうやって生まれるのか？　時には稲光《いなびかり》のようにひらめくのかもしれない。だがたいていは、数知れない失敗を重ねながら徹底した追究の末にゆっくりと育まれていくのだ」

引き続きパリで暮らし、リンデの工場を運営するかたわら、ルドルフは1883年から89年にかけて、圧縮アンモニアガスを使う熱機関の開発という副業に取り組んだ。外燃機関のかたちをとりながら、目指すはエンジンの効率アップだ。初めにアンモニアに引かれたのは、日ごろ製氷機にそのガスを利用していてなじみがあったこと、そして沸点が水よりも低いので熱を生むのに必要なエネルギーが水より少なくてすむという理由からだった。水の代わりにアンモニアを使えば、蒸気圧を生むのに必要な熱量を減らすことができるというわけだ。

しかし、アンモニアは揮発性が高く人体に有毒なガスだ。加えて、この構想ではまだ蒸気を発生させるため外部の熱を必要とした。この時期の実験は、ルドルフがエンジン設計を全面的に見直すうえでは有益で、産業に利用できる性能の内燃機関が存在しない段階での蒸気機関の改良に資するものではあった（1886年にカール・ベンツが3分の2馬力の三輪自動車を発表したが、工場で利用できるほどの力ではなかった）。だが、ルドルフの最終目標は外燃式蒸気機関の改良ではなく、実用的な内燃機関だった。大学時代にひらめいたおぼろげなイメージがルドルフの頭をややもやさせた。自分はいま、方向性を間違えているんじゃないか？

情熱を傾けたいプロジェクトと、リンデに仕える日々の仕事。その両立にルドルフは負担を感じ始めた。1884年7月28日付でマルタに宛てた手紙には「機械を修理しているとストレスを感じる。場をわきまえず、かんしゃくを起こしてしまう」と書いている。

給料も下がり始めた。1884年から翌年にかけての冬は極端に寒かった。天然の氷が豊富にとれたため、製氷機の売れ行きが落ち込んだのだ。また、フランスではナショナリズムがますます高まり、フランス領内でドイツ人がドイツ製品を売るには厳しい環境になった。資金繰りが厳しくなるなか、ルドルフは辛抱強くアンモニアを燃料とする熱機関の実験を続けた。

理想の追求と現実生活の両立にいまだ苦しんでいた2年後の1886年11月27日、マルタ（ドイツへ頻繁に里帰りしていた）への手紙にこう書いた。「重い不眠症に苦しんでいて、夢の中で生きているような気がする」

しかし、ルドルフのゴールは明確になろうとしていた。理想の熱機関の新しい設計図がうっすらと浮かび上がり、それを社会や産業に活用するプランがしだいに具体的になってきた。１８８７年5月、彼は4ページに及ぶリストをつくった。自身が開発するコンパクトで効率的なエンジン（まだ理論上のものにすぎないが）を、職人や小規模事業者がどんなふうに商業的に利用できるかを列挙している。「歯科治療、宝飾品づくり、紡績、木工、印刷、食堂、小型船舶、揚水ポンプ、病院」などの項目が並ぶ。彼が目指すのは、大規模な工場だけがいま享受している動力源を、父のような一労働者にも提供することだった。ビジョンは定まった。だが、その実現への歩みは遅々として進まなかった。

同年7月、アンモニアエンジンの研究についてマルタに書いた手紙からは、試行錯誤の段階にある天才発明家に共通する苦悶が読み取れる。「一日じゅう、仕事に出て、昼食を外でとり、夜遅くに帰宅している。夕食後、その日に感じたことを書き留める。まったく熟睡できず、半分目覚めながら何か繰り返し考え込んで夜が明ける。それが成功につながれば、何年も投獄されたあとの釈放のように思えるだろう。私はいま、絶望的な不安の中で生きている」

１８８７年12月25日、彼はまたマルタに手紙を書いた。「リンデの会社とのつながりが急速に終わりに近づいているのが、はっきりわかる。この先、何か新しいことに取り組まなければならない。でも、その何かとは？」

彼が取り組みたい「何か」というのは、もちろん熱機関にほかならないが、当時の彼にはそのプロジェクトを本業にする勇気はなかった。

リンデもついには愛弟子が思い詰めていることを理解し、解決策を示した。たとえ給料をはずんだところで、ルドルフが誰かのために職場の代表を続けるのはもう無理だと考え、独立を提案した。彼なら自分の事業をうまくまわせるだろう。リンデの工場の管理という重責から解放し、リンデの製品をフランスで独占的に販売・修理して収入を得られるよう計らった。職業人としてふたりは初めて袂《たもと》を分かつことになったが、個人的な絆はむしろ深まった。

独立したルドルフは、より多くの時間を新しいエンジンの設計に使えるようになった。楽天的な気持ちがあふれることもあれば、絶望感に襲われることもあった。楽天的な気分だったあるとき、来《きた》る1889年のパリ万国博覧会での出展スペースを予約し、アンモニア燃料を使った熱機関をお披露目しようと考えた。このころミュンヘンの両親に出した手紙には、エッフェル塔建築の合間に街に出てひと休みするギュスターヴ・エッフェルをときどき見かけると書いている。同じエンジニアとしてあこがれるとも伝えた。

しかし、その数週間後には出展予約を取り消した。ノートにはこう書いた。「遅れたからといって、諦めたわけではない。前に跳ぶために、後ろに下がるのだ」

1889年、エッフェル塔が見下ろす万国博覧会の会場に、ルドルフはいた。出品していたのは、当初考えていたものではなかった。2800万人が来場したその会場で展示したのは、リンデの製氷機だった。大学を出てかれこれ10年近く、他人の業績の尻馬に乗って商売をしていることに、痛いほど恥辱を感じた。あるふたりの出展者が万博を大いに盛り上げていることにも、ますます落ち込んだ。

カール・ベンツは、「ベンツ・パテント・モトールヴァーゲン（ベンツ三輪車）〔訳注　世界初の実用的なガソリン自動車とされる〕を、そしてゴットリープ・ダイムラーは4ストロークの内燃機関を披露した。どちらも燃料は精製されたガソリンだった（ダイムラーとベンツが互いの存在や、それぞれの研究について万博前に知っていたかどうか、記録にない）。自動車テクノロジーにおいて画期的な彼らの成果は、たまたまルドルフのブースの近くで展示された。リンデの製氷機を紹介しながら彼はひとりわが身を恥じていた。

万博の開催期間中、ビジネスは傾く一方だった。パリから逃げ延びた1870年を思い出しながら、ルドルフはミュンヘンの両親に宛てて手紙を書いた。「当地の情勢は不安定と言うほかなく、いつでも出国できる構えでいようと思います」。その手紙には、戦争の脅威を生んでいる主犯はビスマルクだと不満をぶちまけている。1889年当時の宰相は、若き皇帝ヴィルヘルム2世との確執のさなかにあり、ふたりで協力してドイツを支配するというかつての目論見は崩れつつあった。

パリの会社の先行きは暗いと考えるルドルフに、リンデも同意した。ルドルフの新しいアイデアに対してリンデはあまり熱意を示さなかったが、友情と支援を絶やすことはなかった。リンデはルドルフにベルリン工場で働かないかと提案した。

1890年2月21日、ルドルフとマルタは、いまや3人に増えた子どもと一緒にドイツに引っ越した。子どもは上からルドルフ・ジュニア（1884年生まれ）、ヘートヴィヒ（愛称ヘディ、1885年生まれ）、オイゲン（1889年生まれ）だ。

ベルリンは、建築物は新しいが、美しさには欠けていた。すでにヨーロッパで3番目に大きな都市ではあった。主要な建物や通り、広場のほとんどは1870年以降に建てられたり再建されたりしたものだ。ウンター・デン・リンデンは約1・4キロの大通りで、ブランデンブルク門の名で知られる凱旋門へ続く2列の並木道があり、ヨーロッパで最大にして最高に堂々とした大通りを目指してつくられた。

電気技術者のジーメンスによって照明用の地下電気ケーブルの敷設が始まっていた。機関車は国内の全地域へと時刻表通りに発車した。荷馬車でさえ鉄のレールに沿って走った。ベルリンはルドルフが見てきたどの都市とも違っていた。清掃の行き届いた通りは活気に満ち、洗練された実業家たちであふれていた。軍の高官やその妻を頂点とするカースト制のような身分社会で、陸軍や海軍のこれ見よがしな華麗さやセレモニーは、即位から20カ月の若き皇帝の好むところだった。

マルタはベルリン移住を大いに喜んだ。パリと違って、社会に受け入れられている感覚をやっと持てたからだ。ルドルフの気分はその反対だった。ベルリンの堅苦しさより、パリの芸術や文化が好きだった。ブリュッケン大通り15番地の研究室では、忙しすぎて周囲に関心も持てなかった。構想中のアンモニアエンジンでは、リンデが指摘したように、ふつうの発想の域を出ない。いまのコンセプトは依然として外部の熱源を必要とするもので、仮にそれがうまく機能したとしても、蒸気機関の亜流でしかない。エンジンの効率向上の鍵としてアンモニアの可能性を追うことを、ついに断念した。この時期こそが、のちに彼が「徹底した追究」と呼ぶ重要な段階だったのは間違いない。

彼はミュンヘンの大学時代に抱いた根本的な問いに立ち返った。1キロの石炭を燃やして得られる熱量は7500キロカロリーほどだが、蒸気機関ではその10％未満のエネルギーしか仕事にあてられない。残りは環境中に放出される。それは石炭の燃焼が直接、仕事には向けられず、蒸気を発生させる水を加熱するために使われ、その蒸気が仕事をするからだ。工学部の学生だった1878年に彼はノートにこう書いた。「この7500キロカロリーを、何かを媒介させることなく直接、仕事に変換すべきだ。だが、それは実際に可能なのか？」

アンモニアから離れて新しいアプローチをとるべきだという確信について、彼は1891年11月15日付の母への手紙にこう書いた。「次のステップへ進む覚悟ができました……過ちを犯すのが人間で、間違ってしまうこともありますが、それでも私は進むべき道に自信があります。この12年間、私は己を犠牲にして一輪の花を育ててきました。そろそろそれを摘み取ってかぐわしい香りを楽しもうと思います」

やがてルドルフ・ディーゼルは1890年代初頭のベルリンでその花を摘み、ますますハードに研究に打ち込むことになる。彼はいま、ナショナリズムが台頭するドイツの首都にいた。皇帝ヴィルヘルム2世は国際舞台におけるドイツのあり方について確固たる理念を持ち、理想をかなえるための確固たるアイデアを持っていた。過去20年間、ビスマルクは内政に力を注ぎ産業発展を重視してきたが、ドイツは転換期を迎えようとしていた。すべてのドイツ人が、そしてとくに国内の科学者たちが、変化の波に巻き込まれていく。

ヴィルヘルム2世、海軍にかける野望

ドイツ皇帝ヴィルヘルム1世とその息子フリードリヒ3世は、1888年に相次いで世を去った。ルドルフがベルリンに引っ越す前のことだ。若きプリンス、ヴィルヘルムは祖父を失い、そのわずか99日後に父を失った。この強情者の青年は3月に皇位継承順位第1位になり、6月には29歳でヴィルヘルム2世としてドイツ皇帝、そしてプロイセン国王になった。

父のフリードリヒは喉頭がんを患っていた。ドイツ人医師団は早期にそう診断し、手術を勧めていた。だが妻のヴィッキーはそれをはねつけ、のどの疾病の世界的権威だったイギリス人医師モレル・マッケンジー博士にセカンドオピニオンを求めた。マッケンジーは、フリードリヒの症状はがんではなく、手術などもってのほかで、気候の穏やかなところで静養さえすれば治ると断言した。夫妻はワイト島のヴィクトリア女王の別荘で3カ月間過ごした。だがフリードリヒの病状は悪化する一方だった。ヴィルヘルム1世が91歳の誕生日を目前に亡くなり、フリードリヒは即位したが、56歳の充実期にありながらもはや話すことができず、筆談でしか意思を示せなかった。そのころにはさすがにマッケンジー博士（ヴィッキーの要望を受けたヴィクトリア女王から、大事な義理の息子の命を〝救った〟功績でナイトに叙せられていた）も、ドイツ人医師団が下したがんという診断に同意するようになったが、もう遅すぎた。次いで皇帝の座についたヴィルヘルム2世は、父を死なせた責任は母とイギリスの医師たちにあると怒りを募らせた。

先帝への敬意を込めて「フリードリヒ王宮（フリードリヒスクロン）」と呼ばれた宮殿にまだその遺体が安置されていたとき、猜疑《さいぎ》心に駆られたヴィルヘルムは、母がフリードリヒの私的な書類をロンドンに持ち出そうとしていると思い込み、母の居室やクローゼットを近衛兵に捜索させた。証拠は何も見つからなかった。その数日後、彼は王宮の名を「新宮殿（ノイエスパレ）」と改め、両親に対する拒絶と決別の意思を示した。激怒したヴィッキーはフリードリヒの国葬に出席せず、個人的に夫を弔った。ヴィルヘルムと、祖母であるヴィクトリア女王との関係も冷え込んだ。[1]

フリードリヒが急死し、周囲の予想よりはるかに早くヴィルヘルムが帝位に就くことになった。この急な代替わりに対して、いちばん心の準備ができていなかったのは、意外にも宰相ビスマルクだった。ビスマルクの薫陶を受けたヴィルヘルムは、独裁的な支配と、君主の神聖な権限を政治的理想に掲げていた。絶対的な権力を志向し、大言壮語の癖があり、衝動的で移り気な性格の新たなカイザーの誕生を、ヨーロッパじゅうが懸念した。

英国皇太子である叔父のバーティー（ヴィクトリア女王の没後、エドワード7世として即位）[2]はヴィルヘルムの友人であり人生の先輩だったので、尊大な態度でヴィルヘルムに接していた。バーティーはヴィルヘルムよりもひと回り以上、年上だったが、先に君主の座についたヴィルヘルムは、公式の会見の場では自分にへりくだるよう求め、バーティーを（そしてヴィクトリア女王をも）驚かせた。ヴィルヘルムはドイツの未来に対して野心的なビジョンを持っていた。生まれてこのかた、ドイツの経済的・政治的な力は飛躍的な勢いで伸び続けていた。ドイツより小さな島国イギリスが、遠く離れた地域にまで版図《はんと》を広げたように、ドイツがこの勢いを国境の外へ広げていくことは、ヴィルヘルムにとって当然の運命だと思えた。彼はドイツの産業発展のために原材料を供給する植民地を求めた。手本としたのは、貿易や原材料調達のために植民地システムを築いて潤うイギリスだ。イギリス海軍は目下、ドイツの商船団を敵対勢力や海賊から護衛してくれているが、ヴィルヘルムとしてはイギリスとの友好関係や姻戚関係に依存したくなかった。自前の強力な海軍が欲しかった。

ルドルフ・ディーゼルがパリからベルリンに引っ越したころ、ドイツ帝国の二大指導者はにらみ合っていた。ビスマルクはヴィルヘルムの構想に賛同せず、即位直後から対立していた。ふたりは外交政策について議論するため、宮殿の庭を一緒に時間をかけて散歩したが、はた目にはおもしろい眺めだったことだろう。長身の堂々とした老政治家が、背の低い、腕に障害こそあるがハンサムな若い皇帝と並んで、大股で歩いていた。ビスマルクが起草した帝国憲法では、内政と外交を司る広範な権限が首相に与えられていた。だが重要な決定事項の中でひとつ、彼に委ねられていないものがあった。首相の任命責任は皇帝にあった。ヴィルヘルムにはビスマルクを辞めさせる権限もあったのだ。

祖父のヴィルヘルム1世は、あえてビスマルクを退けるようなことをしなかった。むしろ、ビスマルクのほうが辞職をちらつかせて皇帝を脅かした。「鉄血宰相」は大臣たちを統率し、ドイツ国民に愛されていた。だが、反英感情が高まっていく中で、若いヴィルヘルムの人気も高まっていった。多くのドイツ人もヴィルヘルムと同じように、イギリスはドイツの成長や帝国としての勢力拡大を妨げていると感じていた。よりリベラルだった前の皇帝と違い、がちがちの保守派だったヴィルヘルムは、保守派首相としてのビスマルクの支援層からも支持されていた。国民からの忠誠心を勝ち取ろうと動くうちに、ビスマルクも無敵ではないことがわかった。

1890年3月、ヴィルヘルムは大胆にも、過去20年間にわたってヨーロッパ全体を牛耳ってきたビスマルクを罷免するという挙に出た。75歳のビスマルクは黙って辞表を皇帝に渡すしかなかった。

海の向こうでは、当時のイギリス首相で、保守派のリーダーだったソールズベリ侯爵が、メアリー・シェリーの小説『フランケンシュタイン』を彷彿とさせる言葉を残している。「ビスマルクの前に、興味深いネメシス〔訳注　思い上がった人間に罰を与えるギリシャ神話の女神〕が現れた。フリードリヒの即位に備えて自らの足場を固めるために育んできたエンペラー（ヴィルヘルム2世）の資質がもとで、放逐されるはめになった」

ビスマルクがヨーロッパというマリオネットを操ってきた糸に、ヴィルヘルムは手を伸ばした。それまでの20年間、ビスマルクは、さまざまな利害の対立を乗り越えて複雑な交渉を重ね、危うい平和を維持してきた。彼は五大勢力を意識していた。イギリス、フランス、オーストリア＝ハンガリー、ロシア、そしてドイツだ（だいぶ差のある6位はイタリアで、オスマントルコはすでに崩壊しつつあり、アメリカはまだ列強とは言えなかった）。ヨーロッパの主要国が足りない資源を得ようと隣国に侵攻するのがまだ珍しくなかった多難な時代、ビスマルクは、ドイツ国家の安全保障のためには五大国のうちフランスを除く3つの勢力と協商関係を結ぶことが必須だと考えた。彼は一貫して、フランスを孤立させ、ほかの2カ国と同盟を維持するという目標を掲げた。オーストリア＝ハンガリーとは確固たる同盟関係にある。あとはイギリスとロシアのどちらを選ぶかだ。

イギリスはどの国とも平和条約を結ばなかった。イギリスの海軍力は最強であり、その海岸線は何者も侵せない、よって外交政策として孤立主義をとる、というのがソールズベリの方針だった。いわゆる、「栄光ある孤立」と呼ばれた政策だ。ビスマルクが同盟を持ちかけるとソールズベリは丁重に断った。将来のイギリス議会は必ずしも現在の議会の方針を採用するとは限らないので、イギリスはいかなる平和条約も結べないのだと説明した。

ビスマルクは、すでに同盟関係にあるオーストリア（歴史的にロシアと敵対していた）にも黙って、ロシアとの同盟交渉を秘密裏に進めた。1887年には独露再保障条約と呼ばれる密約が結ばれた。ビスマルクが築き上げた複雑に絡み合う条約の枠組みによって、ヨーロッパの平和とドイツの安全は保たれていた。ビスマルクが監督する「何本もの線路が交錯する巨大な駅に似た、利害がぶつかり合う約束や義務」の世界に足を踏み入れるには、ヴィルヘルムはまったく未熟だった。

役目を引き継いだそばから、ヴィルヘルムはデリケートな糸をもつれさせた。

ゲルマン系ドイツ人とスラブ系ロシア人は伝統的に仲が悪く、君主同士を見ても、ロシア皇帝のアレクサンドル3世はヴィルヘルムがあまり好きではなかった。ひそかに若いカイザーをばかにしていて、その噂を耳にしたヴィルヘルムは、まだ軸足の定まらない新参者の身ながら、非常に苦々しく思った。ふたりは互いに反感を抱くようになった。

ビスマルクを退けた1890年、ヴィルヘルムはロシアとの再保障条約の更新を拒否した。自信過剰なカイザーの出現が意味するところは明らかだった。ベルリンの外交政策が変化しようとしていた。ドイツによる侵攻を危惧するロシアとフランスはただちに同盟を結んだ。両国の協議は1891年に和やかに始まり、1894年には露仏同盟と呼ばれる軍事的かつ政治的な協定が秘密裏に結ばれた。

ヴィルヘルムは帝国の手綱をしっかりと握り、ヨーロッパをまわって各国の君主と直接対面し、一般的な君主以上の外交的な役割を演じた。彼は叔父のバーティー（エドワード英皇太子）に向かって宣言した。「余《よ》はドイツ政治の唯一の主《あるじ》であり、余の行くところ、余の国も必ず従うのだ」。不安を抱いたヴィクトリア女王は、娘のヴィッキーへの手紙に、ヴィルヘルムは「大昔の政治体制への回帰をたくらんでいる」ように見えると書いた。バーティーも、「ヴィルヘルム大帝には、彼が生きているのが中世ではなく19世紀末であることを理解していただかないと」とあざけるように付け加えている。こうした発言を耳にしたヴィルヘルムは、叔父のことを「孔雀（見栄っ張り）」「サタン」と言い返した。

ヴィルヘルムが皇室所有のヨット「ホーエンツォレルン号」で他国を公式訪問する際には、一個艦隊が随行した。ヨットを下りると、3人の従者とヘアドレッサーとその助手が付き従った。助手の唯一の仕事は、ワックスの缶を手にタイミングよく進み出て、ヴィルヘルムの口ひげの毛先をきゅっと上にひねり上げることだった。

猜疑心を強めていくヴィルヘルムは、即位2年目の1889年、スパイ組織を創設した。ドイツは、地続きのロシアとフランスに焦点を当てた軍事的諜報集団である「セクションⅢb（Sektion IIIb）」を組織した。イギリスは情報収集の対象外だった。同じく1889年にヴィルヘルムによって設立された「情報部（Nachrichten-Abteilung）」こそが、海を隔てた敵に特化したドイツ海軍の諜報部門だった。[3] 数年のうちに彼は、第一次世界大戦以前のヨーロッパで最も大規模で活発な秘密情報機関を築き、情報収集だけでなく、しばしば破壊工作にも従事させた。[4]

絶対的君主としてのイメージを保つため彼は軍事にも首を突っ込んだが、たいていろくなことにならなかった。1890年にはシレジア地方での軍事演習に参加し、隊の指揮をとった。ビスマルクの後任として宰相になった元陸軍大将のレオ・フォン・カプリヴィは、個人的にこう書き残している。「参謀本部が仕掛けておいたいくつものトラップに、カイザーは元気よく一つひとつ引っかかっていった」

陸軍参謀総長のアルフレート・フォン・ヴァルダーゼーは、できるだけ気を使って演習を講評した。それでも、ヴィルヘルムの数々の明白な失敗について大勢の前で指摘することになった。カプリヴィはのちに、「(ヴィルヘルムは) 弁解を試みたが、釈明はしどろもどろになった」と記している。演習の3日後、ヴァルダーゼーは解任された。大臣たちによると、ヴィルヘルムはのちにヴァルダーゼーのことを「裏切り者」と呼んだという。

海軍力でイギリスを超えるというヴィルヘルムの野望は衰えなかった。それは現実主義者のビスマルクがつねに退けてきた構想だった。たとえ海軍が弱くても、強い陸軍があればドイツはヨーロッパ大陸における支配的地位を維持できるが、イギリスにとって制海権は死活問題だ。それがビスマルクにはわかっていた。イギリスは、ライバル国の海軍に海を封鎖され兵糧攻めに遭う不安をつねに抱えていた。

ビスマルクは、ドイツが強い海軍を持つことは、イギリスへの無用の挑発だと考えた。ドイツの商船がイギリス海軍の護衛を受けている状況にも不満はなかった。実際、1880年代を通じてイギリス海軍はドイツの弱小艦隊の訓練にさえ協力していた。ドイツの皇室とイギリスの王室には濃い血縁関係があり、両国の友好は自然なことだったが、イギリスにとってフランスやロシアは友好国ではなかった。中世以来、イギリス人とフランス人は絶えず戦ってきた。イギリスとロシアもまた歴史的に敵対していて、目下、極東の植民地をめぐって激しい摩擦が生じていた。しかし、イギリスにとってライバル国の海軍力ほど重大な問題はなかった。イギリスの庭先のような北海を挟んだ国の海軍力は、なおのこと重大だ。国の安全を揺るがす唯一の実存的脅威である。にもかかわらずヴィルヘルムは、イギリスに勝るとも劣らない海軍を建設し、ドイツの産業発展のため海外に植民地をつくるという決意を明らかにした。彼は自らの野望を「新航路」と名付けた。この攻撃的な政策によって、イギリス、フランス、ロシアが思いがけない雪解けを迎えることになった。ビスマルクの三国同盟戦略は、ここに崩壊した。

大陸の強国が海軍力で張り合うというのなら、イギリスも受け身でいるわけにはいかない。ヴィクトリア女王はソールズベリ首相に宛てた手紙で、いつものように三人称で自称し、「現在の情勢はこれまでとたいへん異なり、女王も従来の孤立政策には危機感を抱かざるを得ません」と書いた。ドイツ国内で隠退生活を送るビスマルクも、ヴィルヘルム２世はドイツを破滅に導くと予言した。

ヴィルヘルムの海軍構想と帝国主義的野心が引き起こした政治的な緊張の時代にあって、海上交通を支配する海軍構築に求められるテクノロジーもまた変化していた。勢力争いを繰り広げる国家と国家のはざまで、ルドルフ・ディーゼルが重要な役割を演じる日がやがて訪れる。

注

1．母や祖母と衝突する前に、ヴィルヘルムはあるイギリス系女性に手痛くふられていた。十代のころ、母方のいとこで、自分と同じくヴィクトリア女王の孫であるエリーザベト・フォン・ヘッセン・ダルムシュタットに恋をした。一連の恋の詩を彼女に書き送ったが、ヴィルヘルムを〝高圧的〟だと感じた彼女は、彼を拒絶した。彼女はロシア大公のセルゲイ・アレクサンドロヴィチに嫁いだ。ヴィルヘルムは1881年2月27日、アウグステ・ヴィクトリア・フォン・シュレスヴィヒ・ホルシュタインと結婚した。40年後の1921年にアウグステが亡くなるまでに7人の子女に恵まれた。

2．ヴィクトリア女王と夫のアルバートはそれぞれの名前を子々孫々、受け継ぐよう言い残した。ふたりの間の第1子の名はヴィクトリア（プロイセンのフリードリヒ3世と結婚したヴィッキー）、第2子はアルバート（英国皇太子、のちのエドワード7世）だった。さらに紛らわしいことに、王室ではニックネームまで使いまわされた。エドワード7世とその孫のジョージ6世（コリン・ファースが映画『英国王のスピーチ』で演じた）の少年時代のニックネームは、どちらも「バーティー」だった。

3．1882年、イギリスは「海外情報委員会（FIC）」を、同じ年にアメリカも「海軍情報局（ONI）」を立ち上げた。ヨーロッパ初の常設の国際的秘密機関は1848年、オーストリア＝ハンガリー帝国によって設立された。

4．第一次世界大戦が勃発すると、ドイツの破壊工作の多くは、アメリカが標的だった。アメリカは参戦前から、中央同盟国に対抗する連合国側に協力し、食料、物資、そして1日当たり1000頭もの馬を軍事用に送って後方支援をしていた。アメリカの領土で活動するドイツのスパイは、軍需品倉庫や輸送船に爆発物を仕掛けた。歴史家は、こうした工作がアメリカ国内における最初のテロだったとしている。作戦は大衆の怒りをかき立て、アメリカの参戦を促すことになった。

第9章 ディーゼルパワーの誕生

たとえ複雑なアイデアでも、その核心をシンプルなイメージで把握できることがよくある。アンモニアエンジンの開発を断念したルドルフ・ディーゼルは、中間物質を必要とする外燃機関という発想を白紙に戻そうと決めた。彼が思い出したのは、ミュンヘンでの学生時代に教室で見た、旧式のタバコ用ライターの実演だ。炎を出すために使われたこの単純な技術が、新しい燃焼機関の着想の発端となった。後年、彼は講義で使われたその発火器、専門的には圧気式火口《ほくち》発火器と呼ばれる器具を母校から取り寄せ、自分の子どもたちに実演してみせた。

次男のオイゲン・ディーゼルはそのときのことを父の伝記に書いている。リビングで3人の子どもたちは、ライターを手にするルドルフのそばに座っていた。現代の自転車の空気入れにかたちや大まかなサイズは似ているが、内部が誰にでも見えるように筒はガラスのシリンダーでできていた。

高圧縮された空気は熱を生じる。自転車の空気入れも、タイヤにいくつか空気を注入すると熱くなる。圧気発火器の使い方は簡単で、密閉された空気にピストンのプランジャーを押し込むだけだ。空気が急速に圧縮されて熱が発生し、筒の中の火種（火口）に火がつく。シンプルそのものだ。

目を輝かせる子どもたちのそばでルドルフは椅子に座り、ライターを手にプランジャーを力いっぱい押し下げる。何も起きない。2回目も思いきり押すが、やはり変化はない。3回目、圧縮された空

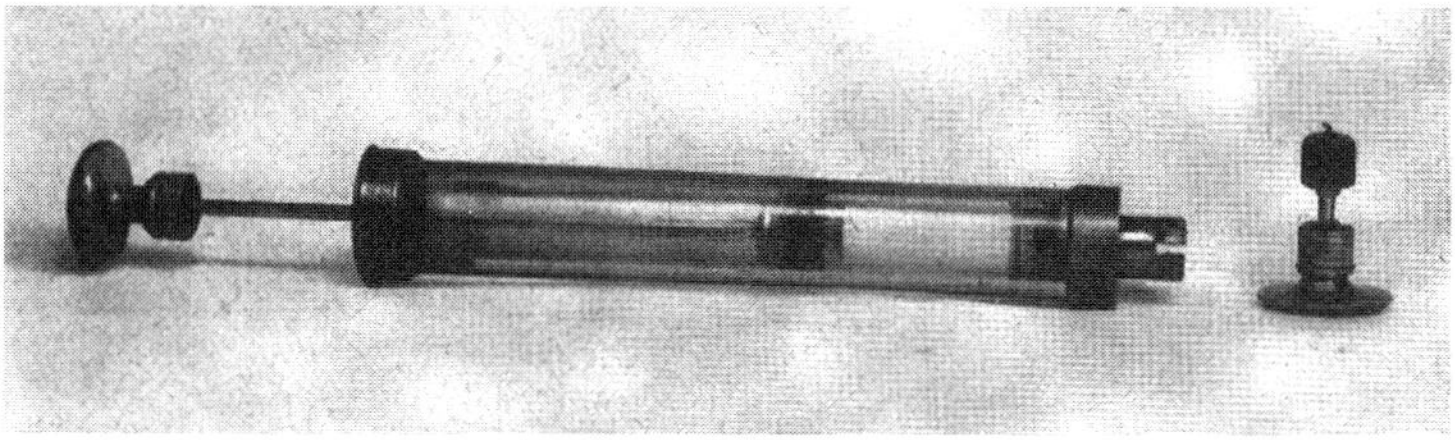

ルドルフ・ディーゼルが学生時代にミュンヘンで見た着火器（圧気式火口発火器）。のちに子どもたちにも実演してみせたものだ。自転車の空気入れに形状は似ている。ガラスのシリンダーにポンプを押し込むと中の空気が圧縮されて熱を生じ、内部の火口に火がつく。

気の中で火口が赤く光り始めた。オイゲンは、「火もつけていないのに火口が光ってくすぶり始める様子を、子どもたちは魔法にかかったように見守った」と記している。

ルドルフは子どもたちに言った。「さて、想像してみよう。火口の代わりに、ガソリンや石油や石炭の粉が入っていたとする。当然、火がついて、燃えたら気圧が増して――物も空気も熱によって膨らむんだよ――自然とピストンが押し出される。私のエンジンは、ここにある圧気発火器と似たようなものなんだ。こっちは空気を圧縮したあとで燃料をシリンダーに送り込んだりしないけどね。エンジンのほうは、送り込まれた燃料が発火して仕事をするんだ」

これはディーゼルエンジンのイノベーションの第一歩だった。エンジンは、空気バルブを開いてピストンを押し下げると始動する。このピストンを押し込むストロークによって外気がシリンダーに引き込まれる。自転車の空気入れのイメージだ。続いてピストンを引き上げると、シリンダー上部の空気が圧縮されて34気圧（５００ポンド毎平方インチ）になり、空気の温度は華氏１０００度（摂氏５３８度）を上回る。この瞬間を狙って燃料がシリンダーに噴射される。燃料は非常な高温によって発火し、その爆発でピストンが押し戻され、動力行程が達成される。このエンジンには点火用の火花は必要なかった。[1]ワットの時代は、金属加工技術が未発達だったためこうした高圧機械の開発は不可能で、ディーゼルの時代でもまだ不可能に近かった。この着想を実現させるには、最高品質の金属、それも彼が注文した仕様に沿って高度な技術で正確に加工された金属が必要だった。だが、彼の計算が正しければ、圧縮はエンジンの安全性と効率の鍵だった。変性しにくくて、常温でも、コールドスタート〔訳注　エンジンが周辺温度と同じかそれ以下の温度の状態で始動すること〕の際にも煙を出さない燃料を、高圧縮空気に導入して、プラグ点火なしで内部燃焼を起こせば、燃料のエネルギー効率を他のあらゆるエンジンの4倍に高められる。ディーゼルはそう確信した。燃料1単位から得られる動力量の計算が合っていれば、そしてエンジン設計を実現させられる部品を製造できれば、世界の天然資源の力を効果的に4倍にすることができる。

　ディーゼルは、シリンダー内の圧力が市販のオットーエンジンの10倍にも達するエンジンを構想していた。それほどの圧縮レベルなら、燃料を実用性のある仕事に変換するに足る高温（摂氏約800度）を生じさせられると計算した。彼の計算では、非常に高い一定した高温で燃料を燃焼させると、エネルギーを最大限に引き出すことができた。蒸気機関の燃料効率は6％、その他のオイルエンジンでもせいぜい12～20％だが、自分が考えるエンジンなら、理論的には73％にまで燃料効率を高めることができる。[2]

　これは1890年当時の専門家たちにとって、ばかげているとしか思えない高い目標だった。スコットランドのエンジニアで、エンジン分野の第一人者だったデュガルド・クラークは、エンジン内での空気圧縮がディーゼルの構想のように強まるとすれば、エンジンの部品を重くてかさばるものにする必要があると断言した。エンジンそのものが重くなれば摩擦が増してエネルギーが失われ、効率が相殺されるはずだ。実際、ディーゼル式のエンジンには最高級の鋼鉄やその他の素材が必要で、製造にあたっては重量だけでなく費用も、オットー式など既存の燃焼エンジンよりかさむだろう。

ただ、クラークはこうも認めていた。「もちろん、私たちエンジニアにとって、ガスエンジンに比べると（ここで言う「ガス」は石炭ガスや天然ガスなどの気体燃料を指す）、オイルエンジンについての知見はまだ乏しいということを忘れてはならない。細部がより進歩していけば、オイルエンジンの熱効率は相当に高まるのではないか」

自分の計算は正しいとディーゼルは確信していた。1891年までに彼は自分のアイデアを原稿にまとめた。完成したのは64ページに及ぶ論文「蒸気機関および今日の内燃機関に代わる合理的な熱機関の理論と構造」だ。大学の講義ノートの余白につぶやいてから13年の月日が流れていた。

ディーゼルは1893年、出版用に編集したその論文を発表した。特許出願の基礎固めのため、また、その構想に基づくエンジン開発への経済的支援を募るためだ。1892年2月11日には恩師リンデにも原稿の写しを送っている。ディーゼルの構想に慎重な立場をとっていたリンデも手紙にこう書いた。「うれしいじゃないか。理論上、今日の最も優れた蒸気機関が使う燃料の10％しか必要としないエンジンが出現するわけだ」

リンデの反応はそれなりに励みになった。リンデはディーゼルのアプローチ全体について「君の方向性は鋭くも正しい」と褒める一方で、「一応言っておかなければならないが、私の意見としては、相当うまくいったとしても、期待できる燃料効率は君の計算の3分の1というところではないか……それでもなお、すべての燃料の熱量の約25%を機械エネルギーに変換できる可能性があるということだ。特別で高価な燃料を使うよりも価値のあるアイデアだ」とした。

愛弟子である君の使命は、私の発明した製氷機ではなく、合理的な熱機関に取り組むことだと、リンデはつづった、ディーゼルの大胆きわまりない構想に懐疑的ではあったが、若き友が大きな可能性を秘めていること、そして夢をけして諦めない人間だということをわかっていた。

リンデは手紙をこう結んだ。「君はこの仕事のためにずいぶん準備を重ねてきた。その目標があらゆる努力に値することに疑いはない。この大義に身を捧げる君を、引き留めることはできない……君が理想を追うと決めた以上、わが社を去る以外に道はないのだろう」

ディーゼルは正式にリンデの会社を辞め、1892年2月27日、ドイツで特許出願書を提出した。1893年2月23日、ドイツの特許局は「燃焼機関の作動形態およびその実施装置」と題した特許67207号をルドルフ・ディーゼルに付与した。

だが、最大の難関はこの先に立ちはだかっていた。

ほかのエンジン類と比べて、彼の考えるエンジンは複雑で、製造に費用がかかり、その精巧な設計をかたちにする専門技術を持つエンジニアはなかなかいなかった。だが、完成した暁には、魔法のような性能を発揮する。そこに至るまでの設計や製造のコストは短期的には痛手だが、長期的にはその性能と効率性で帳消しになる。石油資源に乏しいヨーロッパにとって価値ある選択になるものだった。テストや開発にかかる初期コストは非常に高額で、特許を具現化するための資金が必要だった。投資を呼び込めると期待して出版した論文は、称賛と嘲笑の大激論を巻き起こした。否定派の中には、提案されたエンジンは空想的すぎて話にならないとする人もいた。この非難とは矛盾するのだが、彼の発想はオリジナルなものではなく、すでに実用化されていると主張する人もいた。新型エンジンの開発でしのぎを削るエンジニアや発明家も、ディーゼルの研究に対する痛烈な批判文を発表した。

蒸気機関やオットーサイクルエンジンを製造する大手企業は、この研究は重要なものではないとみて取り合わなかった。その一方で、特許で概説されたコンセプトをたたえる論文を発表する専門家もいた。ディーゼルが自分のエンジンなら可能だと理論化したことは、当時すでに確立されていた動力様式やそれを設計している技術者たちにとってたいへんな脅威だった。

この時点では、彼のアイデアをめぐる議論は、ヨーロッパのエンジニアのコミュニティー内にとどまっていた。このドイツの特許について、スタンダード・オイル社で話し合われた形跡はない。皇帝ヴィルヘルムが率いる軍の高官の関心を引くこともなかった。しかし、学界や熱機関に携わる人間の間では大論争になった。その渦中にあって、昔なじみの人々が厚意で財政的な支援をしてくれた。

後年、彼はこう振り返っている。「小冊子を刊行すると激しい批判が湧き起こり、完全に黙殺するか、さもなければおおむね否定的な反応だった……肯定する声を上げてくれたのはわずか3人だったが、その声にはたいへん重みがあった。ここで名前を挙げよう。リンデ、シュレーター、ツォイナー。マシーネンファブリーク・アウクスブルク（MA社）とエッセンのフリードリヒ・クルップ社の2社がこの新しいアイデアを実際に試そうという決断を下すうえで、彼ら3人の影響は大きかった」（この時点でのディーゼルの賛同者はもっと多かったと息子のオイゲンは父の伝記に書いている。この時期を振り返るとき、ディーゼルの筆は少し大げさになる）。

グスタフ・ツォイナーはドイツの物理学者で、熱力学の大家だった。モリッツ・シュレーターはミュンヘン工科大学でルドルフを指導した教授のひとりだった。

リンデ、シュレーター、ツォイナーの表立った支援に力づけられる一方で、ディーゼルはハインリヒ・ブッツにも粘り強く働きかけ、面会の約束を取り付けた。最初にブッツに手紙を書いたのは1892年3月7日で、マシーネンファブリーク・アウクスブルクにエンジン開発への支援を求めた。4月2日付で送られたブッツの返事は簡潔で、残念な内容だった。「あらゆる面から慎重に検討した結果、プロジェクトの実現に伴う困難が多大なため、支援は引き受けられないという結論に至った」

しかし、かつてわずかな衣類を手荷物にロンドンからアウクスブルクに単身やって来た少年も、いまでは経験豊富な34歳のエンジニアだ。産業時代の動力について最良のアイデアを持っているという自負もある。一流のエンジニアたちと肩を並べて働いてきたし、10年以上にわたって自身のアイデアの科学的検証に没頭してきた。拒絶されても諦めなかった。自分が工学界にとって逸材なのか、食わせ者なのか、そろそろわかってもらえたころだ。ブッツに選択を迫る方法を彼は心得ていた。ディーゼルがブッツに送ったメッセージは、ある意味、ロックフェラーが競合する石油会社に送ったものと似ている。「トラストに加われ。さもなくば、つぶす」という、あれだ。

当時、ブッツが率いるMA社では、蒸気機関が主力製造ラインの一角を占めていた。4月9日、ディーゼルはブッツへの手紙に、私のコンセプトの正しさが証明された暁には、私のエンジンは市場から蒸気機関を一掃するだろうと書いた。つぶされる側ではなくつぶす側にまわってはいかがかと、ブッツに勧めたわけだ。

とはいえ、ディーゼルはロックフェラーのように思いのまま力をふるえる立場にいたわけではない。組織に属さず、ベルリンの間に合わせの研究室でエンジン開発に明け暮れ、一家は破産寸前だった。金銭的な支援がなければ大義も行き詰まる。返事を待つ時間も惜しみ、彼は矢継ぎ早にブッツに手紙を送り、将来有望なチャンスだと説明を重ねた。

4月20日、ブッツのオフィスからベルリンのディーゼルのもとに、吉報が届いた。「貴殿から4月6日、9日、13日付で送られた書簡に対して、本人出張中だったため今日まで回答できなかった。貴殿の新たな記載に基づき、当社は一定の条件のもとで、あらゆる開発上の問題を回避する構造を備えた実験機の完成を引き受ける用意がある」

「ドイツ産業界のビスマルク」の異名を持つブッツが、晴れて後ろ盾になった。ディーゼルは家族をベルリンに残してアウクスブルクに移ることになった。ブッツは開発チームのために、MA社の工場内に壁で仕切った一画を提供した。ドイツの実業家フリードリヒ・クルップもスポンサーとして参加し、ディーゼルが（もしも）開発に成功したらその製造と販売の権利を得る見返りとして、3万マルクの年俸を払うことに合意した。

1893年8月、ディーゼルはテストエンジン1号機を完成させた。シニアアシスタントのルシアン・フォーゲルや技術者チームとともに、自身の設計に沿って特別に鋳造した金属部品を組み立てた。試験運転の準備は整った。

空気バルブを開いてテストエンジンを始動させた。彼の計算では、シリンダー内部の圧力は44気圧（645psi）に達するはずだった。

この最初の実験で使ったのは、常温でもたいへん引火性の高い、ガソリンだった。シリンダーにガソリンを入れたとたん、内部の気圧が想定をはるかに上回る80気圧（1175psi）に跳ね上がってすさまじい爆発が起き、エンジンは殺傷力の高い大砲と化した。爆風とともに窓ガラスや金属部品が飛び散り、ディーゼルとフォーゲルの命を奪いかねなかった。エンジンの動作をつぶさに観察していたふたりは耳をつんざく爆音に身を伏せ、しばらく耳鳴りが続いたものの無傷ですんだ。

エンジンは作動しなかったが、特許の核となる原理や、ブッツへの触れ込みに間違いはないことが証明された。爆発が起きたのは、基本的なコンセプトがうまく機能した証拠だ。いかなる火花も火も使わず、自己着火した。空気の圧縮のみで燃料に点火したのだ。あの自転車の空気入れに似たタバコ用ライターに着想を得て、エンジンのシリンダーとピストンの設計に応用した結果だ。これこそがディーゼルエンジンの心臓部だ。次はこの成功をエンジンの作動につなげなければならない。当面の課題は、エンジン点火時の大爆発をどう抑えるかだ。この課題を克服するため、燃料を、粘性やエネルギー密度の高い燃料（重油やコールタールなど）に切り替えることにした。ガソリンよりはるかに安価で、品質が安定しているという利点もあった。

ディーゼルは、この実験は成功だったと記す。「エンジンは作動せず、1回転もしなかった。なぜなら最初の燃料射出の段階で……恐ろしい爆発が起き……筆者も危うく命を落とすところだった。だが、筆者はそのとき、自分が知りたいことが何だったのか悟った……混じり気のない空気を高圧に圧縮して、そこに噴射された燃料を発火させ燃焼させることができると証明されたのだ」。ディーゼルとフォーゲルは1号機のテストを翌1894年にかけて重ねた。

4月、実験場を囲む壁は、爆発で機械から飛散した部品や破片で凹みだらけになっていた。ハインリヒ・ブッツはそれをうれしそうに見ていた。「機械は不完全だが、プロセスが実用的に応用できることは証明しているわけだ」

コンセプトの正しさは証明されたが、商業用のエンジン開発への道のりはまだ長く険しかった。前に跳ぶために、また後ろへ下がらなければならない。だが自分は正しい道を進んでいる。彼にはそうわかっていた。

テストエンジン1号機に立ちはだかる障害を克服するため、ディーゼルは試行錯誤を重ねた。1894年の春から夏にかけて点火システムの実験を重ねたが、結果は一進一退だった。彼はロバート・ボッシュと頻繁に連絡を取り合った。ボッシュはドイツの発明家で、燃焼機関の磁気点火装置の開発者だ。[3] 1886年にエンジニアリングと技術開発の会社を立ち上げて成功し、ドイツで名を馳せていた。ふたりはアイデアを出し合ったが、突破口を開けなかった。

研究に没頭する数カ月の間にルドルフは、アウクスブルクのクリストフ・バーニケルと、その妻になった妹のエマの家に再び招かれた。家族の輪の中で心和むひとときを過ごしたが、あくまでもよその家庭だ。ベルリンからは、妻マルタの手紙が届いた。「あなたのお仕事と、成果を待ち望むそれはそれは困難な時間を思うと、胸がどきどきします……あなたからの朗報が待ち遠しいです。わかっていますよね、最愛の人。でも、あなたが妻とともに過ごせる日まで、おとなしく待っています」

彼はすぐに返事を書いた。「愛する妻よ、君が心の支えであり続け、諦めないでいてくれるよう願っている。君が私のことを、そして私の機械のことを信じてくれたら、私は頑張れる。そうでなければ……」

マルタからの精神的なサポートも必要だったが、クルップとブッツからの金銭的サポートもまた必要だった。1894年の夏、クルップはこのプロジェクトからの撤退を検討していた。クルップとブッツが手を引いてしまえば、すべてが水の泡だ。1894年9月18日、ディーゼルは二大スポンサーをつなぎ留めるため切羽詰まった手紙を書いた。「勇気を。ほんのしばらくでいいですから。そうすれば万事うまくいきます」

10月3日、ディーゼルは、2号機に電気点火システムを使うプランを撤回した。のちにこう書いている。「開発期間全体の中でこのころが最悪の時期で、関係者全員が、科学的真実に対して抱く自信を振り絞らなければ、たちまちすべてを放棄せざるを得ない瀬戸際だった」

皮肉なことではあるが、開発段階でボッシュと短期間ながら交流したことで、外付けの点火システムはまったく不要だとわかった。空気を圧縮して熱を発生させれば、燃料に火花で点火する必要はなくなる。あとは最初の爆発を抑え込む方法さえ見つければいいのだ。ディーゼルは手紙を送り続け、10月には「残念ながら今回もゴールにたどり着けませんでしたが、急いで付け加えますと、私はくじけていません。それどころか、これまで以上にゴールを身近に感じています。『私はやり遂げる』という信念に忠実に、私は前進しています。ゆっくりと、しかし着実に」と書いた。

ブッツはどっしりと構えていた。ディーゼルとともにクルップを引き留めた。

1894年11月、ディーゼルは新しいテストエンジンの設計図を完成させ、スポンサーたちに披露した。彼はやっと、外部点火方式をとらずに最初の爆発を制御する方法を見つけた。8時間に及ぶ会議を経て、彼とブッツとクルップは、総合的な実験をいったん中止して新たな設計に基づく2号機の製造に着手することにした。1895年3月にそれは完成し、4月から7月にかけて初期テストが行われた。結果はブッツとディーゼルを大いに満足させるものだった。

1895年7月3日、研究に没頭するかたわら、ディーゼルは、当時ベルリンで3人の子どもと暮らしていたマルタに手紙を書いた。「私のモーターはたいへんな進化を遂げている。これまで誰も成しえなかった域に達していて、エンジン開発の技術という分野において、私は間違いなく前人未踏の高みに立っている。この小さな地球上で第一人者と言っていい」

テスト期間中、ディーゼルと助手たちは絶えず機械を微調整し、修整が加わるたびにそのパフォーマンスは少しずつ向上していった。部品の製造はなかなかうまくいかず、時折、危険な飛び散り方をしたが、たいていその原因は、金属の鋳造ミスだった。構成部品の調達は克服すべき課題のひとつだったが、ディーゼルとアウクスブルクのチームはめきめき腕を上げていった。

成功と富は目の前にある。それがわかっていた彼は、ブッツに個人的な相談をした。家族を自分のそばに、アウクスブルクの研究室の近くに呼び寄せたい。ベルリンは遠すぎる。かといってアウクスブルクは小さな町で、大都市のように自分や妻が楽しめる娯楽が乏しい。ミュンヘン近郊なら妻子が住むのにもってこいで、列車ですぐに会いに行けると考えた。ディーゼル一家がミュンヘンの快適な家に引っ越すための費用はすべて、ブッツが出してくれた。

ルドルフは1895年11月2日、マルタに手紙を書いた。「ミュンヘンは美しく、コスモポリタンな雰囲気で、博物館やすばらしい美術展、劇場など、芸術や科学が花開く大都市ならではの、知的好奇心を刺激するものが身近にある。著名な知識人たちと交流する機会もある。アウクスブルクには――何もない、何もない、何もない」

マルタと子どもたちをベルリンに置いて、熱に浮かされたようにエンジン開発に励んできたこの数年間、彼と家族の間に心の距離が生じていた。マルタは冗談めかしてエンジンのことを「ルドルフの愛人」と呼んでいた。

1895年の末、家族は休暇シーズンに間に合うようミュンヘンに引っ越し、ルドルフも長期休暇をとって家族のもとにやって来た。35歳になった妻は出会ったころよりも美しかったと彼は語っている。6歳の次男オイゲンは本が読めるようになっていた。娘のヘディは10歳にしては背が高く、エネルギーの塊のように部屋を駆けまわっていた。ヘディより1歳上のルドルフ・ジュニアは、ウサギを飼おうと決めていた。ミュンヘンに着いたルドルフは息子のためにウサギ小屋をいくつもつくり、一家は爆発的に増えるペットの世話をすることになった。

次にルドルフは子どもサイズの家具一式を備えた子どもたちの遊び部屋を設計した。その隣には中国風の影絵シアターをしつらえ、さまざまな影絵人形を自分の手でこしらえた。

夫の「愛人」にぴったりな名前をマルタが思いついたのは、このときだった。ルドルフの頭にはいくつかの候補が浮かんでいた。彼のエンジンには１８９５年まで正式な名称がなかった。契約書では「ディーゼルの特許に基づく合理的な熱機関」としていた。「デルタエンジン」という名を考えたこともある。デルタは数学で「変数」を表す記号だ。「エクセルシオールエンジン」という名も考えた。エクセルシオールは高品質を意味し、ホテルや新聞の業界でよく使われる言葉だった。いかにも彼らしいロマンチックな気分が盛り上がって、ひところは「エクスカリバー」に落ち着きそうにもなった。悪を退治できる魔法の剣を慈悲深いリーダーが手にして人類を救う、そんなイメージが気に入っていた。まるで伝説の剣のように人の役に立つエンジンには、たしかにそれぐらいの名前がふさわしい。

１８９５年の暮れ、マルタはこう言った。「シンプルに『ディーゼルエンジン』がいいわ」ルドルフは答えた。「いいね。君の言うとおりだね」

家族水入らずの時間を過ごし、エンジンの名前も決まり、彼は１８９６年1月にアウクスブルクに戻った。家族との絆を取り戻し、英気も養った。いよいよ最後の直線コースだ。


ハインリヒ・ブッツは変わらずディーゼルを信じていたが、世間は、石炭を燃やすボイラーもないコンパクトなエンジンにそんな驚きの効率性とパワーがあるのかと疑っていた。ブッツのお膝元、MA社の既存の製造ラインで働く身近なエンジニアの中にも懐疑派はいた。エンジン開発に必要な才能あるエンジニアを確保するのはひと苦労だった。１８９５年の年末、アシスタントエンジニアを探していたディーゼルは、ＭＡ社の外部からスカウトすることに決めた。見つけたのはイマヌエル・ラウスターという青年だった。

ディーゼルが外部に人材を求めた理由を、ラウスターはのちにこう説明した。「工場で働く者全体が、ディーゼルのビジネス構想をあまり信用していないことが、少しずつわかってきた。彼のアシスタントというポストにＭＡ社の人間が関心を示さなかったのは、そのせいに違いない。先行き不透明なディーゼルのビジネスのために安定した地位を喜んで投げうつ者はいなかった」

だが１８９６年1月、リフレッシュして戻ってきたディーゼルは、テストエンジンの最終形となる3号機の設計を完成させた。このエンジンなら大いに売れるとラウスターも確信した。彼は、雇われたときはまだ23歳だったが、ディーゼルの右腕としてエンジン製作に貢献することになる。ディーゼルにも十分手ごたえがあった。2号機を成功させ、それを補強した3号機が完成したら、外部の専門家を研究室に招いて、成果を見てもらえるようになる。

最新の設計がもたらすメリットに基づき、彼とブッツは1月23日にクルップに手紙を書き、いよいよエンジンを世間に披露するときがきたと告げた。

「(ディーゼルエンジンが) ほかのどんなオイルエンジンよりも際立って優れていることが確認できました……同様のエンジンをすでに製造している適切な会社にライセンス提供を勧め……その会社を、購入の義務なしでエンジンの性能テストに招き……このエンジンの強みに納得してもらえれば、合意を得るのはけして困難ではありません」

アウクスブルクの工場でブッツの協力を得て、ディーゼルは1893年8月にテストエンジン1号機を、95年3月に2号機をつくった。96年1月、いよいよブッツとクルップから力強くゴーサインが出され、ラウスターという心強い片腕も得て、1896年10月、テストエンジン3号機が完成した。

10月から年末にかけて、彼とラウスターは毎日、日の出から日没までエンジンをかけ、夜に止めてはまた翌朝、実験を再開した。エンジンが工場や水道施設での使用に耐えるかどうかテスト重ね、ピストンやシリンダー、バルブ、燃料の射出や吸気、排気の具合を1時間ごとに微調整した。骨の折れる期間ではあったが、もはや研究室の壁に傷が増えることはなかった。

1896年12月31日、ディーゼルがラウスターとエンジンを始動させると、どのパーツも彼の設計通り、正確に最大限の機能を発揮した。動作はスムーズで申し分ない。ここまでくれば成功は保証されたのも同然だ。いよいよこのエンジンを正式に公の場でテストするときがきたのだ。


1897年2月17日、ディーゼルのエンジンはその真価を発揮した。

恩人であるハインリヒ・ブッツはこの瞬間を4年間、待ちわびた。度重なる挫折でエンジンの市場受容テストは遅れていた。だが、ついにそのときがやって来た。ディーゼルはやり遂げたのだ。

モリッツ・シュレーター教授が性能評価テストに立ち会った。エンジンはA字形の垂直設計で、固定使用を目的としていて、高さは約3メートルだった。

エンジンの隣に立つシュレーターは晴れがましい笑顔を浮かべて、工学部の教え子であるルドルフ・

ディーゼルに視線を向けた。39歳の誕生日を１カ月後に控えるこの男がいま、動力の時代にその名を刻もうとしている。自信に満ち、落ち着き払ったディーゼルと肩を並べて立っているのは、若きアシスタントのラウスターだ。こちらも自信は満々だったが、落ち着きはいまひとつだった。

研究室は、かつてなくにぎわっていた。ＭＡ社の各部門の技術責任者たちも、このイベントを目にしようと詰めかけた。近隣のドイツ社〔訳注　ニコラウス・オットーらがケルンに設立したエンジンメーカー〕や、スコットランドの有名エンジンメーカー、マーリース社のエンジニアたちも、長らく噂されてきたエンジンをいち早くその目で確かめようとした。ふだんはがらんとしたスペースに見物人がひしめいていた。これが１８９３年のテストエンジンだったら、不慮の爆発で見物人の半分が犠牲になったかもしれないが、ディーゼルの最新型の機械にその心配はなかった。

全員の注目を浴びながら、シュレーターが機械を始動させるため空気圧バルブをまわす。機械はただちに動き始めた。静かな作動音は一定のリズムを刻み、排気はほぼ透明で無臭だった。騒音や煙がほとんど出ないことに見物人たちは驚いた。シュレーターは機械を作動させ、燃料の消費量とエンジンの仕事量を測定し始めた。見物人たちは、カジノのルーレット盤でも見守るように無言のまま、規定量の燃料が燃え尽きるまで見守った。一同は、シュレーターの計算結果が出るのを待った。

教授は検算を終え、いっそう晴れやかな表情で顔を上げた。熱効率は26・２％と確認された。ディーゼルエンジンの燃料効率は、既存のどの型式の動力源をもはるかに上回っていた。ここにディーゼルエンジンは産声を上げ、産業の新時代の幕開けとなった。

ディーゼルがつねに第一の目標にしていたのは、エンジンの効率向上だった。シリンダー内を一定の高圧に保って燃料を効率よく燃やすというアプローチによって、他の利点も生まれた。たとえば、点火に火花がいらないこと、大量の水を沸かして蒸気を発生させるような時間がかからずにすぐ始動すること、そして、燃料の選択肢に幅があり、物質的に安定していて安価な重油などが使えることなどだ。こうした副次的な利点は当初、エンジンの効率を一途に追求してきたディーゼルにとってうれしい偶然にすぎなかった。だが、商業的に実用化される段階になると、先行する既存エンジンにはない、きわめて有利なセールスポイントになった。

加えて、パーツが重く、高圧に耐えうる先進的な加工技術から生まれるディーゼルエンジンは、オットーサイクルの内燃機関以上の出力とトルク（速度とは異なる、物体を回転させる力の大きさ）を生み出すことができた。トルクとは、車に乗っているとき、シートに背中が押さえつけられるような加速感を生むもので、トルクが大きいエンジンは重い荷物を運べる。たとえば、ふたりの人間がフィットネスバイクに乗っているとする。片方はとても痩せていて俊敏（こちらがオットー式ガソリンエンジン）。これを搭載したベンツの三輪自動車は1馬力ほどだったようだ）。もう片方は体重130キロのアメフト選手で、足が丸太のように太い（こちらがディーゼルエンジン）。ペダルに抵抗がなければ、痩せた人は非常に速く漕いで、速い車輪の回転（ピストンサイクル）が可能になる。しかし、抵抗が増すと痩せた人はペダルを漕げなくなり、車輪が止まる。同じ条件下でも、足のたくましい人は悠々とペダルを漕ぐことができる。

1897年当時、軽量の部品を用いたオットーのコンパクトな内燃機関には、船や列車を走らせたり大型の製造プラントに動力を提供したりする能力は望めなかった。こうした仕事はつねに蒸気機関の領分とされていた。だがディーゼルパワーは、コンパクトな設計の内燃機関の応用範囲を、大出力を要する船舶や大規模産業に広げる可能性を秘めていた。蒸気のパワーでしか担えなかった膨大な仕事を、ディーゼル式ならばコンパクトさと内燃機関ならではのスマートさを備えながら担える可能性があった。ほかにも副次的な利点があるのは言うまでもない。スパークレス点火、安定した安価な液体燃料を使えること、そして、排気ガスがほとんど目に見えないことだ。

4カ月後の1897年6月16日、ディーゼルとシュレーター教授は、ドイツ中部カッセルで開かれたドイツ技術者協会の総会で2月のテスト結果を発表した。

賛否両論が会場に渦巻いた。

否定派に向けて、ディーゼルは多大な労力を費やして疑問に答え、彼の特許をめぐる法的な攻撃に(見事に)応戦した。とはいえ、おおかたの反応は圧倒的に肯定的だった。

息子オイゲンは、「彼らは、父が研究室にこもっていたときにはその失敗を何かにつけて陰であざ笑ってきたが、いざ成功すると、物陰から出てきて父が得るにふさわしい名誉と金銭的報酬の分け前にあずかろうと手を伸ばしてきた」と書いている。

資金力のある有力企業は、この驚異的な動力源を活用しようとそれぞれにアイデアを出した。そのアイデアはディーゼルが思い描いてきたものとだいぶ違っていた。パリに住んでいた10年前、彼はエンジンの応用法を予想して手書きでリストアップした。彼の頭の中にはつねに、自分の発明品が父の構えていたような工房に据えられているイメージがあった。革細工や糸紡ぎ、木工、印刷など小規模な商売が前提だった。だがカッセルでプレゼンをしたわずか数カ月後には、このリストは古くさいものになっていた。

エンジニアとして、そして社会人としてディーゼルが描いてきた未来図は、打ち砕かれていく。ライセンス契約にサインをしたその瞬間、当然のことながら、彼は自分が開発した機械がどう使われるかコントロールする権利を失ったのだ。

いつの時代も起業家と投資家には利害の対立がある。ディーゼルと、パートナーであるブッツ、クルップとの間にも、ある種の緊張感がつねにあった。双方の関係はおおむね良好だったが、完全にそうだったわけではない。ディーゼルは科学者であり社会理論家であった。一方、ブッツとクルップは投資家だった。1897年、投資家たちはやっと収穫の時期を迎えた。ディーゼルエンジンの権利に莫大な金額を支払う大企業は、発明者が構想した手書きのリストになど、当然、興味がなかった。

ディーゼルはこの時代において最も偉大な技術的進歩を成し遂げたが、それはあくまでも研究室の中でのことだった。ラボでの単発的な成功を、複雑な実社会に即した継続的な成功へと育て上げるのは、これまたたいへんな難題だ。それが解決されれば、世界一の富や権力を握る者たちの目を引かずにはおかない。ジョン・D・ロックフェラーやドイツ皇帝ヴィルヘルム2世が、黙ってはいない。

注

1. ディーゼルエンジンの図については巻末資料を参照のこと。
2. ディーゼルが１８９２年に特許を申請した当初は、温度が一定のエンジンを想定していた。その後、エンジンの開発段階（１８９３～９７年）で特許を出願した際には、最終的に成功した圧力が一定のエンジンへのアプローチを提示している。ディーゼルを批判してきた人々は、最初の特許からの方針変更を攻撃材料にしようとした。
3. ロバート・ボッシュはのちにイギリスの情報機関に協力し、空軍大佐マルコム・クリスティーに情報を流した。クリスティーは、第二次世界大戦中にドイツの動向を監視した諜報組織「Ｚ」のメンバーだった。

第2部 はばたくディーゼル

1897～1910年

DIESEL PROLIFERATION

第10章 ケルヴィン卿、口火を切る

アウクスブルクの研究室でディーゼルは、自分の理論は正しかったと証明し、かつて機械工学の分野で実現可能と考えられていた効率をも上回る結果を出した。ディーゼル技術に経済界から注がれる視線は熱烈だった。ディーゼル側から働きかけるまでもなく、主要な実業家たちのほうが彼を追いまわした。

ディーゼルとブッツはリンデの冷凍装置を取り扱った経験から、当時の一般的なライセンスビジネスの実務に通じていた。ひとつの国につき1社が、その国の領域内でディーゼルの特許に基づくエンジンを製造・販売する権利を取得できた。[1]

マシーネンファブリーク・アウクスブルク（MA社）とクルップ社は、まだエンジンの実験が重ねられていた1890年代半ばという早い時期に、それぞれドイツとオーストリアにおけるライセンスを得た。ドイツ国外で最初にライセンスを手に入れたのはスコットランドの土木建築会社「マーリース、ワトソン&ヤーヤン社」だった。同社の共同創立者であるサー・レニー・ワトソンは、ディーゼルの研究報告書に以前から関心を持ち、まったく新しい驚異のエンジンが世間一般に披露される前にいち早く自分の目で見たいと望んだ。すかさずブッツは彼を招待した。サー・ワトソンと社員数人は

1897年2月、アウクスブルクの研究室でモリッツ・シュレーターによって行われ、のちにカッセルで報告されたエンジンのテストに、ほかの招待客と一緒に立ち会った。マーリース社の高い評判はルドルフも知るところで、パートナー候補として好感を持っていた。性能試験を目の当たりにしたサー・ワトソンは、ディーゼルエンジンには卓越した将来性があると確信し、イギリスにおける独占的権利を取得するライセンス契約の交渉をするため、ディーゼルをロンドンに招いた。

ライセンスをめぐる法律用語でもめながらロンドンで何日か交渉を重ねたディーゼルは、スコットランド人との話し合いにいらだちを募らせた。1897年3月16日、彼はマルタに手紙を書いた。「ほぼ合意に達したかと思うと、弁護士が出てきて言いまわしにこだわり……そうこうするうちに彼らは特許の価値に不安を抱く始末で、クルップとの交渉のときと同じように、私はまた一から闘わなければならない。毎晩、死んだようにベッドに倒れ込み、翌朝また交渉を始める元気をどうひねり出せばいいのか考えるのだった」

この行き詰まりを打開するため、ディーゼルとマーリース社の代表者は、グラスゴーのウィリアム・トムソンに、特許やエンジン設計についての評価を依頼することで合意した。トムソンは1892年、その業績によってイギリスの科学者として初めて爵位を授けられ、以後、初代ケルヴィン男爵、通称「ケルヴィン卿」として知られるようになった〔訳注　「ケルヴィン」はグラスゴーの川の名前に由来〕。彼の研究によって、絶対零度は摂氏マイナス273・15度であることが明らかになり、絶対零度を基準とする絶対温度は、現在でも彼をたたえて〝ケルヴィン（K）〟という単位で表される〔訳注　絶対温度で言うと、絶対零度は0K、摂氏零度は273・15Kとなる〕。

1897年、ケルヴィン卿は名声の絶頂にあり、熱力学の世界的権威とされていた。3月17日にディーゼルと会い、エンジンの詳細について話し合った。約2週間後、ケルヴィン卿はマーリース社に報告書を提出した。この報告書はディーゼルのアイデアにお墨付きを与えただけではない。先見の明のあるケルヴィンは、やがて軍事面での画期として広く認識される、「コールドスタート（低温始動）」[2]というこのエンジンの特性にいち早く着目した。

ディーゼル式の空気加熱方式は、空気を単に圧縮して、燃料の発火点をはるかに超える温度に至らせるもので……炎や、点火のための火室を不要とし、エンジンの全パーツが低温の時点でも始動し、最初のストロークを繰り出す……低温で即時に始動するという性能は……既存のあらゆるガス式、オイル式、外燃機関式のエンジンよりも優れた、非常に価値のある特質だ」

これぞまさにマーリース社が求めていた見解だった。

ディーゼルは1897年3月26日、スコットランドの同社とライセンス契約を結んだ。ディーゼルエンジンをイギリス諸島で独占的に製造する権利の対価として、マーリース社はディーゼルに8万マルクを即座に、さらに2万マルクを3年以内に支払い（合計で今日の87万5000ドル）、全販売の25％のロイヤルティを支払うことになった。[3]

これは始まりにすぎなかった。この当時、西欧や中欧の歴史ある強国は、とくにふたつの国の動向に神経をとがらせていた。アメリカとロシアは、各国がうらやむ広大な国土と増え続ける人口と豊富な天然資源を有していた。両国とも、ディーゼルのエンジンの恩恵を受けようと動き始めていた。

ディーゼルの特許取得に名乗りを上げた実業家はたいてい豪胆な野心家で、進取の気性に富み、しばしば叩き上げの人間だった。ルドルフ・ディーゼルの生涯の友になることも多かった。「ビール王」と呼ばれたアドルファス・ブッシュは、19世紀末アメリカの大富豪だった。ビール醸造は南北戦争のころから戦後にかけて盛んになったビジネスのひとつで、ブッシュの工場は醸造の工程や製品の冷蔵に使う水をくみ上げるために、膨大な動力を必要としていた。

ブッシュはドイツ中西部ヘッセンで22人きょうだいの21番目に生まれ、1857年に18歳でアメリカに移住した。彼は3人の兄とともにミズーリ州セントルイスに居を定めた。この町はドイツ系移民が多く、おのずとビールの需要が高かった。ビール醸造に適した土地でもあった。ミシシッピ川の水に恵まれ、リンデの冷凍装置が出現する以前にも、製品貯蔵庫となる洞窟が周辺に多数あった。

1859年に父が亡くなり、アドルファスが兄のひとりとビール配送業を始められるだけの金を残した。顧客の中に、地元で成功している醸造業者エバーハード・アンハイザーがいて、彼には魅力的な娘がふたりいた。姉妹はそれぞれ、ブッシュ兄弟の妻になった。

アドルファスは1861年に6カ月間、南北戦争に北軍側で従軍し、セントルイスに戻って義父の醸造ビジネスに加わった。1879年、会社の名前は「アンハイザー・ブッシュ」に変更された。同社の製品「バドワイザー」はドイツ系住民にとどまらず愛飲されていたが、アドルファスはこれを国でいちばんのビールに育てるという夢に近づいていった。

ブッシュは天性の起業家で、絶えず事業を新しい方向に広げ、技術革新も巧みに取り入れて、醸造業界の競合他社に差をつけた。１８７８年には低温殺菌法を導入し、ビールをつくりたての状態で長期保存して販路を全国に広げられるようになった。流通拡大のために醸造業界初の冷蔵貨車も走らせた。自らのビール帝国を支える瓶詰め機の工場や製氷工場、炭鉱、そして冷蔵機器会社にも投資した。
まさにブッシュは、ルドルフ・ディーゼルと手を組むにふさわしい、産業用動力源を必要とする大胆なイノベーターだった。

ブッシュはドイツ人とのつながりを絶やさなかった。カリスマ性のあるこの大富豪は毎年、故国に長期滞在し、友人や大勢の親類縁者を訪ねた。ある帰省中に、有名人であるハインリヒ・ブッツのアウクスブルクの工場で驚くべき新しい動力源が生まれたことを知った。開発したのはディーゼルという名の若いエンジニアだという。

アドルファス・ブッシュの腹心として、とりわけ技術的な分野で頼りにされていたのが、Ｅ・Ｄ・マイアー大佐という南北戦争を戦った退役軍人だ。[4] １８９７年９月、ブッシュはマイアーをアウクスブルクに派遣した。マイアーは数週間かけて、エンジンを徹底的にテストしたり、ディーゼルの特許や設計を評価したり、ブッツやディーゼルを含む多くのエンジニアや専門家に話を聞いたりした。
10月４日、マイアーはブッツに広範にわたる報告書を提出した。エンジンに関する技術的な分析が詳しくなされ、ディーゼルの人となりについても数ページが割かれていた。

１８９７年６月16日の講演録を刊行して以来、彼はヨーロッパのその道の権威から称賛と祝福を浴びている。彼はどんな賛辞や世辞にも心を動かされたりしない。堅固な良識や、人として真に偉大な部分を持っているからにほかならない。偉大な発明をする前と同様に、まっすぐで、まじめで、良心的な学究の徒で……。いまの成功は、今後の仕事や進歩の励みや足がかりにすぎないと考えている。

マイアーは、「エンジニアとしての彼はたしかに実際的というより理論的な人間なのだが、彼がひと声かければ、ドイツで最も実務的な才能のある人間が駆けつける」とも書いた。ディーゼルエンジンは、「動力工学の歴史上、最も偉大な進歩」であり、やがて蒸気機関に取って代わり、「最終的には戦艦の機械設備がディーゼル式発動機に置き換わる公算」も、じきに出てくるとした。

マイアーは結論としてこう書いた。「ディーゼルのアメリカでの特許を買うことは、ほかのどんな特許購入より将来有望な投資だと私は確信する」

ドイツ南西部の保養地バーデン・バーデンに滞在していたセントルイスのビール王から、ディーゼルは心のこもった招待を受けた。ブッシュは、友人や親類、仕事関係者など50人近い取り巻きのために、町いちばんのホテルを全館借り切っていた。

遠慮がちに到着したディーゼルだったが、ホテルの従業員たちが陽気なブッシュの気まぐれに応えようと張り切っているのは愉快な光景だった。ブッシュは上着のポケットにぴかぴかの5ドル硬貨や

10ドル硬貨を詰め込んでホテル内を歩きまわり、ドアを開け閉めする者、氷のバケツを補充する者、飲み物を持ってくる者、その他どんなささいな仕事でも、この「ザイント・ルイー」からやって来た社交的な男に熱心にサービスしたスタッフにチップとして投げ与えた。

こうしたパフォーマンスに、おそらくルドルフも気が大きくなったのだろう。ビジネスの話をする段になり、ブッシュがアメリカのライセンスに対する「希望額」を尋ねた。ディーゼルは思いきって100万マルク（現在の約900万ドル）と提示した。

ためらうことなく、驚いた表情を見せることもなくブッシュはうなずき、小切手を切って契約書を作成させた。マイアーの報告書を読んでいたブッシュは、ディーゼルのエンジンの将来性を知っていたうえ、頭の中にはすでに、醸造用の水のくみ上げや製品の冷蔵にとどまらない活用ビジョンがあった。

1897年10月9日、アドルファス・ブッシュとルドルフ・ディーゼルは、アメリカ合衆国とカナダにおけるディーゼルエンジンの製造・販売の独占権をブッシュに付与する契約書にサインした。

思いがけない大金が手に入ったという知らせを聞いたディーゼルの妻マルタは、夫に手紙を書いた。「何もかも蜃気楼のように思えます。お金持ちになるなんて、どうにもぴんときません」

ディーゼルパワーを求めて旧大陸で名乗りを上げたのは、ノーベル一族だった。ダイナマイトや銃や石油は、今日ではノーベルの名とあまり結びつかないが、アルフレッド・ノーベルがその遺志で設立したノーベル賞の基となる金は、そうした商品からもたらされていた。アルフレッドは兄ふたりと

「ノーベル兄弟社（ブラノーベル社）」を経営していた。カスピ海沿岸のバクーに油井を所有する同社は、世紀末の世界で、ロックフェラーの「スタンダード・オイル社」、ロスチャイルドの「カスピ海・黒海石油会社」とともに三大産油会社の一角をなしていた。アルフレッド・ノーベルの名前は自身が創設した賞によって現在も知られているが、実は彼は、兄弟の中でいちばんの金持ちでもいちばんの成功者でもなかった。

ノーベル帝国は、ディーゼルのパートナーとして理想的な要素をすべて備えていた。熟練したエンジニアのエリート集団、大胆な起業家精神、豊富な財源、そして、拠点とするロシアの市場でとりわけ絶大なその名声だ。

ブッシュのビール帝国と同様に、ノーベル帝国も始まりはささやかなものだった。兄弟の父である家長のイマヌエル・ノーベルは独学でエンジニアになり、1837年にスウェーデンからロシアに移住し、サンクトペテルブルクに軍需工場を立ち上げた。皇帝ニコライ1世の率いる海軍に売った大量の機雷は、クリミア戦争（1853〜56年）で使用された。機雷販売の成功でイマヌエルは富と名声を得た。

しかし、ロシアが1856年にクリミア戦争に敗れ、新しい皇帝アレクサンドル2世の専制政治が始まると、イマヌエルへの過去の債務は履行されず、以降の契約も結べなかった。会社は苦境に陥り、イマヌエルは破産同然でスウェーデンに戻ったが、長男には、自分が受けられなかった正規の教育を何とか受けさせた。兄弟の名は、上からロベルト（1829年生まれ）、ルドヴィグ（1831年生まれ）、アルフレッド（1833年生まれ）――この3番目がノーベルの名を世界的に広めた〔訳注　エミール・

オスカーという弟もいた）。

アルフレッドは両親とともにスウェーデンに戻り、爆発物の研究に力を注いだ。粉末状の安定剤と爆発性のニトログリセリンを組み合わせて実験し、ダイナマイトを発明した。１８６７年に特許を取ると、この便利で扱いやすい、棒状に包装された爆発物は、たちまち世界中の鉱山や建設現場、そして戦場で使われるようになった。[5]

兄のロベルトとルドヴィグはロシアに残っていた。ルドヴィグが軍需工場を引き継ぎ、新たに「ルドヴィグ・ノーベル機械工場社」をサンクトペテルブルクに設立し、軍需品や船舶用蒸気機関をつくった。優れた技術者的思考力と勤勉さを兼ね備えたルドヴィグは会社を見事に成長させた。だが、真の飛躍的な成長は、思わぬ掘り出し物によってもたらされた。

ルドヴィグは皇帝から10万丁の後装式ライフルの注文を受けた。ライフルの部品として多くの木材のストックが必要になり、冒険好きの兄ロベルトをロシア南部カフカスの森林地帯に派遣した。そこは高さ20メートル以上に育つクルミ材の名産地だった。

ロベルトはカフカス地方に向かい、バクーに着いた。青銅時代まで歴史を遡れる古代からの都市で、石油が地表に泡立ち、空気中に滲出する天然ガスが絶えず燃える「火の国（Land of Fire）」として知られていた。遠い昔、異教徒の崇拝を集めて寺院も建てられたこうした現象は、迷惑なものでもあったが、灯油が照明に欠かせない時代になると、近代的経済に役立つ使い道が出てきた。ロベルトの関心は木材から石油に移った。ただちに弟に手紙を書き、バクーで広大な土地を買うように説得した。この１８７３年が、ノーベルの石油帝国の始まりだ。１８７６年にはノーベル社はもうロシアを代表する石油精製業者になっていた。[6]

ルドヴィグが１８８８年に亡くなると、ノーベル社の実権は長男のエマヌエルに委ねられた。叔父のアルフレッドは新社長を全力で支えた。当時彼はフランスに住んでいたが、積極的なアドバイザーであり、同社の株主でもあった。

エマヌエルは父と同様、技術面では大胆なイノベーターで、経営手腕にも優れ、ヨーロッパで指折りの大富豪になった。ディーゼルエンジンのすばらしさを聞き及ぶと、この技術が自社の石油くみ上げポンプやエンジン製造工場、そして輸送船団に役立つものだとすぐに理解した。

ルドルフ・ディーゼルは１８９８年2月14日、エマヌエル・ノーベルとベルリンのホテル・ブリストルで会談した。翌日、エマヌエルはディーゼルと合意に達し、その翌日の16日、ドイツ南部ニュンベルクを拠点とする「ロシア・ディーゼル・モーター社」を設立した。ディーゼルは20万マルクに相当する同社の株式（全株の20％）と、現金60万マルクを受け取った。この合意に関連してエマヌエルは4月9日、サンクトペテルブルクの製造工場がロシア市場での独占権を持つことを確認した。

エマヌエルは１８９９年、ロシア初のディーゼルエンジンの製造を監督した。翌１９００年には石油くみ上げポンプに使う１００馬力のエンジンを3台、その翌年には産油量を急速に増やすバクー地域から伸びるパイプラインに動力を供給するため１５０馬力のエンジンを52台、製造した。

ディーゼルエンジンで先陣を切るのがロシアだったというのは、ディーゼルにとって驚きだった。[7]

いまやエンジニアリング界の多くの人間が、ディーゼルエンジンに近代の動力のあり方を根本的に変える可能性があることをわかっていた。工業化が進んだあらゆる国の企業が、ディーゼルからライセンスを得ようと躍起になった。リンデの流通モデルにならい、ディーゼルはディーゼルエンジンの技術を急速に広めた。わずか1年余りで彼は、ヨーロッパと北米の各国で20以上のライセンス契約を結んだ。

こうしたライセンス契約は、当初はディーゼルにとって些細なことに思えたかもしれないが、ディーゼルエンジンの方向性を大幅に変えることになった。彼が相手にしていたのは、莫大なライセンス料を支払える巨大企業だった。歯科医や宝石職人や父テオドールのような革職人のために小さなエンジンをつくれないかと考える町工場や夢想家とは、わけが違うのだ。ライセンス企業はもともと大規模なエンジンの製造ビジネスに携わっていた。巨大なエンジンは近代産業における集中経済を加速させた。極端なナショナリズムの時代に入ると、軍事的に利用されることも増えていった。

だが19世紀末のディーゼルの目には、こうした方向性の変化はまだはっきりと見えていなかった。彼のエンジンは、よりスケールアップし、より強大な馬力を生み出す可能性を秘めていたが、この段階ではまだ、蒸気機関に比べてごくわずかなパワーしか出せなかった。技術面で追究すべき課題がまだまだあった。エンジンの性能向上を目指す険しい道のりを歩いている最中の彼には、成功の先に何が待ち受けているのか、知るよしもなかった。

研究室の環境下での実験には成功したが、そのエンジンの核心部分を大量生産につなげなければならない。さらには、水をくみ上げ、粉をひき、船舶輸送や列車輸送のための動力を提供するなど、多岐にわたる用途に広げていかなければならない。

課題はいろいろあったが、世界各国の企業がディーゼルパワーは幅広く応用できると考えていた。デンマークでは、コペンハーゲンに拠点を置く、船舶や蒸気機関の製造で有名なバーマイスター&ウエイン社（B&W社）が国内でのライセンス契約を結び、１８９７年12月20日にディーゼルに6万マルクを支払い、販売にこぎつけた暁には10％のロイヤルティを払うと保証した。

フランスでは、ディーゼルの昔からの親友のフレデリク・ディコフが１８９７年4月15日、持株会社「フランス・R・ディーゼル・エンジン社」を設立し、ライセンスを取得した。ディーゼルはフランス北部のバル・ル・デュックで調印式に臨み、１２０万フラン相当の株式を取得した。

フランスは他国に先駆けて、小型の運河ボートへの応用を目指して、エンジンの水平設計〔訳注　シリンダーを水平に配置し、車両や船舶などの移動体に向いた設計。これに対し垂直設計は、工場など固定された施設向き〕に着手した。可逆機関（リバーシブルエンジン）の設計にいち早く取り組んだのもフランスのエンジニアたちだった。

ディーゼルエンジンの取り引きはヨーロッパじゅうで拡大を続けた。国益をかけて各国がしのぎを削った。スウェーデンでは、ストックホルム・エンスキルダ銀行のマルクス・ヴァレンベリ頭取と工学界の大物オスカル・ラムが、ライセンス獲得のため持株会社「ディーゼル・モーター株式会社」を設立し、１８９８年1月25日、ディーゼルに株式で5万クローナ相当、現金で5万クローナを支払い、将来的には売り上げの10％のロイヤルティを約束した。

イタリアではフィアット社がライセンスを取得した。同社は自動車業界で名を馳せているが、20世紀初頭には潜水艦のエンジン製造で高く評価された。日本は20世紀初めにこの技術を取り入れ、南アメリカは世界で最も〝ディーゼル化〟が進んだ地域になっていく。

19世紀末に結ばれたいずれの契約においても、ディーゼルはパートナー企業に対して、エンジンの改良成果や、関連する新しい特許を共有するように求めた。彼が思い描いたのは、一元化された知識体系を共有する、エンジニアの国際的な協同ネットワークだった。

エンジンを各社が個々にどう応用するか、それは長期的な利益を見すえた先行投資を必要とする設計上の分かれ道だった。ディーゼルは、パートナー企業がそれぞれの成果を共有し、ディーゼル・コミュニティ全体に利益を広げることを構想していた。

ブッシュのブレーンであるE・D・マイアーは、ライセンスパートナーに知識のデータベースを共有しようと呼びかけるディーゼルの姿勢を称賛した。「ディーゼル氏は契約にあたって、すべてのライセンシーに知見や発明を交換するよう求めていて、その視野の広さとリベラルな考え方は、いまは蒸気機関が支配しているすべての分野に急速な発展を約束するものだ」

当初はライセンス契約者たちも、ディーゼルが呼びかけるコラボレーションは有益だと考え、彼の意思はライセンシーのネットワーク全体に受け入れられているように見えた。だが、彼のエンジンの重要性、とくに軍事利用における有用性がのみ込めてくると、新しい進歩を共有しようという機運は、ナショナリズムの時代の波にさらわれていった。新世紀の幕が開けると、ナショナリズムはヨーロッパ全土で最高潮に達した。

ディーゼルが夢見た、科学者による惜しみない国際的なネットワークへの取り組みは、排他的で偏執的な国家の独占欲と軍国主義を前に、やがてついえ去る。

注

1. このライセンスシステムは、特許の存続期間中に各国の領土内でディーゼルエンジンを製造できるのは1社のみと保証するものだった。しかし購入者は、どの国から買うのも自由だった。たとえば、デンマークの人がドイツやロシア、イタリアその他の国のメーカーからディーゼルエンジンを購入することもできたし、自国のメーカーが望み通りのエンジンを製造していれば、同朋から買ってもよかった。

2. ディーゼルエンジンが持つ「コールドスタート」という性能は軍事的にも重要で、迅速な展開が求められる水上艦艇にも潜水艦にも大きな利点だった。ほかの方式の動力を使う船は、一戦交えようと出港する前にエンジンをあたためるのに時間がかかったり、戦略的にコストがかかったり、「蒸気が上がった」と敵に気づかれたりもした。

3. ディーゼルが初めてマーリース社の工場を訪ねたのは、翌１８９８年7月のことだった。スコットランドの工場での自身のエンジンの扱いにややがっかりし、マルタに手紙を書いている。「陰気で薄汚い片隅で、ほこりをかぶってシンデレラのように放置されているありさまだ」。その一方で、エンジンがうまく作動しているとも記した。世間では、ディーゼルはかなり傲慢な人間だと評されていたが、そんな先入観を裏切るようにこんなことも書いている。エンジニアたちは熱心で、「いい人たち（good people）だ……でも、エンジン向きの人たち（motor-people）ではないね」。イギリスの人たちはエンジンがかかるまで時間がかかりそうだ、ともつづっている。

4. マイアーは卓越した鉄道エンジニアで、のちに米国機械工学会の会長に選ばれた。

5. ルドヴィグ・ノーベルが１８８８年4月に亡くなったとき、フランスの新聞が、誤っていまだ健在のアルフレッドが死んだと報じた。アルフレッドは自分の死亡記事を読むことになったが、そこでは自らの生涯や業績が痛烈に批判されていた。記事の中で「死の商人」と呼ばれ、自身の発明品であるダイナマイトは「かつてない勢いで、かつてないほど多くの人間を殺した」と書かれていた。死後にこんな悪評が立つのか、と非常に動揺したアルフレッドは、のちに遺言書を書き換え、全財産を「過去1年間に、人類の福祉に最も貢献した者」を一連の賞で顕彰する新しい財団に遺贈した。

6. １８７８年、ルドヴィグ・ノーベルは世界初の石油タンカー「ゾロアスター号」を進水させた。ルドヴィグが自ら設計し、自らの工場で建造した。製油所と、港のタンカーを直接結ぶパイプラインも敷設した。船体に鋼鉄製のタンクを効果的に配置した全長55メートルのこの船は、２４０トンの石油をカスピ海やヴォルガ川の沿岸の市場に運ぶことができた。このとき競合他社は、依然として石油を漏れやすい木製の樽に入れ、馬で荷車を引いて、船に積み込んでいた。ノーベルたちはまもなくタンカーの船団を建造し、鉄道輸送用の鋼鉄製石油タンクの先駆者にもなった。世紀の転換期、流通を進化させたノーベル社は、ロックフェラーの不意をつくかたちになった。ノーベル社の石油生産量はスタンダード・オイル社を上回った。

7．１９１０年には、ロシアはドイツを除き世界のどの国よりも多くのディーゼル動力を有していた。

第11章　グランプリ目前のつまずき

「ひょっとすると、私は――このちっぽけな人間は――各国の政府が束になってもしくじってきたことに成功するかもしれない。つまりロックフェラー打倒にね――そうなったら愉快だね！」。ディーゼルは1898年2月15日、こんな手紙を妻マルタに書いている。石油に由来しない燃料を使える、すばらしいエンジンのライセンスビジネスで目覚ましい成功を収めた翌年のことだ。ディーゼルの技術はエンジニアリングの世界で話題を呼び、世界各国の一流企業はこぞって、新たなエンジンを市場に投入するため資材をたっぷりつぎ込もうとしていた。競合する蒸気機関やオットーサイクルエンジンを製造する会社への宣戦布告だった。これら旧来のエンジンが燃やす石炭や天然ガス、石油を産出する会社にとっても同様だ。だがそれにはまず、研究室内で成功したことをその外でも再現できなければ話にならない。

ディーゼルと新たな製造パートナーたちが商談している会議室の外では、新たに結成された技術者チームがなかなかディーゼルのあとに続けずにいた。E・D・マイアーはアドルファス・ブッシュへの報告書に、ディーゼルは「実際的」である以上に「理論的」だと警告めいた補足を添えていたが、それもまた彼の長所と考えていたようだ。ディーゼルはカッセルでのプレゼンで、ディーゼルエンジンの技術は実現可能だと世間に示したが、実現した、とまでは示せていなかった。

生みの親の手を離れてライセンスが売り渡されたエンジンは、まだ商品の体《てい》をなしていなかった。アウクスブルクで発明者の監督のもとでまだまだ時間をかける必要があったと思われる。だが、ビジネスはビジネスだ。しびれを切らしていたクルップをはじめ、出資者たちは投資への見返りを求めていた。最初のライセンス契約でディーゼルはすでに巨利を得ていた。そんななか、1898年の「ミュンヘン動力機械および作業機械博覧会」に、国際的ライセンスに基づいてつくられた4台のディーゼルエンジンが出展されることになった。だが、ディーゼルとパートナー社の技術者たちにはわかっていた。準備はまだ、整っていない。

ディーゼル個人の名声が危うくなっていただけではない。ミュンヘンの大衆の前で恥をかくだけではなく、社名と予算をかけて彼を信用した有力実業家たちが手のひらを返すかもしれないのだ。未来を担うエンジンを提供するという前提で大金を受け取っているというのに。パートナーたちの顔に泥を塗ることになれば、一からやり直すどころではすまされない。プロとしてチャンスを与えられることは二度とないだろう。エンジニアとしての将来がこの博覧会にかかっていた。

いくら焦ろうと、各社が製作してミュンヘンに持ち込んだエンジンはどれも、自分がアウクスブルクで実験用につくったものほどの強度がなかった。そんなディーゼルとパートナーたちのもとに報道陣は押し寄せ、世間の期待は高まる一方だった。すでに巨額の特許権料を払い終えているパートナーたちは、華々しい展示と並行して製品を即売し、商談を進めるという目標を立てていた。お膳立てだけが整い、会期はもう目前だ。観衆の前で綱渡りを演じるしかない。ディーゼルは覚悟を決めた。

博覧会は1898年6月に開幕し、マスコミはその年の技術系の目玉イベントだと宣伝した。ディーゼルは妻と3人の子どもを伴って出席した。開発に長い年月を費やして販売の段階にこぎつけたエンジンの晴れの瞬間を、彼は家族と分かち合いたかった。

娘のヘディは13歳で、父に顔立ちが似た美しい少女に成長していた。長男ルドルフ・ジュニアは14歳、次男オイゲンは9歳。どちらも痩せ型で、身長185センチの父の血を引いて背が伸びている最中で、顔立ちは母親似だった。ヘディは明るくて社交的、ルドルフ・ジュニアは生涯、暗くて引っ込み思案だと妹や弟に言われ続けた。オイゲンは父を崇拝していて、早くもこの年齢で、父のあとを継いで技術系の仕事に就くと決めていた。

子どもたちをいちばんわくわくさせた出し物は、イーザル川へと落ちていく巨大な滑り台だった。入場者はイブニングドレスのような全身を覆う水着を着て、車輪付きのカートに乗り込む。カートはウィンチで滑り台のてっぺんまで巻き上げられ、息もつけない速さで斜面を滑り降りて水しぶきを上げた。

写真撮影もまた、会場の人々を喜ばせた。ディーゼルは熱心な写真愛好家で、とりわけこの技術を楽しんだ。「オートマティック・フォトマシン」を売り物にしたブースもあった。入場者はコインを入れて魔法のボックスに顔を向け、フラッシュの光を浴びる。すると数分後、感光剤が塗られた金属板に顔が写し取られて現像され、ボックスの下に落ちてきた。

この博覧会ではダイムラーとベンツの自動車も披露され、会場じゅうに排気ガスをまき散らしては見物人を喜ばせたり煙たがらせたりし、たくさんの馬をうろたえさせた。

エンジニアリングのファンにとって、ディーゼルはスターだった。彼とライセンス契約を結んだ4社はエンジンを紹介するため、大金をかけて「ディーゼル館」と呼ばれる巨大な展示ブースを設けた。大きな茶色い木造建築の屋根には排気筒が高く突き出ていた。このパイプは、排気ガスがかろうじて目に見える程度にしか出ないのを強調するためのものだった。近くで展示中の蒸気エンジンが黒くすすけた煙をもくもく出すのとは対照的な、夢のエンジンの排気の様子に観衆は目を見張っていた、とディーゼルは誇らしげに書き留めている。

しかし、トラブルは開幕当初から起きた。パートナーメーカーの4社はそれぞれ博覧会に間に合わせるため、いささか拙速に展示品を作製した。クルップ社は35馬力のエンジンを持ち込んだ。同社が製造した2機目のディーゼルエンジンだ。開幕初日の最初の数時間で、あるパーツが焼き切れてしまい、その日はもう運転できなくなった。

アウクスブルクの工場からは30馬力のエンジンが届いたが、当時ディーゼルの助手だったパウル・マイヤーが語ったように「始動から10分ほど経ったところで、まだ稼働温度に達しないうちに、ものすごい爆発が起きて誰も寄りつかなくなった。来場者をこわがらせないよう、朝の早い時間にエンジンをテストすることになった」。ほんの少し改良すれば解決できる程度の問題だったことがあとになってわかった――研究所でならすぐに見つけて対処できるような問題点だった。

ドイツ社とニュルンベルク社の工場〔訳注　この年の9月、マシーネンファブリーク・アウクスブルクはニュルンベルク機械製造社と合併し、マシーネンファブリーク・アウクスブルク＝ニュルンベルク社（MAN社）になった〕も、それぞれ20馬力のエンジンを送り込んだが、これまた欠陥がいくつもあった。ディーゼルはシルクハットと晴れ着を脱ぎ捨て、会期中ずっと、学生時代や開発中のころのような作業着姿で過ごした。パートナー企業から派遣されたエンジニアたちと一緒に、不眠不休でデモンストレーション用エンジンの応急処置に汗を流した。どうか会場が開いている間にうまく動きますようにと祈りながら、リスクを冒して手っ取り早い改良策をとった。ストレスと睡眠不足が響き始め、彼はひどい頭痛に悩まされるようになった。

理論上の概念はすっきりしていたが、技術としては複雑で、生まれたてだ。どのエンジニアも設計図通り完璧には仕上げられなかった。舞台裏でディーゼルは夜な夜な死に物狂いで昼間の失敗を取り返そうと努力した。せめて当座をしのぎたかった。宣伝という意味では、博覧会への出展は大成功だった。イギリスの定期刊行誌『ジ・エンジニア』は１８９８年11月４日付で、「ミュンヘンの４機のエンジンはとても静かに作動し、騒音はなく、においもほとんどなかった。排気時に騒音が出ないことも特筆すべきで……」と書いている。

ディーゼルは自らの理論を公に示して名声を得たが、エンジンを一般市場に出す準備がまだ整っていないのは厳然たる事実だった。多くの複雑な発明品と同様に、エンジンを自分より未熟な者の手に委ねる前に開発者としてやるべきことがまだまだあった。だがエンジンはすでにアウクスブルクの囲いの外に放たれた。研究室での成果と商業的な実用可能性の間のギャップを、速やかに埋めなければならない。こんなお披露目を重ねたら破滅しかねない。

博覧会のころに頭痛や不眠、神経性の震えに悩んでいたことを、ディーゼルは協力者のひとりであるルートヴィヒ・ノエに打ち明けている。ノエの記録によると、ディーゼルは「エンジンは開発したものの、不安を募らせていた。敵は多いのに、そんな健康状態では防戦も難しかった。それに加えて、彼のエンジンはまだ販売できる段階ではなく、万人が動かせるものにするには、さまざまなパーツを根本的に改変する必要があり……。駅までの帰り道にディーゼルさんは、もう神経がくたくただ、すぐに山へ静養しに行かなければと、何度も繰り返した」という。

すでに気前よく払いをすませている契約者たちにも、エンジンがまだ準備不足だということがだんだんわかってきた。ディーゼルと同じぐらい成功に確信を持って彼を支えてきたE・D・マイアーも、いらだち混じりの手紙を書いている。

偉大な発明品が大々的な成功を収めるためには、商業的な特性の数々が求められることに疑いの余地はないが、販売担当者が先走ってことを運ぶのは、結局のところ不当なことだ。ライセンスのために支払われた大金は、その大部分が発動機の開発に必要なだけ使われて商業的に成功したときにのみ、正当に得られたものとみなされる。われわれが購入した発動機は機械的な成功しか収めていない。

技術を広めるために各国を駆けまわり、ディーゼルはもう疲れ果てていた。そしていま、契約者たちのネットワークへの義務を果たすために、限界を超えるような労働を課せられていた。アウクスブルクの研究室ではうまく作動していたエンジンがさまざまなトラブルを起こし、その対応を迫られている。彼の技術は遠方まで広まったが、それを稼働させられるのはディーゼルただひとりというのが現状だった。

マイアーがつづったように、ディーゼルの理論自体はまっとうだった。ただ、それを誰もが実感できたわけではない。エンジンの買い手のひとりは当時の様子を「アウクスブルクから来た整備士と工科大学の教授がつきっきりのときは、何事もとてもうまく運んだ」と述べている。

１８９８年から１９００年にかけては万事こんな調子で、続く10年も、ある種の船舶や列車に応用する際にはおおむねそういう状況だった。第一次世界大戦の初めのころ、ディーゼルエンジンを最もうまく操作したのは、ディーゼルのお膝元で修業をしたり、直接その薫陶を受けた才能あるエンジニアたちだった。

パートナー企業から寄せられる苦情がどんどん煩わしくなり、ディーゼルは自分の負担を減らすため、ひと握りの技術者を鍛えてエンジンの整備や修理に当たらせようとした。自ら訓練を施して採用した技術者たちを「応急処置係」と呼び、担当エリアを割り振った。カール・ディートリヒはフランスとドイツ、ルートヴィヒ・ノエはスウェーデンとデンマークとハンガリー、ハンス・アーニーはイギリスとベルギー、そしてアントン・ベットヒャーはスイスとアメリカを担当した。

ルドルフ・ディーゼルは、会社の経営よりも科学者としての仕事に専念したかった。１８９８年7月16日、ブッツに手紙を書き、ビジネス面から身を引いて「生涯ただひとつの真の目標」である自分のエンジンの技術的完成に再び打ち込みたいと願い出た。

同じく7月、友人でありビジネスパートナーでもあるベルトルト・ビングにも手紙を書き、エンジンに関するビジネス面の重責を新会社に委ねて目標達成に励み、新会社の株式の過半数を自分が保有するというプランを伝えた。

１８９８年９月17日、ディーゼルは国際的に展開されるビジネスを統括する「ディーゼルエンジン総括会社」をアウクスブルクに設立した。新会社はディーゼルが保有するすべての株式、ロイヤルティ、特許権、そして現在から将来に至るまでのライセンスを引き継いだ。ディーゼルは、現金３５０万マルク（現在の約３０００万ドル）と、新会社の筆頭株主という地位を得た。その他の株主にはブッツ、クルップ、ノーベル、ブッシュ、ヴァレンベリ、ビングが名前を連ねた。

これでディーゼルの業務はごくシンプルになり、エンジン中枢の市販向け改良に集中できるだけでなく、船舶、鉄道、自動車向けの水平設計への応用も研究できるようになった。

しかし、新会社設立のころにはディーゼルは消耗しきっていて体調は悪く、これまでのペースで仕事を続けるのは無理だった。医師たちは絶対安静を命じた。１８９８年秋、ディーゼルは、アルプスに近いイタリア北部チロル地方のリゾート地、メラノを訪れた。滞在は１８９９年４月にまで及んだ。[1]ディーゼルのエンジンは、世界中で採用されるまであと一歩というところだったが、ひとつ逆風が吹けばそれは夢と消えかねなかった。博物館送りになって、キュニョーの蒸気自動車や、その他の実用化に至らなかった驚異の発明品と一緒に並べられてもおかしくなかった。

20世紀が幕を開けると、ヨーロッパは祝賀ムードに包まれた。この時期ならではの特別な空気を満喫したいという気分が最もよく表れていたのは、１９００年のパリ万国博覧会かもしれない。このイベントを史上最大のものにするため、あらゆるものが惜しみなくつぎ込まれた。

パリでこうした祭典が開かれたのは１８５５年以来5回目だった。ルドルフは子どものころ、１８６７年の万博で栄冠に輝いたニコラウス・オットーのエンジンをその目で見た。１８８９年にはエッフェル塔を目にし、リンデの製氷機を展示した。[2] そして１９００年、自分の栄冠をつかむためパリに戻ってきた。

万博は１９００年4月14日に開幕した。11月12日までの会期中に、なんと述べ５０００万人が訪れ、その入場者数は、大宣伝を打った１８５５年の万博の10倍に上った。

目に見えて強い存在感を示したのは新興国アメリカだ。１９００年には〝新世界〟の工業生産量は、産業時代の勃興期から世界を牽引してきたイギリスをしのいでいた。アメリカからの出展は６５６４点（１８６７年の万博ではわずか７０３点）で、全参加国の出展数の10％近くを占め、ホスト国に次いで2位の規模だった。

ミュンヘンの博覧会からここまでの18カ月間、ディーゼルは、パートナー企業が抱えるエンジンの信頼性にかかわる一連の問題点をつぶしてきた。今度のパリ万博までには、素人でも扱える状態に近づけるのに十分な準備期間があり、デモ用エンジンの製造にはパリのパートナー社と直接協力して当たった。

アンヴァリッド（廃兵院）とアレクサンドル3世橋の間の遊歩道沿いにあったパレ・ド・インダストリー（産業宮）に、ディーゼルは陣取った。同じパビリオン内のディーゼルの展示スペースの隣では、オーストリアのフェルディナント・ポルシェが電気自動車の1号機である「ローナーポルシェ・ミクステ　ハイブリッド６３０」を披露していた。だが、最高の栄誉であるグランプリに輝いたのは、ディーゼルエンジンだった。フランス北東部バル・ル・デュックでフレデリク・ディコフが製造した80馬力のエンジンは、来場者や審査員を驚嘆させた。

世界のひのき舞台でディーゼルエンジンが最も華やかなスポットライトを浴びたこのパリ万博は、節目の出来事となった。展示されたエンジンのパフォーマンスはふたつの理由で際立っていた。第1の理由は来場者にもわかりやすかった――コンパクトで燃料効率のいいエンジンの動きは滑らかで、ほかの発動機より目に心地よく、作動音も静かだった。騒音や空気汚染が少ないのはいいことだと見学者たちはうなずいた。

第2の理由は、ブース内を歩く入場者には見えなかった。このエンジンの際立った特徴は、タンクに収まった燃料で、作動するエンジンに自動的に供給されるようになっていた。燃料の原料がまさに独創的だった。一般の入場者にはわからずとも審査員たちが確実に注目したのは、この驚異的なエンジンを見事に動かしているのが、ピーナッツオイルだという点だ。[3]

シリンダー内では、空気の高圧縮に伴う高温によって、粘性のあるピーナッツオイルが効率よく燃焼していた。室温では安全かつ無害で、エンジンの燃料になるとは思いもよらないオイルだ。石油や石炭に由来しない、容易に調達できる燃料で動くこの燃焼機関が注目を浴びたのは間違いないが、まだ地政学的に世界を揺るがすほどのインパクトではなかった。１９００年当時、ほとんどの人はガソリンやエンジンについて考えることはなかった。一般的に石油は、エンジン用のガソリンではなく、照明用の灯油にするために精製されていた。このころは、道路に自動車の姿はほとんどなく、自動車用の道路もつくられていなかった。ガソリンの生産量が灯油を上回るのは、あと16年ほど先だ。まだまだ動力源の主役は石炭を燃やす蒸気機関だった。そこに、世界各国の石油埋蔵量をエンジンと結びつけて考えるという地政学上の急展開が訪れるわけだが、１９００年の時点ではそこまで考えが及ぶはずがなかった。

しかし、パリのイベントが終わったとたん、エンジンの専門家、産業界のリーダー、化石燃料の産出がない国の指導者らは、ディーゼルという人間に、そして彼のテクノロジーの可能性に注目するようになる。その一方で、内燃機関を石油の市場拡大の鍵とみていた石油トラスト各社は、ディーゼルテクノロジーを新たな驚異とみなすようになった。

１９００年という年は、[4]ディーゼルエンジンにとっての転換点だった。ディーゼルがカッセルで最初にエンジンを紹介したのは１８９７年だが、その2年前、ドイツには内燃機関が1万８０７０台あった。ほとんどが小型の、オットー型の設計によるエンジンで、ガス燃料を使い、平均出力は４馬力だった。同じ年、ドイツには蒸気機関が５万８５００台あり、平均46馬力だった。

ディーゼルエンジンはどうだったかというと、カッセルでの発表から2年後の１８９９年、ドイツ国内でわずか77台だった。18カ月後の１９０１年６月、ドイツのディーゼルエンジンはまだ１３８台にとどまり、すべて定置型で、平均35馬力だった。

だが、状況は急転する。パートナー企業が掲げる高い要求を、ディーゼルのエンジンは満たしつつあった。静養から復帰すると、開発者の専門知識にそれなりに近づいた技術者が、まだひと握りではあったが育っていた。続く１９０２年６月までの12カ月間で、ドイツのディーゼルエンジンの台数はほぼ3倍に増えた。約束を果たすときが、ついに来たのだ。

注

1．いつも気さくだったアドルファス・ブッシュは、１８９９年初めにディーゼルの新会社の重役に宛てた手紙で、友人でありパートナーであるディーゼルをからかっている。体調不良の原因が、過労なのか金持ちになりすぎたせいなのかわからないが、もし後者が原因だとしたら、アメリカのライセンス料として払った１００万マルクの一部を喜んでさっ引いてあげるよと書いた。

2．１８７８年にもパリは万博を主催しているが、当時、ディーゼルはドイツの大学生だった。

3．ピーナッツ（落花生）は「アラシッド（Arachide）」とも呼ばれ、広い分類上、「ナッツ」の一種とされ、熱帯地方で広く栽培されていた。その多くの地域がフランスやイギリス、そしてドイツの植民地だった。そんなわけでディーゼルエンジンはこの貴重な領土に燃料を求めた。オイルに使うナッツ類についてルドルフ・ディーゼルが残したメモやスピーチにも、「アラシッド」という言葉がよく出てくる。ディコフがディーゼルと直接、協力して設計したエンジンは、船舶に利用する際の燃料の安定性と燃料効率の高さがいかに重要かを理解した最初のエンジンだった。ディコフはもっぱら水上船艇や潜水艦に向けたエンジンに注力し、パリ万博の直後に設計したモデルで成功を収めた。

4．パリ万博開催中の１９００年7月2日、ディーゼルは友人のフェルディナント・フォン・ツェッペリン伯爵から招待され、北アルプス近くのコンスタンツ湖に「ツェッペリン飛行船1号（Luftschiff Zeppelin 1）」（ＬＺ１）の試験飛行を見に行った。ツェッペリンが開発した初の硬式飛行船だ。全長１２８メートルの飛行船には5人のクルーが乗り、２台の軽量のオットーサイクルのダイムラーエンジンがプロペラをまわし、風の影響を受けつつも操縦することができ、円周８キロの輪をぐるりと描いた。ツェッペリン伯爵はディーゼルに、飛行船用のエンジンをつくれるかと尋ねた――当時、最も軽いディーゼルエンジンでも約２７０キロの重量があった。ディーゼルは可能だと考えた。35年後、ヒンデンブルク号（製造番号である「ＬＺ１２９」の名でも呼ばれた）は１１９０馬力のダイムラーベンツ製のエンジン４台で初飛行を行い、対気速度は最大で時速１３５キロだった。エンジンはディーゼルエンジンだった（ヒンデンブルク号の火災とは無関係）。ヒンデンブルク号の初飛行のとき、ディーゼルは存命ならば77歳だった。

ライセンスの販売開始から1年で、莫大な額の金《かね》がルドルフ・ディーゼルに流れ込んだ。彼はもはや先行き不透明な貧しく若い科学者ではなかった。研究室に縛りつけられて破産の不安におびえたり、裕福なビジネスパートナーたちに釈明の手紙を書き連ねたりする必要はなくなった。いまや彼自身が資産家なのだ。

すばらしい新たな可能性が目の前に広がっていた。圧縮点火エンジンという巨大なテーマに立ち向かうため、もう何年も家族と離れて生活してきた彼は、愛する妻マルタや子どもたちを新しい家に呼び寄せてずっと一緒に暮らしたいと切望していた。望みをかなえるためにブッツの厚意に甘える必要は、もうなくなっていた。

ディーゼルエンジンのライセンス契約で何百万マルクも稼ぐと、ルドルフとマルタはミュンヘンで自宅を建てるのにふさわしい土地を探しまわった。ふたりはマリア・テレジア通りで用地を見つけた。通りの片側にはミュンヘンのエリート層の邸宅が立ち並んで草木が茂る緑地を見下ろし、緑地はイーザル川に向かって緩やかに傾斜していた。一家は1898年初めに、この空き地を5万マルク（現在の約40万ドル）で買った。

ルドルフは、親友の飛行船開発者のフェルディナント・フォン・ツェッペリン伯爵に「手ごろな土地に、ささやかな家を建てるつもりだ」と打ち明けた。実際は、ささやかどころではなかった。マルタとルドルフは金と時間をたっぷりかけて建設と装飾に取りかかり、完成までに数年を要した。有名な建築家で、のちにミュンヘンの名所になるビアホール「ホフブロイハウス」を完成させたばかりのマックス・リットマンを雇い、ルドルフ自身も設計のあらゆる重要な場面に加わった。出来上ったのは、ミュンヘンでいちばん美しく贅沢な建築だと誰もが認める邸宅だった。

玄関ホールは広々とした吹き抜けで、オーク材の板張り。らせん階段は、オーク材の一枚板から削り出された手すりが印象的だった。宮殿を思わせるリビングルームに隣接するのはルイ15世様式の「サロン」。広いキッチンや多数のバスルームがあり、主だった部屋にはすべて、大理石のマントルピースを備えた暖炉があった。

家じゅうの敷物はアジアからの輸入品で、玄関ホールのアーチ形の天井には職人の手による彫刻や彩色が施されていた。手彫りのフランス製家具、象牙張りの壁、油彩画、彫刻、その他の装飾品を含め、室内の装飾はマルタがほとんど取り仕切った。

大がかりな基礎工事のために掘り返された土は、屋敷を囲む幾何学的デザインの庭の造園に使われた。土台や地下室のために掘られたくぼみは、建築が始まるまでルドルフ・ジュニアやオイゲンが自転車でレースができるほど大きかった。

丸2年かけて工事が終わり、一家は1901年、ここで生活を始めた。土地、建物、そして家具を合わせた総費用は90万マルクを超え、大勢の使用人の人件費も払っていくことになった。地元紙は、この「ヴィラ・ディーゼル」と呼ばれる邸宅を、ミュンヘン一のすばらしい豪邸だと書きたてた。

子どものころに住んだ家が父テオドールの工房を兼ねていたこともあったのか、ルドルフは2階に、自分の書斎と作業場をつなげた続きの間を設け、いつも家族の近くにいられるようにした。パリのノートルダム・ド・ナザレ通り38番地にあった生家と同様に、エンジン潤滑油のにおいが漏れだして家のあちこちにしみついた。壁は、蒸気機関車、自動車、船、潜水艦のスケッチと、それぞれに対応するエンジンの青写真などルドルフの仕事に関するもので埋め尽くされた。

巨大なひとつ屋根の下で、ディーゼルはようやく自らの情熱をエンジンに対して、そして同時に家族に対して傾けられるようになった。長女ヘディはこの屋敷で過ごした幸せな時間について、未刊の回顧録につづっている。子どもたちには女性の家庭教師がつき、音楽やダンスや美術のレッスンをした。一家は盛大なパーティーや舞踏会を開き、オペラや演劇の年間指定席を買った。外国からヤコブ・スルザー〔訳注　スイスのスルザー社の創業者〕やアドルファス・ブッシュら著名人が訪れ、ドイツのエリート層のカール・フォン・リンデや、オスカー・フォン・ミラー〔訳注　電気技術者。「ドイツ博物館」を創設し、世界初のプラネタリウムを設けた〕、ツェッペリン伯爵や、俳優のエルンスト・フォン・ポッサートといった面々と家族ぐるみの付き合いをした。

ヘディはスイスの一流フィニッシング・スクールで１９０１年から翌年にかけて学び、ミュンヘン社交界にデビューしてまもなく、のちにナチス幹部となるヘルマン・ゲーリングのいとこと婚約した。ヘディによると、兄のルドルフ・ジュニアは「ふさぎ込んでいた」が、彼女自身はこの家での生活を大いに満喫した。

末っ子のオイゲンは、ルイ15世様式のサロンのグランドピアノで、父がオペラ『タンホイザー』の中の「エリーザベトの祈り」を弾いたある晩のことを覚えていた。「私たちはみんなそろって父の演奏を聴いた。全員の目に涙が浮かぶ演奏だった」

ルドルフ・ディーゼルの伝記作家たちは、ミュンヘンの豪邸での贅沢な暮らしぶりは理解しがたく、「ディーゼルらしくない」と考えてきた。だが、この新しい家はむしろ彼の好みや価値観と完全に一致するものだったという見方もできる。ディーゼルにとって芸術や美は、単なる飾りではなく、生きる意味そのものだった。古代ギリシャの人々が、芸術は人間の向上心を涵養《かんよう》すると考えたように、彼もそう信じていた。

若いころ、ディーゼルは美術や音楽の偉大な作品に魅了され、影響を受けた。自らを刺激し、可能性をすべて引き出せるような環境を整えることは、大人になった彼の目標になっていた。

あるいは、自己啓発的な意味以上に、家族のそばにいたい、家族のそばで仕事をしたいという気持ちから、ヴィラ・ディーゼルを建てたのではないか。1895年のクリスマス休暇中、ハインリヒ・ブッツの計らいで家族はルドルフと一緒に過ごすことができた。ルドルフは子どもたちのために、中国ふうの影絵シアターや、手製の家具をしつらえたドールハウスをつくった。そしていま、彼らのために本物の家を建て、不安定だった自分の幼少期とはまったくかけ離れた生活を送らせてやれるようになった。

妻や子どもたちを身近に感じながら作業場で仕事に打ち込むことができ、家族もそこに気軽に入ってこられた。この屋敷はマルタへの贈り物でもあり、彼女は、高名な発明家の妻という社会的ステータスを存分に享受した。マルタはミュンヘンの社交界でますます活動的になり、著名な客人をもてなしたり、夫婦であちこちに招かれて出かけたりした。

家庭生活での浪費は、「ディーゼルらしくない」というよりむしろ、残された野望への足がかりであり、10年間も仕事にかまけてきた夫として、家庭人としての、いささか過剰な埋め合わせだったのではないだろうか。

埋め合わせしたいものは、ほかにもあった。ただ一心にエンジン開発に打ち込み、心に眠らせてきた思いを、そろそろ揺り起こしていいころだ。彼はつねづね、ただ単に発明するだけでなく、それを社会的に応用する責任も自分は負っていると考えてきた。そうした社会奉仕の気持ちは、世紀の変わり目のころはまだ明確になっていなかった。

産業化時代の波が押し寄せ、経済は都市部に集中し、地方経済は縮小した。職とチャンスを求めて都市部に人口が流入したが、往々にして人々を待ち受けていたのは、故郷に捨ててきたはずの飢えや絶望と変わらないほど厳しい状況だった。ひとつの恐怖を、もうひとつの別の恐怖と取り換えたにすぎない。ディーゼルや同時代の人々はこうした集団的な混乱を「社会問題」と呼んだ。

地方経済の再生に貢献し、地方に産業の種を芽吹かせたい。その願いはつねに、エンジン開発の目的としてディーゼルの念頭にあった。１９０2年から03年にかけて、彼は論文を書き始めた。その内容は、近代社会が抱える問題を解決し、少年時代の彼がロンドンに滞在した短い間に恐怖を覚えた劣悪な労働条件から、新世紀の人々を解放する道を探るものだった。

特許ビジネスで市場に第一歩を踏み出し、たいへんなストレスにさらされてきたが、それもパリ万博後にはいくらか収まり、エネルギーを社会的な野望に向ける余裕が出てきた。新世紀を迎えた彼は、セレブであり、金持ちであった。社会の最上流階級の人々にあたたかく迎えられるだけでなく、必要とされる存在だった。彼の知能はいまや国の宝だった。しかし、彼は生涯を通して、自分は職人側の人間であり、工場で汗水たらして働く大衆の側の人間であり、けして工場を所有し利益を追求する少数の側ではないと考えた。

彼の人生は、時によって社会の最底辺だったり最上流だったりしたが、ずっとどん底のままかもしれない、あるいは、いつ転落するかわからないという恐怖の連続だった。各階級での経験は、彼が社会階層について考えるうえで影響を及ぼした。考察の一部を息子のオイゲンに手紙で伝えている。オイゲンはスイス北東部ヴィンタートゥールで工員見習いとして働く準備をしていた。

おまえはそこで人生の真実や社会の絆について多くのことを学ぶことだろう。私たちのまわりには、そうしたことに無頓着で、労働者を泥棒か何かのように考えている人もいるが……さまざまな社会階級を垣間見て、下層のほうが上層より優れていることがあると知るのは、若者にとって幸運なことだと思う。

ディーゼルに強い印象を与え、親しくなった人々は、けして軽薄な享楽家ではなく、産業や科学に真摯に向き合う人々だった。ノーベル、ツェッペリン、スルザー、リンデ、シュレーター、たたき上げのアドルファス・ブッシュやジョルジュ・カレル〔訳注 ベルギーのエンジン製造業者〕、イーヴァル・クヌッセン〔訳注 デンマークのパーマイスター&ウエイン社の技術責任者）、そして蒸気タービンを発明したイギリスのチャールズ・パーソンズなどだ。[2]

成功への階段を上っていく年月を経て、ルドルフは論理的なエンジニア的思考で、社会をより効率的で生産的で人道的なものに変えていくための青写真を描き始めていた。研究室でエンジンを実験したように、彼は従業員を通して実験をした。家の使用人やアウクスブルクの工場労働者に対して、「人間性尊重システム」と呼ぶ体制を取り入れて、公平な処遇や、より人にやさしく柔軟な労働環境を目指した。自由度と幸福度が増せば生産性が高まると考え、従業員の職務上の自主性を尊重した。

この努力は、華々しい成果を挙げられなかった。ディーゼルは心正しい人間だったが、経営者としては有能とは言えなかった。粘り強く実践した社会実験は、当時のビジネスリーダーたちの雇用慣行とはずいぶん対照的だった。たとえば、自宅にも工場にも大きな広口瓶をテーブルに置き、使用人や従業員に毎日1ペニヒ入れるよう勧めた。これは「一人ひとりとオーナーシップを分かち合う日に備えて」の基金だと言い、彼自身も毎日1ペニヒ入れた。

進歩的なオーナーシップを目指して彼は前向きに努力したが、同僚の多くはそのビジョンについていけなかった。ビジネスパートナーや投資家たちも、工場の各部門の責任者たちが「寛大すぎるのはいかがなものか――従業員を甘やかしている」と抗議したのを知っていた。ディーゼルはその主張を断じて否定したが、アシスタントエンジニアを含む作業員たちが、規律の緩さにつけこんでいることに、自身も憤りを感じ始めていたという。

ディーゼルは、工場で陣頭指揮をとることをやめた。自分に厳しい彼だったが、他者の規律については現場責任者に委ね、自分の技能を磨くことに集中した。しかし、職場の組織的序列を改善しようという努力がディーゼルの生まれつきの優しさの表れだったことは確かだ。

ディーゼルの信念は、深く考え抜かれた、現代的なバランス感覚を持つものだった。「人類は平和に生きていける」と信じる半面、軍国主義を「戦争に対する保険」と受け止めていた。彼は「国際的資本主義システム」と呼ぶ制度を、社会を発展させる最良の方法として提唱した。こうした競争形態の価値を認める一方で、1870年代に現れ世紀末ごろまで人気を博した社会ダーウィン主義の理論は拒絶した。社会ダーウィン主義は、自然淘汰という生物学上の概念を社会や国家に当てはめ、強い国家はより強くなって弱い国家を征服するという考えで、優れた人種が地球全体に影響を広げるのは自然の摂理であるだけでなく義務であり、戦争は高貴な務めであるとしていた。ディーゼルはその反対の考えを持っていた。「生まれながらの尊厳」「人類はひとつ」という考え方を尊び、「ある国や人種の人間は、他の国や人種の人間と基本的に異なる」という考えを拒んだ。

ビジネスがひとまず軌道に乗っていた1902年、ディーゼルは産業時代における社会問題の解決について論文を書き始めた。ロマンチックな気風の彼らしく、20回目の結婚記念日である1903年11月24日を選んで著書『社会連帯主義（Solidarismus）』[3]を刊行した。「連帯主義とは、個人の幸福は社会の幸福と同一のものだと理解することである。社会が個人を助けるために介入してくれるのなら、個人も社会のために働いたり自分を犠牲にしたりする必要がある」と彼は説いた。

本の扉には六芒星が描かれ、中央に大きな「S」の字が浮かんでいる。ディーゼルによると、この

6つの光は社会連帯主義の6つの主な信条を表している。誠実、公正、絆、平和、思いやり、そしてとりわけ重要な、愛だ。

彼はまさにひとりのエンジニアとして、解決策を提唱した。この本について、「お読みになったとおり、本書には、教理も、憶測も、恣意性も、自己欺瞞もない。すべては生活と事実に基づく、厳密に論理的で数値的な計算によって発展する。すべてが……現実的に達成可能なのだ」と書いている。

こうした言葉は、彼がリンデに書いた1892年2月11日の手紙の内容と、期せずして符合している。ディーゼルエンジンの展望について書く中で、「結果というものは、臆測や期待ではありません。疑いの余地なく実現すると数学的に証明されうるものです」。ディーゼルはエンジンと社会理論の両方を、エビデンスに基づく科学的な手法で組み立てた。

社会理論を追究する人間は、彼の仲間内では珍しくなかった。当時の多くのエンジニアや科学者が、社会理論家としての側面を持っていた。高度な経験を積んだこうした思想家たちは必然的に、自身の科学的な業績と、それが産業に導入された場合に社会に及ぼす影響との関連性に関心を持った。[4] 自分と仲間たちの使命は、世界をより生産的で平等なものにするための技術の構築だけではない。進歩する世界に合うかたちに、社会構造を論理的に発達させることもまた使命なのだと、ディーゼルは確信していた。

発明家が視野を科学から社会へと広げる動きは、現代でも見られる。ビル・ゲイツやウォーレン・バフェットのように実業界で財を成したイノベーターや起業家が、蓄えた力を使って、病気の根絶、大気中の二酸化炭素除去による環境保全、宇宙への有人飛行など、社会福祉につながる新たな取り組みをしている。だが、彼らの志も、文明の夜明けからずっと人類を苦しめてきた「社会問題」を解決しようとするディーゼルの野望と比べると、ささやかなものに思えてしまう。

ディーゼルは論文のことを妻への手紙に書いた。「エンジニアは新時代に突入しようとしている。エンジニアはやがて、法律家に代わって決定的な影響力を持つようになるだろう」

1903年、『社会連帯主義』は初版で1万部、印刷する予定だった。この最新の仕事にディーゼルは興奮していた。この論文は、自分のあのエンジンよりも、世界をより良くするものになると考えていた。

パブロ・ピカソは、詩も何百と書いていた。この芸術家に媚びるファンたちは、彼の詩も高く評価した。ピカソは晩年、画家としての業績をさておいて、自分はまず第一に偉大な詩人として世界の記憶に残るだろうと予言した。ディーゼルも似たような妄想を抱いていた。

本の出版後、彼はこう語った。「ディーゼルエンジンを発明したのは実によいことだったが、私の真の業績は、社会問題への解決策を見つけたことだ」。まもなくディーゼルは、自分は世間知らずだったと思い知る。

『社会連帯主義』の売れ行きはさんざんで――わずか数百部しか売れなかった。ディーゼルはひどく落ち込んだ。本に対する世間の関心はあっさり薄れていった。ある評論家は『社会連帯主義』についてこう書いた。「多くの先例と同様に、絵に描いたユートピアであり、美しい夢であった」

注

1. ディーゼル邸を飾った美術品の中には、当時のベルギーの画家、フランツ・コーテンスがスヘルデ川河口の夜景を描いた作品もあった。１９１３年にディーゼルが消息を絶ったとされるのはこの付近だった。
2. 蒸気タービンはパーソンズによって１８８４年に発明され、巨大戦艦をはじめ当時の大型船の動力源となった。外燃機関で、依然としてボイラーを必要としたが、ホイールをまわすのにピストンやクランクシャフトを用いる設計（レシプロエンジンと呼ばれる）ではなかった。蒸気タービンは、ファンの羽に似ているがより洗練された設計の羽根（ブレード）を、蒸気の圧力で直接まわした。すべての外燃機関の特徴として、燃料は羽根（レシプロエンジンの場合はピストン）に直接当たることはなく、燃料で加熱された蒸気だけが羽根に接した。
3. ディーゼルは意図的にドイツ語の「solidarität（solidarity＝連帯）」という言葉を用いなかった。こちらは共同体の絆を意味し、一方、「solidarismus（solidarism＝［社会］連帯主義）」は、組織的で自覚的な人類愛を意味する。
4. ディーゼルは自然宗教の概念を重視していた。彼は、人間の中にある宗教的な衝動は、変わることのない自然の法則に対する恐怖から生まれると考えていた。神々は、人間を支配する自然の法則の数々をそれぞれ擬人化したもので、キリスト教というのは自然のすべての力を唯一神に擬人化したものだと主張した。ディーゼルにとって社会連帯主義は「キリスト教徒の個人的な道徳を、社会的、経済的な道徳に転換させる」ものだった。彼が構想する社会構造が実現すれば、来世での幸福から現世の幸福に重点が移ると考えていた。

第13章 眠れる巨人について考える

１９０４年の夏、ルドルフ・ディーゼルは光輝くドイツの客船「ＳＳ（蒸気船）カイザー・ヴィルヘルム２世号」に乗った。全長は２１０メートル超、総トン数１万９０００トン超の高速大西洋横断船で、ファーストクラスの乗客へのサービスは前例がないほど贅沢で、三等船室の質素さとは天と地の差があった。しかしクラスを問わず、乗客はみな、巨体に似合わない船の速さを楽しんだ。船はこの年、東回り航路の速度をたたえるブルーリボン賞〔訳注　大西洋航路で最速記録を出した定期客船に贈られる非公式の栄誉〕を受賞していた。

自著『社会連帯主義』が不発に終わった失意を胸にしまい、ディーゼルはニューヨークへ向かっていた。ビジネスパートナーのブッシュを訪ね、ついでに、ますます力をつけてきた若い国について見聞を深めようと意気込んでいた。

勉強好きな一個人として、そして科学者として彼は日記をつけていたが、出来事や感想についての記録は凡人のそれとはだいぶ趣が違った。記録は２００ページ近くに及び、アメリカについての考察がどのページにもみっちり書き込まれ、観察したカテゴリーごとに、芸術、教育、経済、人、都市、鉄道、船、ホテル、そしてセントルイス万博などの索引が几帳面に付けられていた。

日記は洞察に満ち、読み手を大いに楽しませる部分も多く、記述は大西洋上から始まっている。航海中、船の現在地の経度と緯度を調べて詳細な航路図をつくり（往路も復路も）、エンジンにくべる日々の石炭の消費量をチェックし、船員の体格、機関員の1時間あたりの仕事量を記録し、船の速度を計算した（帰りに乗ったのはずっと小さな蒸気船プラエトリア号で、速度の中間値は時速22キロ、片道11日と10時間21分かかった。ヴィルヘルム２世号は平均速度が時速43・5キロで、往路の所要時間は復路の半分だった）。

同時に彼はまわりの乗客の観察も楽しんだ。大西洋横断の旅がぐっと身近なものになったこの時代にアメリカで流行したのは、旧世界で働いたり、バカンスを楽しんだり、あわよくば配偶者を見つけたりすることだった。多くのアメリカ人乗客のふるまいを愉快がってこう記している。「ドイツのどこかの大学で勉学――薬学や病理学、言語学など――を修め、自分は博識だと思っている独身女性たちはみな、ほかの人とは違うのよという顔をしていた。あちこちの物陰で火遊びが、デッキ上では恋愛ゲームが繰り広げられた」

嵐や荒波は多くの乗客を、とりわけ子どもたちを苦しめた。「中間デッキで哀れを誘ったのは家族連れの、とくに船酔いをしているときの様子で、ベッドで苦しむ者を家族みんなで介抱していた。ふだんはアリのようにちょこまか動きまわる子どもたちも――男も女も子どもも、デッキじゅうでぐったりしていた。船室に這って戻るより、（嵐で）ずぶ濡れになるほうがましだというふうだった」。だが嵐が去って海が穏やかになると、旅は盛り上がった。「天気のいいときは、人々は楽しいゲームやメランコリックな歌に興じ、とくに夜はそうだった……。トビウオ、クジラ、そして山で見るよりも美しい雲のフォーメーションや色合い」

日記には、冷徹で機械的な観察と、血のかよった人間の気まぐれが、ひと続きのページで結びつけられていた。そんな並び具合を見ると、ディーゼルの思考が科学と芸術の間をすいすいと動いていたことや、このふたつの分野の結びつきを重視していたことがわかる。彼は、ひとりの人間の中に現実的な資質と夢想家の資質が同居する、稀有な人間だった。「どうやって？」と同時に「なぜ？」と突き詰めていくタイプだった。

ニューヨーク港に着いたディーゼルは、移民や、安い労働力を求める地元の人間がひしめく中を縫って移動した。まず心を打たれたのは、街にかかる美しい橋だった。土木工学の粋を集めたこのブルックリン橋（全長約１・８キロ）は、21年前の１８８３年に開通した。ディーゼル到着の数カ月前まで世界最長を誇る吊り橋だったが１９０３年12月に開通したウィリアムズバーグ橋（全長約２・２キロ）が記録を塗り替えた。

下船してから、トロント、フィラデルフィア、ピッツバーグ、ワシントンＤＣをまわり、シカゴ、セントルイス、さらに西海岸のサンフランシスコにも足を伸ばした。鋭い観察眼で綿密に書き留めた記録には、世紀の変わり目のアメリカ人の生活が赤裸々に描かれ、彼がおもしろがったり、驚いたり、ぞっとしたり、敬服したりしながら旅先でものごとや人々に触れていった様子が伝わる。

ディーゼルは、アメリカ人には「効用原理」とも呼ぶべき特質があるとみて、「余分なものは許容されない」と書き留めた。

多くの事象に見受けられるこの傾向に彼は敬意を払った。これは、効率性を重視するエンジニアに求められる資質でもあった。だが、アメリカ人の実用性へのこだわりが芸術や旅行、レジャーにまで及んでいることに気づくと、あまり感心できなくなった。生産性への過度な執着は、バランスが悪いと感じられた。ディーゼルの生涯と仕事は、芸術と科学の間に橋をかけようとする試みだったが、この好況期の１９０４年、アメリカには両者を結ぶ努力が欠けているのではないかと疑い始めた。彼はこう書いている。「（アメリカ人にとって）主な関心事は時間と金の節約だと言えるだろう。ほかに考えることがほとんどないからだ。（ヨーロッパで）私たちが美術館やギャラリーに行くように、アメリカでは工場や産業施設を見に行くのだ」

訪問先の多くの工場には、「見学者用のバルコニーがあり、工員たちの邪魔をすることはない」と書いている。人々は作業の様子をすぐ近くで見たがった。新世界では、工場はギャラリーであり、生きた博物館だった。ディーゼルは満足そうに、「労働者のための広い食堂があり、テーブルは見事にセッティングされ（昼食代は、女性は無料で男性は10セント）、労働者が無料で使える大きなステージや講堂があり、学校や市民クラブも利用している」と記している。労働者階級の間にまで衛生観念が行き渡っていることにも感銘を受け、ヨーロッパの工場にはない福利厚生についてノートにこう書き込んだ。「すばらしい風呂とシャワーがあり、1週間につき1時間、勤務時間中に入浴することを経営者が認めている」

行く先々で、旧世界とは対照的なものごとが待ち受けていた。最も不快だった驚きは、この新興国アメリカで初めて大雨に遭ったときの体験だ。排水や下水に対応する都市計画がまだまだ不十分なのは明らかだった。ニューヨークやサンフランシスコのような大都市に滞在したときにも、「街じゅうが何日も水に浸かった」「水たまりのせいで道もろくに歩けない」と書いている。彼が「糞《ふん》の海」と表現したような道を歩くのは、誰だってまっぴらだ。

西部へと鉄道で向かう途中の町々では、こんなことも書いている。「通る町、通る町、経済の中心地はどこも信じられないほど未開の状態だ。石だたみはお粗末で管理がなっていないので、荷車もちゃんと通れないほどだ……電話線やその他の電線が、ゆがんだ木を突っ立てた電柱から垂れ下がり、信じられないほどいやな景色だ。通りはほとんど清掃されていない……路上は住民にとって作業場であり収納スペースであり、汚物や紙がいたるところに散らかっている」

ディーゼルがこれまでパリやロンドン、ベルリンで住んだ家はレンガと石でつくられていたが、アメリカの建築の主役は豊かな森林から伐採される木材だった。ヨーロッパ人の目から見ると、木材が当たり前のように使われているのは驚きだった。社会や生活の基盤がこんなふうに急ごしらえだから、「アメリカ人は火事をとてもこわがる」のだと考えた。

大陸横断の旅の間に泊まったホテルはどこも消防訓練を毎週行い、客室には備品として「火災の際に窓から脱出するためのロープ」があった。ホテルのファサードにも、その町きっての美しい家にも、鉄の非常階段が取り付けられていた。

都市から都市への移動中に目にしたのはこんな情景だ。「街なかのいたるところで、家々の外側に設置された非常階段、はしご、水道本管、非常警報、消火栓が見られたが、それでも行く先々で火事は起きていた。シカゴでは滞在中に劇場が焼け落ち、トロントでは4月に近隣一帯が焼けた。列車の窓からは、火事に遭った家があちこちに見えた。丸太と木の板でできているのだから何の不思議もない」

世紀の転換期のアメリカ西部における急ごしらえの建物については、「サンフランシスコには（ほかの多くの都市もそうだが）ひどい木造建築があって、見た目は古典的なコリント式やドーリア式の円柱を真似ているが、何千もの部材はどこもかしこもカタログで注文したイトスギなどの木材で、外側から釘で打ちつけている。ほぼすべての家が木の箱で、例外は、金持ちの屋敷や会社や公共の建物だった」と書いている。

とりあえず手早く簡単に、というアメリカ人の考え方は、彼のエンジンの普及を妨げかねないものだった。ディーゼルエンジンは性能こそすばらしいが、製造には時間や費用、優れた素材が必要だった。初歩的なオットーサイクルのエンジンならより安く早くつくることができるが、継続的かつ頻繁に補修する必要があり、煙も出るうえ、しばしば人命にかかわる火災を引き起こした。

ロンドンで暮らしたとき以来、大気汚染は関心を寄せてきた問題で、アメリカの摩天楼からはこんな風景を見ていた。「ほとんどすべての家に大きな煙突と、蒸気を排出する太いパイプがある。黒い煙と白い水蒸気の雲が混ざり合っているのが典型的なアメリカの都市の風景で、煙と霧のコートをまとった様子はうまく言葉にできない」

シカゴのオーディトリアム・ホテルで５０００馬力の垂直デザインの蒸気エンジンを見つけたときは喜んだ。このエンジンは「発電機とポンプ」に直結していて、照明やエレベーター、洗濯機、電気アイロン、「ばかでかい消火用スプリンクラー」のほか、最上階への給水などにその動力が使われていた。

急速で、しばしば無計画なインフラ発展のさなかにあるアメリカという国には、独自の可能性があることがわかった。整然とした秩序を好むエンジニアらしく、彼の日記には、チャンスにすぐ飛びつくアメリカ人の計画性のなさに対する失望もにじむ。未開拓の領土、途方もなく豊富な資源、ないに等しい規制、それらが組み合わさったゆえの国民性だった。だが、目にしてきたこの無秩序は、巨大な事業がぎくしゃくと動きだす最初の局面ではありがちなことだ。それも経験上わかっていた。彼はこの国に、ヨーロッパを上回る大いなる可能性を見いだした。

ディーゼルは、アメリカの都市住民を、まるで動物園の珍獣を見るようにおもしろがっていたようだ。訪れたどの町にもホテルや多くのサロンがあり、「どう猛そうな常連」がいた。

金儲けに励む典型的なアメリカ人の奮闘ぶりを観察しながら、彼はアメリカとヨーロッパのもうひとつの違いに気づいた。「ホテルのロビーはまるで証券取引所の玄関か公共の広場のようで、新聞、葉巻、土産物などを売る売店がたくさんあり、理髪店やバー、靴磨き屋、ソーダショップ、薬局もある」

ある種の荒っぽさは、一見そんなふうに見えない人にも表れていた。あるとき銀行に入ると、右側の壁には、恐ろしい人相の男ふたりをスケッチしたポスターが張られていた。指名手配中の強盗犯と殺人犯だという。洗練された隙のない身なりのドイツ人旅行者は奥へと歩いて行った。カウンターの向こうには親切そうな年配の女性行員が座っている。このやさしそうな行員の横のテーブルには、いつでも撃てるように弾を込めた2丁の拳銃が、すぐ手の届くところに置いてあった。伝統的風習の中で暮らしてきたディーゼルは、この後さらに、男物の鞍にまたがって馬に乗る女性を見て驚いたことだろう。ピストルを常備するおばあちゃんなどアメリカのフロンティアではありふれた光景だったが、別の星に来たような体験だった。

彼は銀行をあとにして歩道のない通りを歩いた。道はぬかるみが深く、放ってある木の板がなければ歩けないありさまだった。駅に着くと車掌が完全武装していたが、これもアメリカではふつうのことだった。

列車は都市部からオレゴン州の荒野へ、そしてワシントン州へと走り、その途中で彼は大規模な森林火災の猛威を目の当たりにした。煙は何百キロも続き、焦げ臭さが鼻腔を満たした。森林の「荒廃」と「甚大な被害」に彼は絶望感を覚えた。

その一方で、線路の構造が優れているという発見はあった。車両の走行音はヨーロッパよりも静かで、「レールはとてもしっかり接合され、枕木は少なくとも（ヨーロッパの）2倍近く密接に配置されている」。

しかし再び、ヨーロッパ的な形式より機能性を優先させるアメリカらしさについて、記述が続く。ヨーロッパの鉄道システムには、バカンスにふさわしいロマンがある。アメリカでは違う。「車両にはサスペンションなど付いていない。男も女も子どもも同じ車両で眠り、ひとつの寝台で3人も寝ている。トイレは手荷物を持って入るには窮屈で、たくさんのスーツケースが狭いスペースに押し込まれている。食べ物を売る移動式カートは、缶詰ばかりを石油ストーブであたためて食べる独身男性を思わせる。まるで山小屋の保存食だ」。いちばんの不満は、おそらくこれだ。「アルコール飲料がない！」

駅の設計に快適さは考慮されておらず、列車が止まる場所という最低限の機能しか果たしていなかった。「駅舎はひどいもので、雑に切った板と、さびで指ほどの太さになった釘でできている。出発の合図も、駅のアナウンスもない。線路わきの歩道や地下道もないので、誰もが好きなように線路上を歩き、気に留める人もいない。誰もがところかまわず用を足す。乗客も、車掌も、荷物を運ぶ人も。とんだカオスだ」

駅を出て街の中心部に入ると、こんな具合だ。「道を歩くとひじでわき腹を突かれる。タバコの吸い殻が散らかり、噛みタバコが吐き捨てられている。ホテルのロビーは汚いバーのようで、出入り口で男たちがたむろしている。彼らは足をテーブルに乗せるのだ、ご婦人たちの前でも」

アメリカ人の食事風景を、信じられないという目で彼は見ていた。21世紀のヨーロッパ人も共感するのではないか。「食べ物、品数は好きなだけ。量はどっさり。したがって、大量の食べ物を気ままな組み合わせで食べる傾向がある。アイスクリームが食事ごとに出され、間食としても出される。1回の食事中に二度、途中と最後に出てくることも多い」

より熱を込めてつづったのは、不健康な缶詰食品のことだ。ほとんどのアメリカ人にとってありふれたものであるこの食品を、大量生産と独占企業の文化の産物だと非難した。力のある資本家が産業の川上から川下まで統合して市場を支配し、アメリカの消費者たちを商品選択の余地のない囚人の状態に陥れていると考えた。独占企業の意向に屈辱を覚えた彼はこう書いている。「イエローストーンのひどいホテルでは、何日も続けて缶詰の食べ物しか出てこない。ホテルの創業者である食品製造業者のやり口は冷酷だ。モルガン社（J・P・モルガン）のプルーンはイエローストーンのすべてのホテルで供されるが、それはモルガンが（ホテルの株主として）船いっぱいのプルーンを買ったせいだ。前の年に売れ残った缶詰が、こうしてホテルに届いている」[1]。モルガンの商法はそれ自体、いかがなものかと思えるものだが、味や健康の面でも懸念された。「アメリカ人の半分は缶詰頼みで生きている！」。そしてこう付け加えた。「これはまさに、独占企業が民衆にもたらす害毒だ……フレンチフライまで既製品が箱入りで売られている」

どの町にもあったのは、「程度の差はあるが品ぞろえのいい金物屋」で、店主は「町の未来の大金持ち」になるだろうとディーゼルは思った。比較的小さな町では、「便利な商品を少しずつ何でも売る」、多くの「原始的な店」が見られた。アメリカ人たちが旧世界の前時代の遺物を好む傾向をおもしろがり、こうした原始的な店のうち何軒かで「（棚の奥にしまい込まれたり捨てられたりした）外国製の古いもの、とくにドイツ製のものが、ときどき法外な値段で」売られていたともつづった。

この国では善と悪が共存し、形式を犠牲にして機能性を向上させていると彼は悟った。アメリカは、泳ぎ続けないと死ぬサメのように前進あるのみで、そこに成功の鍵があるらしい。だがその成功は、ヨーロッパ人が享受しているシンプルな喜びや日常的な贅沢を犠牲にして成り立っている。数字やデータを使った客観的描写にも主観的描写にも長けていたディーゼルは、妥協について学んだ。

１９０４年当時のアメリカの都市計画はずさんで、都市中心部の住民たちは珍獣のようだったが、経済には一目置いた。ヨーロッパがまねるべき要素、避けるべき要素を見分けていった。

「大衆への高い給料が、アメリカの経済的成功の主な要因である」と肯定的に書いている。高い賃金を支払う傾向をまねることは、ヨーロッパにも有益だと思われた。それとは矛盾するようだが、アメリカ経済の非効率性の主な原因は労働組合だと名指しした。

会社は高い賃金を払うべきだ、なぜならそれはよいことで理にかなっているからだと望む一方で、その賃金は雇用主の良識によって支払われるべきで、不合理な条件をたくさん押しつける労働組合によって支払われるべきではないと考えた。この対立する哲学がディーゼルの中で融合すると、ユートピア的資本主義としか言いようのない記述になる。

アメリカの繁栄を目の当たりにしたディーゼルは、こう嘆いた。「ヨーロッパの労働者は生きていくために最低限の賃金しか得られず、まったく貯蓄できないか、できてもごくわずかだ。アメリカの労働者は最低限どころかもっとたくさんもらうので、多額の貯蓄が可能で、実際ほとんどの人がそうしている」

そして、激烈な怒りを労働組合にぶつける。製造業の非効率性を克服しようと奮闘する彼は、ひとりのビジネスマンとして、そしてエンジニアとして、理不尽な要求を突きつける組合に手を焼くアメリカのパートナー企業に同情を寄せた。友人であるアドルファス・ブッシュが直面している試練にはとくに注目し、こうつづっている。「セントルイスのすべての醸造労働者が組合に加入している。たとえば、ブッシュは自分で労働者を選べず、組合が送り込む人間を採用せざるを得ない。解雇する際には必ず組合の調査を受ける。不当解雇だと判断されれば、ブッシュはその人間を再び雇わなければならない。そうしないと新しい労働者を雇えないのだ」

発明家の目から見てさらにひどいのは、「より性能のいい新しい機械が、労働組合によってボイコットされる。靴の製造時間を短縮できるある種の機械を設置できないのだ。ブッシュは自社ビールのボトルをつくるのに機械で圧縮空気を詰めることが許されず、手作業で空気を入れなければならない。ワシントンの造幣局には、紙幣を印刷するためのすばらしい機械があるが、人の手で刷らせ、機械を遊ばせていなければならない」（※傍点はディーゼルによる）

あらゆる局面で大なり小なり効率アップを目指してきたディーゼルのような人間にとって、新たなテクノロジーを縛るこの無能さは冒涜的なものだった。

とはいえ、ディーゼルは効率性だけを絶対視して身を捧げてきたわけではない。同等に、品質にも努力を傾けた。手作業による生産を機械による生産に代えていいのは、結果として得られる品質が同等またはより良いときに限られると考えていた。急速に発展するアメリカ経済の真っただ中で彼は、ややユーモアも交えて、機械の導入をめぐる不幸な事例を3つ挙げている。アメリカには「製粉機を備えたすばらしいパン屋があるが、そのパンは食べられたものではない。すばらしいパイ会社があるが、そのパイはうんざりする味だ。すばらしい家具工場があるが、つくっている家具の出来はひどい」。ほぼすべての小売店にでかでかと掲示されている売り文句も笑い飛ばしている。

「とても良心的な店も含めてほぼすべての店で、ふたつの値段を掲げている。たとえば、

値打ちは5ドル
売り値は3ドル

こうして世間はペテンにかけられる」

何よりもアメリカでディーゼルが注目したのは、手つかずで野放しの、大いなる可能性だった。豊富な資源と精力旺盛な国民を道路と鉄道が結びつけている、その開かれた可能性を愛するようになった。あらかじめ運命づけられた限界などまるでないようなこの国は、ディーゼルのような人間にぴったりだ。非効率を根絶しようと情熱を傾け、不利な状況を覆し、社会の構造を自らの「美しい夢」に向けて変えるというビジョンを掲げてきた、彼のような人間にとって理想的だった。彼はこの先一生、折に触れてアメリカについて思いをめぐらすようになる。

注

1. ディーゼルはさらに、アメリカの美術館はヨーロッパと比べて貧弱で、アメリカ最高のアートは個人の所蔵品になっているとも記している。しかし、アメリカの図書館が受けている支援やその蔵書には大いに敬意を表し、「ボストンの図書館は、あらゆる言語の350種類の新聞や1500種の定期刊行物を所蔵し、1903年には150万件の貸し出しを行った」と記している。

第14章 牙をむく旧勢力《オールドハウス》

ディーゼルがニューヨークからサンフランシスコまで旅をしているころ、アメリカ最大の会社が存続の危機に立たされ、製品や、市場へのアプローチについて、根本的な見直しを迫られていた。ロックフェラーは炭鉱もいくつか所有していたが、19世紀後半は、主に原油を精製して照明用の灯油を製造することで富を生んでいた。照明用の燃料として従来利用されていた鯨油や植物油を駆逐して石油由来の製品が主流になった。彼の率いる会社はすでに30年以上の歴史を誇り、「オールドハウス」の異名をとっていた。

独占を実現するために彼がとった手段は、コストのコントロールと、企業の垂直的統合によって、外部の小売業者を排除することだった。鉱山や油井だけでなく製油所を所有し、自社用の樽をつくり、パイプラインを張りめぐらし、鉄道を買った。スタンダード・オイル社のロゴを掲げた荷馬車で、灯油の販売網を国の隅々に広げた。地中に眠る原材料の採掘から、世界中の家庭への配送まで、ビジネスのあらゆる段階を押さえていた。

最もコストがかかり、組合の出現で最も扱いづらくなったのが、労働者だ。労働組合と闘うためロックフェラーは、その他の多くのトラスト（砂糖、タバコ、鉄鋼など）が採用していた対策をとった。彼はピンカートン探偵社に仕事を依頼した。この私立探偵社のロゴは、威嚇的な、油断を怠らない「まぶたのない目」で、装備を固め、訓練を積んだ探偵たちがロックフェラーのためにスパイ行為や破壊活動、さらに非道な活動など、さまざまな任務に当たった。

ピンカートン社の仕事ぶりは残忍で容赦がなかった。アンドリュー・カーネギーと、その片腕だったヘンリー・フリックも、同社を利用して1892年7月にペンシルベニア州ホームステッドのカーネギー製鋼で起きた労組「鉄鋼労働者連合」のストライキを弾圧したことで有名だ。フリックは、組合との団体交渉が決裂すると、工場から組合員を締め出し、有刺鉄線、狙撃塔、サーチライトを設置した。フリックがピンカートン社から警備要員として雇った300人は、ウィンチェスターライフルで武装し、代わりの労働者が組合員のピケラインを越えて工場に入れるよう護衛した。争議は流血の惨事に発展し、労使双方に多数の死傷者が出た。論争を巻き起こしつつも、短期的にはカーネギー製鋼の経営陣が勝利を収めた。19世紀後半から20世紀初頭にかけて、ピンカートン探偵社はこの種の副業を引き受けていた。その数十年間、ピンカートン社は収益の大部分を、昔ながらの探偵業ではなく、組合弾圧の依頼から得ていた。

ロックフェラーはピンカートン社と協力して、情報収集や裏金の複雑なシステムを構築した。探偵たちは鉄道会社の社員や競合する精油所の帳簿係に賄賂を贈った。一部の探偵は炭鉱労働者を装ってロックフェラー所有の炭鉱に潜入し、組合員と一緒に働き、圧力をかけたりスパイ活動を行ったりした。彼らは番号で呼ばれた（ジェームズ・ボンド登場の数十年前のことだ）。たとえば1903年、ピンカートン社で「工作員5号」と呼ばれていたA・H・クレーンは、コロラドシティの製錬工労働組合に食い込んで「ストライキ委員会」のリーダーに任命され、組合の活動報告をほぼ毎日、ピンカ

ピンカートン探偵社のロゴには、まぶたのない目元と「私たちは眠らない」という約束が記されている。

ートン社に提出した。最終的に、その動きは仲間たちの疑念を招き、裏切りの決定的な証拠が見つかって彼は半殺しの目に遭った。

ロックフェラーは、スタンダード・オイル社を脅かすいかなるものにも力で対抗する構えだった。狙撃塔や賄賂、スパイ活動は、ディーゼルが従業員と会社を共同所有する日に備えて置いた貯金用の広口瓶とは、笑えるほど対照的だ。アメリカ旅行について書いた日記から明らかなように、ディーゼルは労働組合を支持しなかったが、それと同じぐらい、独占も軽蔑していた。とくに、違法行為によって成り立った独占を軽蔑した。適正な賃金を労働者に支払うことによって、本来的な経済的秩序がもたらされると彼は信じていた。独占と労働組合をどちらも嫌ったのは、どちらも本来的な秩序に人為的な圧力を加えるものだからで、両者が対抗し合うと経済システムが混乱に陥ると考えたからだ。

しかし、ロックフェラーは、本来的な秩序がどうのこうのと理屈をこねるような夢想家ではなかった。スタンダード・オイルはコストを有利にコントロールし、製品の安売りで生じる一時的な損失を補って余りある膨大な資源を持ち、略奪的な価格戦略を展開してきた。かつて中国市場に照明用の灯油を投入して、競合する植物油より安値で売ったように、ロックフェラーは周囲から隔絶した市場を狙い、値段を一時的に下げては競争相手の息の根を止めた。

植物油は、ランプだけではなく、ディーゼルの新型エンジンの燃料としても使えたが、原料生産のための農業振興や精製施設の建設など、インフラ整備に莫大なコストがかかった。ロックフェラーは狙った市場に、戦略的に自社の石油系オイルを魅力的な価格で供給し、植物由来のオイル生産を大規模に進めようという機運をくじいた。

1902年から04年にかけて、アイダ・ターベル〔訳注 調査報道の先駆者として知られるアメリカの女性ジャーナリスト〕は月刊誌『マクルーア』で18回にわたってスタンダード・オイル社について連載し、その中で、ロックフェラーが弱肉強食的な価格設定でライバルをつぶすと、「(彼の会社の)石油の価格はつねに、値下げが始まったときの水準か、しばしばそれ以上の高値に急騰した」と書いている。

そうした不当廉売のスキームの一環として、ロックフェラーはよくダミー会社をつくり、ユリイカ、イーグル、ディクシー・オイル・ワークスなどと名前をつけ、スタンダード・オイルのブランドとは無関係を装って石油を低価格で売った。照明用に天然ガスが使われ始めると、ロックフェラーは天然ガスのガス田オーナーとして優位を保てるように立ちまわった。

ところが19世紀の終わりごろ、照明の市場に新たに参入する者が現れた。1879年、白熱電球の特許を申請したトーマス・エジソンである。彼はその年、100時間も光り続ける電球を発明した。

それまで照明器具といえば主に灯油や天然ガスのランプかろうそくぐらいだった（あれば、の話だ——都会も田舎もたいてい、日没後は暗くて静かだった）。だが、人工照明の市場は大きな変革期を迎えることになった。エジソンはロックフェラーの灯油ランプを向こうにまわし、電灯の「やさしい輝き」は「際立って力強く、何といっても……完璧に安定している」と宣伝した。まもなく電灯はボストンの歩道やフィラデルフィアのワナメーカー百貨店に採用され、有名なところではＪ・Ｐ・モルガンのニューヨークの本社オフィスにも１８８２年９月４日に導入された。ロックフェラーはいつものやり口で反撃した。違法な工作の一環として、Ｇ・Ａ・シェルビーを密使に立て、１万５０００ドルの現金と１万ドル相当の株券を渡し、デトロイトの公共の場の照明を決める政治家たちを買収させた。

１８８５年の時点で、アメリカで使われていた電球はまだ25万個だった。だが、灯油ランプとの性能の差は明らかで、ロックフェラーでさえ電灯の勢いを抑えることはできなかった。１９０２年には電球の数は１８００万個に達した。スタンダード・オイルは敗北した。

灯油市場の崩壊とほぼ同時に現れた命綱がなければ、ロックフェラーは破滅していたかもしれない。それは内燃機関と、そして何よりも自動車だった。灯油精製の副産物であるガソリンは、それまでたいした価値があるとは認められていなかったが、世界最大の産業トラストの救世主としてここで浮上した。

自動車は当初、有害物質と騒音をまき散らす厄介者とされ、スピードも遅かったので、見物人から「馬で引きな！」とからかわれていた。[1] だが改良が進み、20世紀の到来とともに、馬のいらない輸送手段として流行するようになった。起死回生を図るロックフェラーは、自動車市場に望みをかけた。しかし、ことはそう簡単には運ばなかった。

ルドルフ・ディーゼルがニューヨーク市を通過した1904年当時、同市では1000台のタクシーが市民の足として走っていた。ガソリンを燃料とするものはまだ1台もなかった。照明用燃料の選択肢として植物油があったように、電気自動車がガソリン車に代わる選択肢として存在し、スタンダード・オイル社の生命線を脅かしていた。

ニューヨークの1000台のタクシーは「エレクトロバット（電気コウモリ）」と呼ばれ、ウィリアム・ホイットニー（慈善活動や馬主、美術収集家としても知られるホイットニー家の一員）の電気自動車会社が購入したものだった。照明器具とは違い、移動用のバッテリーが必要だった。初期のバッテリーは鉛蓄電池で、3馬力のモーターを動かし、走行可能距離は約80キロだった。ホイットニーは給電ステーションをタクシーの車庫やマンハッタンのブロードウェイなど街の要所に設けた。田舎のほうではまだ道路が整備されていなかったので、都市部では80キロ（ガス式自動車の走行可能距離は、燃料タンクのサイズにもよるが、その何倍もあった）も走れれば十分だった。

しかし、バッテリー技術にすぐ問題が見つかった。鉛蓄電池や、エジソンが改良したニッケル鉄電池はしょっちゅうメンテナンスが必要なのが悩みで、充電に何時間もかかるうえ、短期間使っただけで腐食性の酸が漏れて機体を傷めた。

ここで登場するのがヘンリー・フォードだ。かつてエジソン照明会社で働いていた彼は、バッテリー問題に取り組むかつてのボスと、今度は自動車の世界で再会することになった。ロックフェラーの

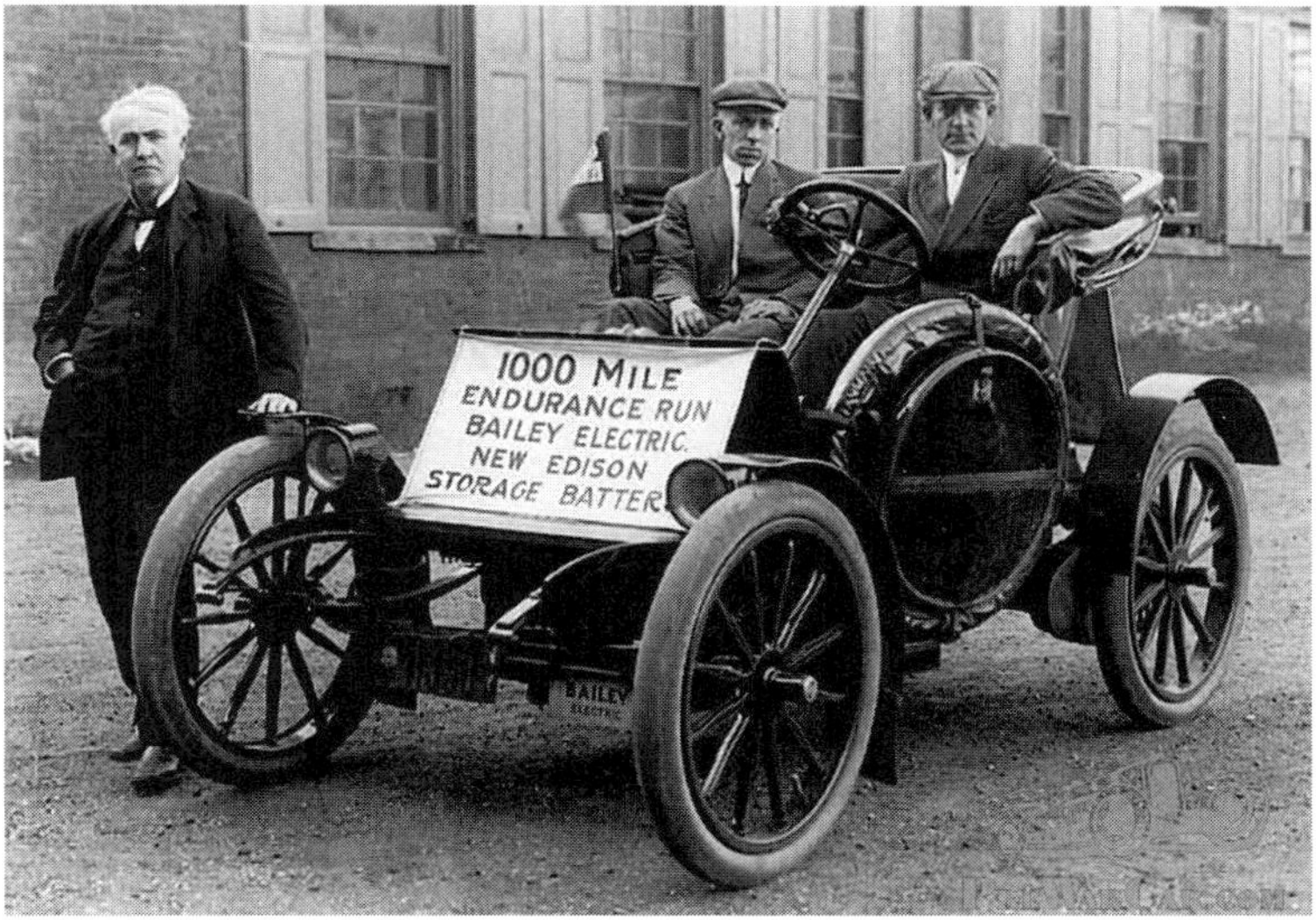

ベイリー＆カンパニー社の電気自動車と並ぶトーマス・エジソン（写真左）。車にはエジソンが開発したバッテリーが搭載されている。1910年９月撮影。

石油が天下を取ろうとしている自動車市場に、エジソンはもう一度、電気で攻勢をかけようとしていた。エジソンとフォードの二度目のタッグは、ガソリン自動車に深刻な打撃を与えるかに見えたが、短期間で終わりを迎えた。ふたりは「エジソン＝フォード」と呼ぶ電気自動車のプロトタイプをつくろうと協力していたが、この自動車が実用段階に至ることはなかった。最大の原因は、ニュージャージー州ウェストオレンジのエジソンの研究所を襲った謎の火事だ。エジソンの工場と研究所が焼けたこの火災は全国紙の一面で取り上げられ、事件の背後に石油トラストがいるのではないかと取り沙汰された。

この大火事で、「耐火性」があるはず

だった近代的なコンクリートの建物11棟が焼け、経済的な損害は甚大だった。アンダーソン・インテリジェンサー紙は、「火災はほぼ1マイル四方に及び、損害額は700万ドル（2022年現在で2億6100万ドル相当）で、エジソン氏は保険でカバーされる300万ドル分を除き、すべての損害をかぶることになる」と報じた。ピンカートン探偵社（そしてボールドウィン・フェルツ探偵社などの同業他社）が巨大企業の私設軍隊の役割を担っていたのは明白だったが、放火の証拠はなかった。アメリカのトラストの顔役だったロックフェラーに対する世間の心証は真っ黒だった。

だが、世間の同情もエジソンとフォードには何の役にも立たなかった。火事からまもなく、フォードは電気自動車の開発を断念し、最終的に、信頼性のあるガソリン車を500ドルで販売し、市場を完全に内燃機関に移行させた。1500～4000ドルはする電気自動車と比べ、ガソリン車ははるかに手ごろだった。ガソリン車用の電動スターターが登場し、手動でクランクをまわす必要もなくなると、電気自動車はしだいに衰退した。どん底のロックフェラーに光が差し込んだ。

しかしそれも、ルドルフ・ディーゼルが多様な燃料を燃焼させる、まったく新しい内燃機関を発表するまでの話だ。ロックフェラーは新たな危機に直面した。しかたない、ピンカートン社に電話でもかけるか、という場面である。

注

1. 1899年5月、ニューヨーク市のタクシー運転手、ジェイコブ・ジャーマンは、アメリカ史上初のスピード違反者となった。法定時速8マイル（時速約13キロ）のゾーンを時速12マイル（時速約19キロ）で走ったためだ。自転車に乗った警察官に彼は止められた。スピード違反切符の登場（1904年）に先立つ事件で、ジャーマンはその夜、留置場に拘留された。

第15章

カイザー、「リスク理論」を採用

1897年6月、一見、関連がなさそうなふたつの出来事があった。ドイツ皇帝ヴィルヘルム2世は祖母であるヴィクトリア女王のダイヤモンド・ジュビリー（即位60周年を祝う式典）に出席し、ルドルフ・ディーゼルは自ら開発したエンジンをカッセルで発表した。続く10年間で、皇帝ヴィルヘルムはディーゼルを、ドイツが帝国主義的な野望を果たすために不可欠な存在として意識するようになる。そして、この天才にほかの国を近づけないことも重要だと考えるようになる。

ふたりの人生は、1897年6月26日を機に交錯し始めた。この日、ヴィルヘルムは祖母の節目を祝うためイギリスを訪れ、観艦式に参加した。そしてこの日、ドイツ海軍の貧弱さが世界の目にさらされた。ヴィルヘルムの叔父バーティー（皇太子エドワード）だけでなく、ロシア、フランス、イタリアの元首も、薄笑いを浮かべて老朽化したドイツ艦を眺めた。対照的に、イギリス海軍は15隻の第一級の戦艦をパレードさせて他国を圧倒した（このほかに14隻控えているのが自慢だった）。いずれも最新の技術を備え、船体や装備はすべて鋼鉄製だ。従来よりも射程距離が伸びた巨大な12インチ砲が、装甲板で囲んだ旋回砲塔に鎮座していた。

ドイツ海軍は13隻の「古びた装甲艦」で子羊の群れのようにパレードをした。3本マストで、木造の船体を鉄板で補強した、大型快速帆船にも似たそれら戦艦は、大砲も旧式で可動域が限られていた。

ドイツは一級艦を4隻そろえるのがやっとだったが、ロシアやフランスはそれぞれ10隻、アメリカでさえ6隻保有していた。

ドイツの艦隊は見るからに非力で、簡単に沈められそうだった。ヴィルヘルムは、どんな犠牲を払ってでも早急に、そして劇的に、この状況を改善しようと心に誓った。だがそのためには、この野望のために闘ってくれる同志が必要だ。ヴィルヘルムは、自らの腹心として、そしてドイツ海軍のリーダーとして、アルフレート・フォン・ティルピッツに白羽の矢を立てた。

ティルピッツはドイツ統一前の１８６５年に16歳でプロイセン海軍に入隊した。当時は海軍と呼ぶのも憚られるほどで、普仏戦争のときは、戦力に勝るフランス海軍と交戦することなく停泊しているだけだった。ティルピッツは若いころ、魚雷に関する技術や戦術の向上にかかわった。頭の回転が速く、ぶっきらぼうで、人脈に恵まれた家の出身だった彼は、ドイツ帝国海軍でどんどん昇進を重ね、水兵たちの間で伝説的な存在になった。彼が好む飲み物は北海の荒波からすくい取った泡だったとする記述まで残っている。

ヴィルヘルムと同様にティルピッツも、元アメリカ海軍軍人のアルフレッド・セイヤー・マハンとその著書『海上権力史論』*に影響を受けていた。マハンは著書で、文明の繁栄には古代から有力な海軍が必要だったと主張した。ティルピッツもヴィルヘルムも、国の発展のためには天然資源を産出する海外植民地が必要だと考え、それを阻むのがイギリスであるなら、イギリスはドイツの真の敵であると考えた。作戦範囲こそ限られているが、主力艦（大型の軍艦。とくに、各国海軍の誇りを象徴する戦艦や巡洋戦艦[1]を指す）の建造こそが最良の戦略だと論じた。そして、ドイツの海軍力を、ドイツとイギリスを隔てる北海近辺に集中させることを目指した。植民地になりうる遠方まで航行できる小型の巡洋艦をつくるのは帝国の戦略として誤りだ、なぜなら帝国の勢力拡大を阻む真の障害は、いずれ獲得する植民地のレジスタンスではないからだ、と訴えた。真の障害は、ドイツが帝国の将来図を描くうえで必要な海上交通路を支配している強大なイギリス艦隊だった。

ヴィルヘルムの信任を背景にティルピッツ提督は、「艦隊法」と呼ばれる一連の法の制定に向けて議会対策を進めた。艦隊法とは、1年ごとの予算審議に縛られずに、政府が新艦建造に向けて複数年にわたり支出できるように計らう法律だ。一連の法案は帝国議会を通過し、ドイツは「ティルピッツ計画」へとかじを切った。

海軍拡張を意図したこの動きをイギリスが脅威とみることは、ティルピッツにもわかっていた。そのうえで彼は計画遂行のため、「リスク理論」を提唱した。ドイツ艦隊が増強されてイギリスの制海権を脅かすレベルに達する前に、イギリス海軍が先制攻撃を仕掛けてくる可能性がある。その危うい段階を彼は「危険域」と呼んだ。艦隊法に従ってドイツが新艦を建造していけば、1905年にはその危険域から脱することができると彼は結論した。ドイツ艦隊はイギリス海軍をしのぐまでには至らないが、イギリスが対決を避けるほどの強さにはなる、という考え方だった。

危険域を脱してしまえば直接的な戦闘は起こらないだろうとティルピッツは読んでいた。新たな艦隊は彼にとって、実弾を撃たずにすむ、外交上の切り札だった。イギリス海軍が世界最強であり続けるとしても、北海に展開するドイツ艦隊は大いに脅威となり、仮に戦闘に発展すれば、弱ったイギリス海軍は第三国にとどめを刺されるだろう。そんなダメージを想定すればイギリスの外交政策も変化し、ドイツの帝国主義に対して、より寛容な姿勢をとるようになる、というのが彼の筋書きだった。ティルピッツとヴィルヘルムは、艦隊法に基づく支出が実現するよう議会に働きかけた。支持を得るにはイギリスという仮想敵を立てる必要があった。皮肉なことに、時を同じくしてそのイギリスが、もっと親密な関係を築こうではないかとドイツに歩み寄ってきた。

ドイツ海軍が新法を上程したことは、イギリスも十分承知していた。そのニュースは、とくに、軍事支出を縮小させたいイギリス議会のリベラル派にとって歓迎できないものだった。だがそんなリベラル派でさえ、海軍の圧倒的な力がイギリス諸島の命運を握っていることは理解していた。ドイツが新艦建造に金貨を1枚使うのなら、イギリスは2枚使うまでだ（実際には、イギリスはドイツの1・6倍の支出を維持すると決めた）[2]。

ドイツの脅威は、ほかのふたつの問題と絡み合ってますますストレスの種になった。ロシアは中国に利権を広げ、極東に縄張りを持つイギリスの神経を逆なでしていた。また、フランスとはエジプトで利害が対立している。だがそれ以上に、歴史的にイギリスの宿敵であるフランスとロシアが「二国間同盟」を結んで関係を深めているのは警戒すべき動きだった。

植民地大臣のジョゼフ・チェンバレンはイギリスの政治家の中でも比較的ドイツ寄りで、大胆にも、ドイツとの同盟に踏みきってはどうかと考えていた。しかし、このオリーブの枝は、差し出した時期が悪かった。ヴィルヘルムとティルピッツは海軍の予算引き上げのためイギリスを仮想敵とするシナリオをせっせと書いていた。チェンバレンと同盟の協議などすれば、せっかくの建艦計画が台無しになる。

ヴィルヘルムは、イギリスが向こうから頭を下げてきたことを内心うれしく思いながら、チェンバレンを拒絶した。ここで断っておけば将来さらに大きな利益を得られるとカイザーは踏んでいた。イギリスとの交渉を先延ばしにすればするほど（なるべく艦隊法が帝国議会を通過するころまで）、条約の交渉にあたって自分がより主導権を握れる、より都合のいい条件を通せると考えていた。意図的に交渉を先延ばしにし、否定的な発言すらしながらも、ヴィルヘルムは、いまだ祖母が率いているあの島国とゆくゆくは正式な同盟を結べるものと思っていた。それは彼が単純にイギリスに対して、フランスやロシアよりもずっと親近感を抱いていたからだ。

チェンバレンはドイツの駐英大使に、もしもドイツと合意に至らなければ、方針を変えてフランスかロシアに同盟を持ちかけると伝えた。ヴィルヘルムはイギリスがどれだけ安全保障を求めているか、その切実さを見誤っていた。第三国との同盟案を振りかざしたチェンバレンについての大使の報告書を読むと、ヴィルヘルムは余白に「ありえない！」と書き込んだ。

世紀の転換期、イギリスを取り巻く世界情勢が悪化した。6000マイル離れた南アフリカで起きた戦争で、イギリスは大いに苦しむことになる。南アフリカのウィトワーテルスランドの近くで金の一大鉱脈が発見されたのを機に、イギリスは長らく放置してきたこの地域に対する政策を劇的に変化させた。支配を強めたいイギリスは、オランダ系移民らボーア人が住むトランスヴァール共和国、オレンジ自由国の2国との戦争に突入した。

たちまちイギリス軍は苦戦を強いられた。金鉱で潤うボーア人は、最新式のドイツ製ライフルを持ち、兵士たちはそれぞれ馬に乗っていた。開拓者たちは射撃の名手でライフルの扱いにも慣れていて、イギリス兵の予測もしない距離から的確に狙ってきたので、訓練も不十分なイギリスの新兵など敵ではなかった。

イギリス議会は大規模な増援を可決し、派兵は40万人以上に膨れ上がった。ボーア人の義勇軍と補充兵は合わせて6万人。イギリスは質を量でカバーしたのだ。強制収容所で敵のゲリラを餓死させるといった残酷な行動もしばしばとった。国際社会の世論はイギリス批判に大きく傾いた。オランダ系のボーア人に同情的だったドイツの人々はとくに憤り、経済的利益のために植民地から搾取するイギリスの行動パターンを非難した。

1900年6月20日、ドイツ国民の反英感情の高まりを追い風に、ヴィルヘルムは第二次艦隊法を押し通し、明確にイギリスを標的とする戦艦建造のため、大幅に支出を増やした。ドイツはフランスとロシアを一気に飛び越し、イギリス海軍にとって最大の脅威になった。

1901年11月15日、イギリス海軍大臣のセルボーン伯はソールズベリ首相と内閣に、ドイツ海軍の政策は明らかに海外での利権獲得を目指すものであり、もしもイギリスがフランスやロシアと戦争に突入すれば、そのとき「指揮官の立場」にいるのはドイツだという見解を伝えた。

数カ月後、セルボーンは書簡にその続きを書いた。「新たなドイツ艦隊の構成を詳しく分析すればするほど、それがイギリス艦隊との衝突に備えたものだと明白にわかる」

イギリスは行動を迫られた。そして1902年1月30日、「栄光ある孤立」に正式に終止符が打たれた。手を組んだのは実に意外な国だった。イギリスは日本との間に5年間有効な防衛同盟を締結した。この日英同盟というパートナーシップの目的は、極東におけるロシアの勢力拡大の阻止だった。もしもイギリスが、露仏同盟を結ぶフランスとロシアとの衝突に至っても、敵の背後を日本が衝いてくれる。

ドイツの軍事力にますます自信を深めるヴィルヘルムは、イギリスとの交渉を引き延ばし続けていた。帝国議会にはイギリスの脅威をちらつかせつつ、実際には敵対したりしないという方針で、法案を通してきた。彼の望みは、艦隊の建設と、ティルピッツの言う「危険域」からの脱出だった。戦艦の建造は驚くべきペースで進んだが、いよいよイギリスの目に余る域に達した。イギリスは１９０３年、何世紀にもわたりライバルだったフランスと外交交渉を始めた。

イギリスとフランスの植民地は世界各地で近接し、その権益をめぐって摩擦が生じていたが、ほとんどの場合はささいな問題だった。カナダのニューファンドランドはその一例で、イギリス人が支配する海辺ではフランス人の漁師が魚の干物をつくる権利を持っていた。フランス人が缶詰用のロブスターをとり始めると、ニューファンドランドの人々から「ロブスターは魚のうちに入らない」と抗議の声が上がり、暴力沙汰になった。いらだったソールズベリ侯は「グロテスクなロブスターごときに煩わされるとは、嘆かわしい」とこぼした。

こうした小さな衝突をわきに置き、フランスとイギリスは喜んで交渉のテーブルについた。交渉を後押ししたのは、ヴィルヘルムへの警戒心だった。彼の祖父が１８７１年にドイツの諸邦を統一したように、ヨーロッパの統一を企てているのではないかと両国は危惧した。イギリスとフランスはともにモロッコとエジプトに権益を有していた。ドイツの脅威への対抗策として、フランスはエジプトでの利権を放棄し、イギリスはモロッコへのフランスの進出を容認した。手打ちはすんだ。1904年4月8日、英仏協商が結ばれた。ドイツが孤立を深める一方で、フランスは孤立を免れた。ビスマルクはフランスの孤立化を外交政策の第1目標に掲げてきたが、その図式はこの協商締結で一挙に崩れ去った。

ヴィルヘルムは、ドイツ帝国議会やドイツ国民にイギリスは敵だとうまく信じ込ませた。その結果、イギリスの議会や国民も当然、ドイツはイギリスの敵だと思うようになった。ナポレオン出現のずっと前から、イギリス人はフランスによる侵攻を恐れてきたが、いまやヴィルヘルムがイギリスの宿敵の座につくことになった。当時の大衆向け娯楽小説には、その変化が如実に表れている。

19世紀後半を通じて、イギリスのスパイ小説にはフランス人の悪役がよく登場した。フランスとイギリスを結ぶ海底トンネルの建設が1882年に初めて提案されると、『海峡トンネルの戦い』や『海峡トンネルの奇襲』、あるいは端的に『危うしイギリス』といったタイトルの本が急増し、飛ぶように売れた。どれも筋書きは似通っていて、フランスのスパイの一団がライフルを隠し持ってロンドンに潜入し、続いてフランスの大軍勢が、新たに開通した海底列車で押し寄せる、というものだ。恐怖に駆られたロンドン市民が海峡トンネル会社のオフィスの外で建設中止を求め激しい抗議活動を行う一幕もあった。[3]

だが、ヴィルヘルムの政治姿勢によって、世紀の変わり目のイギリスの大衆は新たな恐怖を抱えることになった。ウィリアム・ル・キューの『1910年の侵略』（1906年刊）やアースキン・チルダーズの『砂州の謎』（1903年刊）は、北海の向こうのドイツによる侵略に焦点を当てている。チルダーズもル・キューも自らスパイ活動に従事し、イギリスの情報部上層とコンタクトをとっていた。ル・キューいわく、極秘情報へのアクセスに努めて「フィクションのかたちで事実を示す」のは国民としての義務だった。1909年、彼は『カイザーのスパイたち』†を発表した。この愛国的な小説には、イギリスの国境の内側で現在5000人のドイツのスパイが極秘に活動していると書かれている。小説はたちまちベストセラーになった。実際のドイツ人エージェントの数はそれよりはるかに少なかったが、世界大戦の開戦前からドイツは実際に、イギリス国内に確固たる情報網を張りめぐらしていた。マンスフィールド・スミス・カミング（通称〝C〟）が率いるイギリス海軍情報部も、まだドイツには及ばなかったが、一連の小説が引き起こした感情論にも後押しを受け、高度な組織に育ちつつあった。

イギリスの大衆はドイツが侵略してくる小説を読んで震え上がったかもしれないが、実際には、北海その他の海の制海権はイギリスが握っていた。主力艦の建造で世界をリードするイギリスは、海の支配者だった。従来よりも高速で航行し、より大型の大砲を据えた大型艦を、より短期間でつくる専門技術において、イギリスの造船所は群を抜いていた。しかし、ライバル国ドイツが艦艇数を増やし、イギリスの老朽化した商船よりも高速で走れるようになると、イギリス議会は焦りを覚えた。海上での優位を保つには飛躍的な進歩が必要だと考えた海軍本部は1904年、新たなクラスの戦艦の開発を始めた。

イギリス海軍の戦艦「HMSドレッドノート」が無敵とされた理由は、その装甲板の頑丈さではない。この艦が当時最も恐れられたのは、テクノロジーの粋を集めた最大級の艦砲と最高の速度を兼ね備えていたからだ。主砲は10門の12インチ砲（口径約30センチ）で、いずれも重さ385キロの砲弾を射程9・14キロで正確に発射できた。最大射程は18・28キロ。10門で一斉射撃すれば約4トンに及ぶ鉄塊と高性能爆薬を敵に浴びせられる。

砲身の口径が1インチ（2・54センチ）広がるごとに、大砲の性能は倍数的に向上する。従来の戦艦で主流だった9・2インチ砲の有効射程距離は3・65キロで、飛ばせる爆弾の重量もずっと小さかった。従来の艦砲は豆鉄砲のようなものだったが、ドレッドノートは敵艦の射程のはるか遠くにいながらにして、敵艦を自らの射程内に収めることができた。

9・2インチ砲しか持たない敵艦が生き残るためには、ドレッドノートの懐に飛び込まなければならない。だが、そんなことは不可能だとイギリス海軍本部は確信していた。巨大な蒸気タービンによって、当時のどの国の主力艦よりも速い、最大速力21ノット（時速約39キロ）での航行が可能だった戦艦ドレッドノートは、戦闘の間合いを有利に決めることができた。高速で航行し、自らは砲火にさらされることなく敵艦を沈められた。これでは勝負にならない。

ドレッドノートの出現によって、従来の戦艦はすべて時代遅れになった。しかしその状況はイギリスにとって落とし穴でもあった。どの国も複数のド級艦（ドレッドノート級の戦艦）をつくるようになり、イギリス海軍の優位性を示すのは1隻のドレッドノートだけという相対的な戦力低下を招いた。

各国海軍の軍拡競争はいっそう熱を帯びることになった。

　ドイツがド級艦をつくるには、まずそのための造船所を建てなければならない。その建設期間のぶんだけ、イギリス海軍本部はリードを保つことができた。巨砲を備えたイギリスの高速戦艦は１９０６年12月2日に就役した。全長１６０・６メートル、満載排水量は2万トンを超えた。海上の宮殿を思わせる巨体の喫水（水中部分の深さ）は９メートル近くに及んだ。これだけ喫水が深いと、北海とバルト海をつなぎドイツ艦隊が航行するキール運河を抜けられないことは、ティルピッツにもわかっていた。

　ドイツは難しい決断を迫られた。海軍幹部の多くは、現行の建艦計画を変えてまで巨艦をつくる意義を感じていなかった。だがティルピッツは、巨大な戦艦がこれから果たす重要な役割を認め、イギリス製の海のモンスターに匹敵する戦艦をドイツも手にする必要があると考えた。いったん造船所の建設を休止し、数百万マルクを投じて1年以上かけてキール運河の底をさらい、ド級艦が航行できる深さにした。

　海軍の技術力向上だけでなく、ヴィルヘルムの言動も、ドイツの予算編成や政策決定に影響を及ぼした。１９０６年が明け、ヴィルヘルムは個人的な問題と外交的な問題を同時に抱えることになった。どちらも自らの攻撃的で気まぐれな性格が招いたもので、自国の政府内での立場も弱くなった。影響力が落ちたヴィルヘルムは、ド級艦建造競争でイギリスに追いつくために必要な帝国議会の支援を得られなくなった。ドイツ艦隊の戦略的な方向性が変化したこの時期は、やけになった皇帝にとってルドルフ・ディーゼルが不可欠の存在になる時期と重なっていた。

１９０６年5月、ヴィルヘルムに個人的なスキャンダルが持ち上がった。危険な噂がベルリンに広まった。１９０７年の10月、宮殿内は深刻な危機に見舞われていた。

ドイツにおいて同性愛は犯罪行為だった。疑いをかけられただけで、職業的地位にも社会的地位にも致命傷を負いかねなかった。

フィリップ・フォン・オイレンブルク伯爵は背が高くハンサムで、目が大きく、ひげの手入れも行き届いていた。軍務にはつかず、外交畑を歩んできた。39歳のとき、当時27歳だった未来の皇帝と出会い、親友になった。

ヴィルヘルムからは「フィリ」と呼ばれ、ピアノを弾き、歌を歌い、物語を聞かせてくれる、そばにいて楽しい人物だった。「（フィリは）ルーティンだらけの日常にさんさんと降り注ぐ太陽の光のようだった」とヴィルヘルムは述べている。

そんななか、外務省のトップだったフリードリヒ・フォン・ホルシュタインが、モロッコをめぐる外交での失敗の責任をとらされた。痛手を負ったこの外交官は、オイレンブルクがヴィルヘルムに何か吹き込んで自分の名前を傷つけたのではないかと疑った。仕返しとして彼は、連邦警察が作成した１８８０年代以降の同性愛容疑者のリストを暴露した。オイレンブルクの名前もその中にあった。ホルシュタインは正式な捜査を求め、同性愛の疑いはヴィルヘルムの側近グループの多数のメンバーにもかけられた。

１９０７年10月、ヴィルヘルムは神経衰弱に見舞われた（このときを含めて大戦前に3回経験している）。12月、彼は友人宛の手紙にこう書いた。「非常に多難な1年で、計り知れない苦悩を味わった。信頼していた友人グループが突然、仲たがいしてしまった……無礼な言動、中傷、そして嘘によって。友たちが、助けを求めることもできず、その権利も認められず、泥水の中を引きずられるようにヨーロッパじゅうでその名を汚されるのを見るのはおぞましいことだ[4]」

一方、ヨーロッパ各国は、やみくもに海軍力に固執するヴィルヘルムを警戒し、外交方針をリセットしていった。ビスマルク時代から、ドイツはオーストリアとイタリアとの3カ国同盟を享受し、その他の列強は敵意を抱き合ってきた。フランスは孤立させられ、イギリスとロシアは反目し、その憎しみは、ロシア嫌いだったヴィクトリア女王の在位中に強まった。

ロシアとフランスが同盟を結んだときも、ドイツは自国の軍事力に対する真の脅威とは感じてはいなかった。イギリスが世紀の転換期に栄光ある孤立を放棄してドイツに交渉を持ちかけたとき、ヴィルヘルムにはまだ、イギリスと連携してヨーロッパで優位を保てる可能性が残されていた。しかし彼はチェンバレンを拒絶し、その結果、イギリスは正式に日本やフランスと外交協定を結んでしまった。

ヴィルヘルムが「ありえない！」と決めつけた事態が現実のものになった。１９０７年8月31日、イギリスとロシアの閣僚は英露協商に調印した。イギリスとロシアの敵対関係は、ビスマルクの戦略の土台だった。ヴィルヘルムがイギリス海軍に無謀な競争を仕掛けた結果、東のロシアと西のイギリスが手を組むことになった。ドイツが頼れる同盟国は、南のオーストリアだけになった。

英露協商に続く打撃となったのは、１９０８年10月にヴィルヘルムがイギリスの新聞、デイリー・

テレグラフから受けたインタビューの記事だ。彼の発言はヨーロッパやアジアのほぼすべての政府を激怒させた。インタビューのテーマは、イギリスとドイツの関係だった。

テレグラフ紙の幹部はヴィルヘルムに同情的で、皇帝の側近や皇帝自身がいかに心底ではイギリスを愛しているかをイギリス国民が知れば、この二大強国の関係は改善されるだろうと考えていた。しかし、この長いインタビュー記事は、ヴィルヘルムのイギリスに対する複雑で抑圧された感情を表面化させ、いくつかの事実誤認も手伝ってイギリスやロシア、フランス、そしてとくに日本の怒りを買った。

イギリスについては、ドイツの野望に対してイギリスが疑念を持っていることは「個人的に中傷」されているようだと嘆いている。イギリス人がドイツ人に対して不当に敵対的な態度をとるため、大多数のドイツ人がイギリス人に反感を覚え、それゆえ友好関係を結ぼうとする自分の努力が困難になっている、と不満を漏らした。

ボーア戦争中だった8年前、フランスとロシアがドイツに対して、3つの国が力を合わせればいつでもイギリスを打倒できると同盟を持ちかけてきたが、自分はそれを拒絶した、とも述べている。このデイリー・テレグラフ紙のゴシップ的な記事を知ったフランスとロシアは激怒し、ばかげたつくり話だと否定した。

ドイツ艦隊に対してイギリスが懸念していることについては、艦隊の真の目的はイギリス海軍との衝突ではなく。遠方の、とくに極東の植民地の利権を守ることにあると述べた。日本の勢力拡大について指摘し、ドイツは「不測の事態に備え」なければならないとした。この部分に日本はもちろん身構え、「不測の事態」とはどんな事態なのかと抗議した。

一方、イギリスは、この記事はフェイントだと理解していた。太平洋ではドイツ艦隊の存在感はほぼ皆無だった。ドイツ海軍の戦力はすべて、イギリスの玄関先である北海に集中していた。

デイリー・テレグラフのインタビュー記事は、瞬く間に波紋を広げた。ドイツ国民や帝国議会でさえカイザーに激怒した。イギリスの反応の一例として、外務大臣エドワード・グレイの発言を挙げる。

「ドイツ皇帝は煙を上げスクリューをまわす戦艦のようだ。かじは付いておらず、いつかどこかに突っ込んで大惨事を引き起こすだろう」

グレイの発言は予言的だが、そこにはヴィルヘルムの性格という決定的な要素が入っていない。ヴィルヘルムにも「かじ」は付いていた。己の進もうとする方向は正確にわかっていた。それは、ドイツの大洋艦隊を増強して北海に配置することだ。その露払いをするものとしてイギリス海軍を位置付けていた。チャーチルはのちに当時のドイツの外交政策を振り返り、ヴィルヘルムはナポレオン的な領土拡大という野心を持っていたが、戦火を交えることなくそれを達成したいと考えていたと語っている。

イギリスは裕福な国で、常備軍も比較的、小規模で足りていた。[5] だからこそ、議会は高価なド級戦艦に莫大な財源をつぎ込むことができた。長い伝統を持つ造船というインフラに資本が流れ、他国の海軍をしのぐ軍事用の船艇を効率よくつくることができた。

ヴィルヘルムは、イギリスとはまったく異なる状況に直面していた。ヨーロッパ大陸でフランスとロシアに圧迫され、その両国はますます関係を深めると同時に、ドイツへの敵意を強めていた。ヨーロッパ最強の陸軍を維持することが、ヴィルヘルムにはきわめて重要だった。その財政負担は重く、もはやイギリスに追いつき追いこせと巨艦建造レースを続ける余裕はなくなった。だが、北海の覇権を握り、世界の海に影響を及ぼすという野望は消えていない。レースを下りるわけにはいかなかった。

そんなとき、海を支配するための代案が軍幹部から出された。海上の主力艦ではなく、水面下に潜って百発百中のステルス作戦を行う兵器を持つという案だ。20世紀最初の10年間に起きた一連の出来事によって、ドイツ艦隊の戦略方針は変化し、ここでルドルフ・ディーゼルが軍事計画の重要人物として浮上することになる。

注

1. 巡洋戦艦（battlecruisers）は、サイズや設計は従来の戦艦とよく似ていた。しかし、装甲がやや薄く、砲が小さく、エンジンが比較的大きく、より流線型で、より速く航行できた。
2. イギリスは「二国標準主義（Two-Power Standard）」を堅持した。この方針は１８８９年の海軍防衛法で法制化され、イギリスの海軍力は、世界第２位と第３位の２国の海軍力の合計と同等でなければならないと義務づけていた。19世紀を通じて、ロシアとフランスがその２国とされていた。しかし、のちにヴィルヘルムの海軍増強を受けて、この方針を変えることになった。
3. トンネルの掘削が実際に始まったのは、提案から１００年以上後の１９８７年。正式に開通したのは１９９４年５月６日だった。
4. オイレンブルクの裁判は何年も続いたが、裁判を受けられる心身状態ではないと裁判所が判断したことで終結した。彼は１９２１年に亡くなるまで隠遁生活を送った。
5. ドイツはイギリスの陸軍にはほとんど関心を持たなかった。ビスマルクの在任後期、ある伝記作家が彼に、普仏戦争中にイギリスの軍隊が海を渡ってフランスを支援しに来る可能性について、考えたことはあるかと尋ねた。このときビスマルクが放ったジョークは将軍たちを喜ばせた。「ある。もしもやつらがやって来たら、私は間違いなくベルを鳴らして、警官を呼びにやっただろうね」

＊　原題 *The Influence of Sea Power Upon History, 1660-1783*／邦訳『海上権力史論』（原書房）

†　原題 *Spies of the Kaiser*／邦訳『間諜の密謀・国防警戒』（大日本教育書院）

第16章

武力と武力のはざまで

ウィンストン・チャーチルも、ドイツ皇帝の動向に目を光らせるイギリス人のひとりだった。政治家になる前は、新聞社の特派員として、あるいは一兵士として、キューバやインド、南アフリカなどでの軍事行動に接してきた。初めて選挙に出たのは１９００年のことだ。42歳のルドルフ・ディーゼルがパリ万博でグランプリに輝いたこの年、チャーチルは弱冠25歳でイギリス下院議会の議席を勝ち取った。

チャーチルはハイテク好きとして知られるが、不穏な世界情勢において技術の進歩が秘めている危険性も心得ていた。新世紀について彼は、「戦争は実際に、人類を滅ぼしかねない領域に入り始めた」と書いている。チャーチルはさらに、「19世紀と20世紀の科学の成果は、人類の幸福や美徳、あるいは栄光に必ずしもつながるものではなかった。人類が直面する『究極の問題』とは、この世の喜びのパラダイスへと突き進むか、愚かな地獄へと堕ちるかの選択だ……それを選ぶことは——賢く選ぶことは——われわれの権利であり義務である」とした。

同じころ、北海の向こうのミュンヘンでは、ルドルフ・ディーゼルがまったく同じパラドックスと格闘していた。ディーゼルも、強い軍事力は政治において有益なツールだという考えを持っていた。戦争の時代に成長した彼は、弱さが攻撃を招く例を見てきた。強い軍隊を持つことは安全と平和につながり得ると考えた。

そんなディーゼルでさえ、皇帝の政策には懸念を強めた。皇帝が誇示しているような度を越した軍国主義は、他国を挑発するだけでなく、国家にとって真に重要な要素、すなわち芸術、科学、そして生活の質の全般的な向上を犠牲にするものだった。

ヴィルヘルム2世はテクノロジーやイノベーションの成長を熱心に支援したが、それはひとえに軍事的発展のためだった。ヴィルヘルムが技術を軍事目的にのみ利用するならば、それは結果的に科学の首を絞めることになるとディーゼルは考えていた。のちにオイゲン・ディーゼルは大戦前のドイツについて著書にこう記している。「そして武力による勝利が国家の唯一の努力目標となり、軍隊が卓越性を得るために必要な生命力（科学と産業）はパワーを失い始めた」

1901年2月、チャーチルは下院の議場にいた。最初の演説でいきなり自ら所属する保守党の方針に逆らい、マスコミの注目を集めた。主な論点は、陸軍への軍事予算の追加支出に対する批判だった。追加予算はすべて海軍に向けるべきだと彼は考えていた。イギリス海軍には新しい艦船と新しい技術が必要だとし、ドレッドノート級戦艦の建造に踏み切るよう後押しした。ヨーロッパの列強が戦艦熱に浮かされる中で、チャーチルはディーゼル動力の利点を理解し始めていた。

彼は、周囲の人々をも突き動かす勇気や、鋭いウィット、説得力のある弁舌をあわせ持ち、政界の階段を勢いよく上っていった。やがてイギリス海軍全体を率いる地位に就き、ティルピッツとカイザーを向こうにまわし、ルドルフ・ディーゼルを支点とするシーソーゲームを繰り広げることになる。

1906年、ドイツ陸軍の演習を視察するドイツ皇帝ヴィルヘルム２世とウィンストン・チャーチル。

ディーゼル技術を初めて船舶に商業利用した国はロシアだった。エマヌエル・ノーベル（アルフレッド・ノーベルの甥）は、ディーゼルエンジンを初めて船のプロペラに取り付けた。ノーベルは１９０３年1月、石油タンカー「ヴァンダル号」に１２０馬力のエンジン3台を搭載し、3基のプロペラにそれぞれ取り付けた。ヴァンダル号は全長74・5メートル、幅9・5メートルで、喫水はわずか2メートルほどだった。８２０トンの灯油を積載し、世界各国の市場へと輸送した。１９０3年春、ロシアの水路の氷が解けると、ヴァンダル号は就航した。喫水の浅いこの船は、ロシア各地を結ぶ川や運河を容易に進むことができ、カスピ海沿岸のノーベル社の油田から、バルト海に面したサンクトペテルブルクまで、約３０００キロのルートで石油を運んだ。

ディーゼルエンジンは国際的な海運に恩恵をもたらすものだとノーベルは理解し、発明者のビジヨンを共有していたが、当時はその意義は広く報じられず、今日でも正当な評価が驚くほどなされていない。[1] しかし、いまから100年以上前にノーベルは、ディーゼルエンジンを動力とする輸送船団ならば、ほかのどのタイプの船舶にもできないかたちで各国市場を結ぶことができるとわかっていた。ディーゼル船には、石炭をくべる作業員のための船室や石炭貯蔵室は必要ない。エンジンの補修も数年間不要だったり、低燃費ではるかに高速で航行できたりといいことずくめで、大洋横断中に燃料などの補給のため何度も寄港する必要もなかった。ディーゼルエンジンは商船の世界のゲームチェンジャーだった。

翌1904年の夏、ノーベルはほぼ同型の「サルマート号」も就航させた。サルマート号は、最初に搭載したディーゼルエンジンを交換することなく1923年まで運航し、船舶に利用された初期のディーゼルエンジンとして輝かしい記録を残した。同じクラスの蒸気式貨物船の場合は、たいてい4カ月ごとに、蒸気を送るパイプやバルブの「配管交換」のために寄港する必要があった。「ヴァンダル」「サルマート」の名は世間に広まった。イギリスの造船業者もヨーロッパやアメリカの海運会社も、ノーベルの新しい船団の競争力の高さに注目し、それに続こうと計画を練った。

1900年のパリ万博におけるディーゼルの大勝利を特等席で目の当たりにしたフランスが、ノーベルの後ろにぴたりとつけていた。

ディーゼルの親友のフレデリク・ディコフは、ディーゼルエンジンを小型船に利用し、フランス北部からベルギーにかけての運河網を航行する、平底で喫水のごく浅いはしけ船の動力源にしようと考えた。ノーベル社のヴァンダル号進水から1年足らずの1903年9月、ディコフはマルヌ・ライン運河で「プチ・ピエール号」の運航を始めた。このはしけ船は、パリのソーター・ハーレー社の工場で製造された25馬力のエンジンを積んでいた。最初の航行では、バル・ル・デュックとコメルシーの間の約11キロを2時間半で結んだ（馬に引かせたはしけより何倍も速かった）。乗船していたディコフは、家族と一緒に「船の上で朝食」をとったとディーゼルに手紙で報告した。

ディコフは、ディーゼル船での運河巡りにディーゼルを招待した。1903年10月25日、ディーゼルは妻マルタに手紙を書き、ディコフとはしけ船ですばらしいクルーズを楽しんだあとで「記念すべきイベントをオムレツと地元のワインで祝っている」と伝えた。

1900年代初めの数年間、ディーゼルエンジンを搭載した船はすべて、水上を行く民間の船だった。その状況が変わろうとしていた。そこには、あるイギリス海軍提督の先見性が大きく影響していた。

イギリスは木造艦時代を最後に目立った海戦をしておらず、海軍の高官の中には、イギリス海軍の戦術や装備は時代遅れなのではないかと懸念する者もいた。なかでも発言力が強く尊敬を集めていたのはジョン・〝ジャッキー〟・フィッシャーだ。その軍歴は帆船の時代に始まり、最終的に引退する1915年まで60年以上に及んだ。1904年から10年まで、イギリス海軍の最高位である第一海軍卿だった。[2]

フィッシャーは改革者、革新者、そして戦略家として名声を得ていた。潜水艦を使った戦闘には、ほかのほとんどの高官が難色を示すなか、早くから関心を示していた。同僚の目から見れば潜水艦は「弱者の兵器」であり、「男らしくなく、倫理的でもない」うえ、「非英国的」でさえあった。提督たちは潜水艦のことを「フィッシャーのおもちゃ」と揶揄するようになった。

そんな海軍本部も1899年、秘密裏に潜水艦計画に着手したことがあった。ほとんどの国会議員にも知らせず、5隻のホランド級潜水艦〔訳注　アメリカの発明家ジョン・フィリップ・ホランドが開発した潜水艦〕をイギリス北西部バロウ・イン・ファーネスのヴィッカース社に発注した。同社はアメリカ、コネティカット州のエレクトリック・ボート社からライセンスを得ていた。ガソリンエンジンを載せたこのごく初期の潜水艦には、オットーサイクルエンジンで動く潜水艦に共通する信頼性の問題があった。1903年にワイト島周辺で航行テストが行われたが、5隻のうち4隻が、潜水どころか8キロも進まないうちに故障した。このテストは、ほとんどの海軍幹部が唱える潜水艦不要論を補強する結果となった。

スウェーデンの実業家、トールステン・ノルデンフェルトは武器商人で、武器発明家で、潜水艦の開発者だった。彼は、潜水艦テクノロジーは攻撃兵器の域にまで進化すると確信し、1885年にある文章を書き、潜水艦による戦闘の倫理についてこう主張した。

> 潜水艦というアイデア自体には残酷さも恐ろしさもない……ライフルも狙撃手も見えない1マイルも離れたところから発射されて人を殺す鉛の銃弾のほうが残酷だ。
>
> 潜水艦の第1の存在意義は不意打ちにあり、潜水艦から発射される魚雷による攻撃が水上艇からの砲撃よりも効果的であるならば、潜水艦は各国の軍備の一角を占めていくはずだ。

ノルデンフェルトがこの文章を書いた当時、潜水艦が抱えていた問題はシンプルで、とにかく性能がよくなかった。攻撃用に利用できるほどの技術、とくにエンジンに関する技術が整っていなかった。そのころの潜水艦は、自国の海岸近くで単に水中に身を潜めて、敵の船が射程内に近づいてくるのを待つだけだった。だが、迎撃どころか、自艦のエンジンから出る煙や火で乗組員がやられる可能性すらあった。

もっと信頼性の高い動力源があれば、潜水艦は海戦のあり方を変えるとフィッシャーは考えていた。海軍本部内で潜水艦の技術を進歩させようと努力を続け、1904年、潜水艦活用について王室の支持を取り付けようと動いた。彼はポーツマスでの試験運航に皇太子と王女を招待した。皇太子（6年後にジョージ5世として即位）が潜水艦に乗り込んで出航し、港から見えるところで潜水すると、妹はハラハラしながら「ジョージが浮かび上がってこなかったら、非常に失望します」と話した。もちろん未来の国王は浮上し、試験の成功はフィッシャーの追い風になった。

潜水艦が期待に応えられたのは、エンジンと水中航行の技術改良があったからこそだ。1900年のパリ万博でディーゼルエンジンがグランプリに輝き、ディコフが将来有望なプチ・ピエールを開発したことから、フランス海軍もディーゼルエンジンの利点に大いに関心を示していた。フランス政府は1902年の年明け、ディーゼルを招いて海軍のチーフエンジニア、マキシム・ローブーフと面会させた。

32年前、当時12歳だったディーゼルは家族とともにパリからロンドンに逃げた。ほとんど文無しで、家探しにも苦労した。１９０２年、ひょっとしたら彼は子ども時代を過ごした自宅兼工房の跡地あたりを歩いたかもしれない。鳩時計を分解したり、「ぼくは嘘つきです」と書かれたプラカードを父に持たされたり、家具に縛りつけられたりした思い出の地を。いまや44歳になった彼は発明家として称賛され、シルクハットや仕立てのいいスーツで装い、自分の名を冠した特許で大金を稼ぎ、世界の一流実業家たちに必要とされ、かつて自分たちを追放した国の軍隊の一翼である海軍から協力を求められていた。

ディーゼルの説明に心を動かされたローブーフは１９０２年4月、政府の代表を伴って、改めてアウクスブルクの工場にディーゼルを訪ねた。４月28日、ローブーフはディーゼルエンジン導入の重要性を伝える内部報告書を提出した。

ディーゼル発動機は実用段階に入りつつある。われわれの考えでは、このエンジンには大いに将来性があり、その他のあらゆる内燃式発動機に勝る顕著な利点がある。とくに巡航潜水艦にとって、使用する燃料も含めて、推奨できる唯一の発動機で、理想的である。

フランス海軍は、新たな潜水艦「Z《ゼッド》」に、プチ・ピエール号のエンジンを土台にしたディーゼルエンジンを採用した。当初のエンジンは性能が悪く、ディコフはすぐに次世代型の１９０馬力のエンジンに取り換えた。

新しいエンジンを備えたZは１９０４年3月28日に進水した。これが史上初のディーゼル潜水艦である。フランス軍は立て続けに潜水艦「Y《イグレック》」（なぜZがYより先だったのか説明する海軍発行の文書はない）と、「エグレット」「シゴーニュ」を完成させた。エグレットとシゴーニュの船体デザインはZやYとは異なっていたが、いずれもディーゼルエンジンを積んでいた。[3]

Zそのものは出来のいい潜水艦ではなかったが、コンセプトの正しさを証明する役目を果たし、新しい戦闘の時代の幕開けを告げた。多くのヨーロッパ諸国の海軍が、ディーゼル潜水艦はごく近い将来に大活躍する可能性を秘めていると確信するようになった。ディーゼルエンジンの軍事利用を目指した開発競争が激化した。

フランス人はディーゼルエンジンのパワーだけでなく、その技術を秘匿するメリットも、もちろん理解していた。１９０３年、フランス海軍は、エンジンの設計図をドイツのディーゼルエンジン総括会社と共有することをディコフに禁じた。この決定はルドルフ・ディーゼルとのライセンス契約の基本理念に抵触し、ライセンスを通じたネットワークに疑心暗鬼の空気をもたらした。[4]

このころから世界の列強は、ディーゼルが発明した価値あるエンジンの管理を、科学者たちの手に委ねておくわけにはいかないと考えるようになった。ナショナリズム的な考えを持つ政府は、ディーゼル技術の普及に干渉するようになる。知識を共有し、企業が国境を越えて手を携えるというディーゼルの理想は、弱肉強食のダーウィン主義の波にのみ込まれようとしていた。

１９０６年ごろまでは、ほとんどの海軍がディーゼルエンジンの利用を潜水艦計画に絞って想定し、海上艦への利用は念頭になかった。それにはふたつの理由がある。第１に、水中を潜行するという特殊な条件下では、ディーゼルエンジン以外に実用化可能なエンジンの選択肢はなかった。第２に、潜水艦が要する動力はかなり少なく、比較的小型のディーゼルエンジンでも（当時は最も大型のものでも３００馬力未満）十分だった。水上の大型艦には、蒸気タービンのように膨大な出力が可能なエンジンが必要だった（たとえば１９０８年に設計されたイギリス海軍の巡洋戦艦「インディファティガブル」は、４万３０００馬力のパーソンズ式蒸気タービンを２機備えていた）。

しかし、ディーゼルエンジンの性能が向上し、馬力も飛躍的に上がったため、ある程度の水上艦にも導入が可能になった。ここで再びトップに立ったのが、ロシアのノーベル社だ。

カスピ海では、ペルシャの海賊がロシアの海運に大打撃を与えていた。沿岸の町を拠点に、木製のスクーナー船（縦帆式帆船）や旧式の蒸気船（例外はノーベル社のディーゼルタンカー）が、行きは艤装《ぎそう》品や必需品を積んで、帰りは石油その他の天然資源を積んで行き交っていた。

商船を海賊から護衛する必要があり、ロシア海軍は、機動性が高く高速で航行でき、蒸気を上げる時間もかからず迅速に出港可能な、オイルエンジンを搭載した小型砲艦が必要だと考えた。

ノーベル社は、まさにそんな要望に応えるエンジンを１９０７年までに開発した。初のリバーシブル４ストローク[5]のディーゼルエンジンだ。操縦者は手動ハンドルを「前進」から「停止」「後進」と切り替える。全速前進から全速後進のポジションまで８秒間で切り替えることができた。今日では当たり前の性能だが、まだ蒸気機関が主流だった当時、そんな機能性を備えた船は見る者の度肝を抜いた。蒸気船の場合、進行方向を反対に切り替えるには、前進用のタービンに送っていた蒸気圧を、別の後進用タービンに送ってギアを切り替えなければならず、一連のプロセスに10倍の時間がかかった。

ロシア海軍はノーベル社と、490馬力の可逆性ディーゼルエンジン2台を購入する契約を結んだ。カスピ海に配備する砲艦「カルス」と「アルダガン」にそれぞれ搭載するためだ。カルスの試験航行は1908年にフィンランド湾で始まった。ロシア海軍の艦長が新しい艦をネヴァ川へと進めると、エンジンは頼もしい軽快な音を立てた。船の旋回半径と加速能力の限界を確かめる演習が始まった。灰色の雪のように煤《すす》が降り注ぐことはなく、劇的に快適な航行を乗組員たちは楽しんだ。これまではいつも、煙突から出るスモッグによって、デッキも乗組員の服や髪や肌も、ゆっくりと黒く染まっていた。それが今回は、ほほに受けるのは澄んだそよ風で、水平線もかすんでいなかった。

上機嫌の艦長がカルスを海岸線に近づけたのはいいが、花崗岩でできた堤防にうっかり寄せすぎて、あわや衝突という事態に陥った。艦長は蒸気船の速度に慣れていたうえ、後退して衝突を回避しようと発想する余裕もなかった。まごまごする艦長の窮状を察したのは、ノーベル社の責任者として艦橋からテストを見守っていた民間人のM・P・サイリンガー博士だった。彼はエンジンテレグラフを操作し、機関室に「全速後進」と指示した。砲艦は速度を落とし、船体を震わせて停止すると、一気に堤防から遠ざかっていった。この海上テストでは、素早く逆回転するエンジンのおそるべき性能がドラマチックな（そして想定外の）かたちで実証された。

カルスの一件は世界中の海軍とエンジンメーカーに広まった。エンジンの性能を身をもって感じたロシア海軍は、ただちにノーベル社からのエンジン購入契約を増やした。

ロシアは１９０５年に日本との海戦で大敗を喫していて、カルス建造は大がかりな軍備再構築の一環だった。あらゆる型の戦艦が戦闘で大損害を受けたうえ、潜水艦の艦長たちはガソリンエンジンによくある出火と爆発に苦しめられていた。ガソリンエンジンは水面下を航行する船にはとことん不向きだった。

石油タンカーのヴァンダル号とサルマート号、そして砲艦カルスの成功に加え、エマヌエル・ノーベルの商才もあって、ロシア海軍は１９０７年の年明けからノーベル社にディーゼルエンジンを矢継ぎ早に発注し、軍用のディーゼルエンジンはすべて国産とすべしと定めた。

ノーベル社は要求に応えた。第一次世界大戦までの数年間で、同社の工場では非常に優れたディーゼルエンジンがいくつも生まれた。[6]

ディーゼルエンジンが国の命運をも握る特質を備えていることを各国の軍隊が認めていくにつれて、その技術は広まっていった。業種や地域を超えてイノベーターたちは、この安全で、信頼性の高い、効率的な動力源について学び、各自のニーズに合わせて応用しようと研究し、ディーゼルエンジンの普及を加速させた。うまくいっているメーカーほどルドルフ・ディーゼルと緊密な関係を保っていたのは、偶然ではない。企業同士が協力することはほぼなくなったが、各企業と開発者との絆は依然として深く、ディーゼル本人と直接、連携をとれる特権を享受していた。

スイスのヴィンタートゥールを拠点とするスルザー・ブラザーズ社は、ディーゼル個人と友好関係を育み、彼を力強く支援した。スルザー社はこの数年間で、世界初の直接可逆式2ストロークエンジン（ロシアの4ストローク式と違い、スルザー社のこのエンジンは吸気と排気のステップを同時に行い、ピストンの2ストロークだけで1動力サイクルが完結する）を開発し、1906年のミラノ万国博覧会で部門賞をとった。

海運の伝統と強力な海軍を誇るスウェーデンは、国有企業のA・B・ディーゼルモーター社を支援し、同社がつくったディーゼル装置は、20世紀最初の10年間でおそらく最も有名なディーゼルエンジンになった。1910年、A・B・ディーゼルモーター社はこのエンジンを「フラム号」に取り付けた。1892年に進水したこの古い木造スクーナーは、流氷の圧力に船体が耐えられるよう設計されていた。新しいディーゼルエンジンは南極探検に赴くための備えのひとつだった。高名な探検家ロアール・アムンセンに率いられ、フラム号はノルウェーを1910年8月10日に出発して南極へと向かった。97頭の犬も一緒だ。アタック隊員4人と力を合わせ、アムンセンは1911年12月14日、人類で初めて南極点に立った。[7]

1912年3月13日、南極からの帰途、アムンセンはタスマニアで支援者に電報を打ち、「ディーゼルモーターはすばらしい」と伝えている。

ディーゼルエンジンはトラブルなしで2800時間以上の航行を記録した。既存のどのタイプのエンジンも、この驚異的な性能と信頼性にはかなわなかった。これは、一般大衆の知らないところで静かに影響力を増すディーゼルエンジンの歴史的瞬間のひとこまだった。

一方、世界各国の海軍や実業家はこうしたニュースに熱い視線を向けていた。もはやディーゼルエンジンの国内メーカー抜きでは真剣に軍備に取り組むことはできない。この新型エンジンの調達は国防上の喫緊《きっきん》の課題になり、各国政府は自国での生産を奨励した。

アメリカやイギリスでは、ディーゼル技術の専門知識をまだまだ高める必要があった。だが、ドイツではすでにそれが確立されていた。その知識の国外流出をどう防ぐかが、皇帝にとって唯一の課題だった。

ディーゼル技術の超一流の専門家をつねに擁していたのはドイツの国内企業、とくにマシーネンファブリーク・アウクスブルク＝ニュルンベルク社（ＭＡＮ社）だったが、滑り出しのころは皮肉なことに、船舶への応用は他の国々が先行していた。そんな状況を不満に思ったルドルフ・ディーゼルは、１９０２年、パートナーであるハインリヒ・ブッツに手紙を書いた。「フランスがここまできたのだから、わが祖国の当局も、われわれのエンジンの重要性について同じ見解を持ってほしいものだ」

フランス海軍は、とくに潜水艦にディーゼル技術の導入を進め、ドイツ海軍を大きく引き離した。スウェーデンやロシアの海軍も長足の進歩を遂げた。このエンジンは、小型や中型の水上船舶にとってこのうえない選択肢で、潜水艦にとっては唯一の選択肢である。ディーゼル本人や、ディーゼルエンジンの支持者らには、それがわかりきっていた。偉大な開発者その人が自国内で生活しているのに、なぜドイツは二の足を踏んでいたのか？

答えはふたつある。第１に、オットーサイクルのガソリンエンジンもまたドイツ発祥で、ドイツ社（ニコラウス・オットーが１８６４年に設立し、のちにエンジニアとして名を上げるゴットリープ・

ダイムラーやヴィルヘルム・マイバッハが働いていた）をはじめとする強固な国内企業が、蒸気機関や、オットーサイクルの軽量エンジンを製造販売していたからだ。ベンチャー製品のために製造プラントを一から見直すのはコストが莫大で、ドイツ社は慎重な姿勢だった。オットーエンジンの天下が続けば、ビジネスはよりシンプルで、利益も上がる。ドイツ社は当初、ディーゼルエンジンの普及に抵抗した。オットーエンジンは自動車分野の草創期に需要があった。ダイムラーやベンツを筆頭とする発明家がリードしたこの分野には、より軽量でシンプルな設計でコストも低い当時のガソリンモデルのエンジンが適していた。

第2に、1902年の時点では、皇帝ヴィルヘルム2世は潜水艦をあまり意識していなかった。巨大な戦艦にほぼ特化して力を注ぐべしというティルピッツの構想を皇帝は採用したが、当時のディーゼルエンジンは大艦を動かせるだけのパワーを出せなかった。1909年を迎えるまで、典型的な潜水艦用ディーゼルエンジンは数百馬力がいいところで、運河や湖、海上での限定的な業務に当たる船に設置されていた。大海を渡れるディーゼル船はまだ出現していなかった。スイスのスルザーやデンマークのバーマイスター&ウェイン、そしてドイツのMANなどのエンジン製造各社が大型エンジンの開発に着手してはいたが、当時は戦艦に適応したディーゼルエンジンは存在せず、補助的にしか使えなかった。

しかし、1900年代の終わりごろ、ドイツ海軍も、もはや戦艦だけに注力して潜水艦を無視している場合ではないと考えるようになった。1907年、フランス海軍の潜水艦「シルセ」と「カリプソ」がすばらしい性能を発揮したと知ると、ついにドイツ海軍も1908年12月[8]、MANに潜水艦用の850馬力のディーゼルエンジンを1台注文するに至った。フランスの潜水艦が搭載した300馬力のものに比べると格段に強力なエンジンだ。

MANは1910年4月、このエンジンのテストを成功させた。1911年8月4日、ドイツ海軍は同じエンジンをさらに7台注文し、潜水艦U－19、U－20（1915年5月にルシタニア号を魚雷で撃沈させ有名になる）、U－21、そしてU－22にそれぞれ搭載した。これら最初のドイツ製ディーゼル潜水艦は、海上での最高時速が約29キロ、最速状態での航続距離は1万2000キロを超えた。[9]

ディーゼルエンジンの専門家を国内に擁するドイツは、とりわけ潜水艦の分野で彼らに厳しい要求を突きつけた。MANのエンジニアは卓越したエンジン技術を誇っていた。諸外国のメーカーもディーゼルエンジンに関して目覚ましい進歩を遂げ、各国海軍はMANが製造した潜水艦用ディーゼルエンジンを調達してきたが、1911年になると、ヴィルヘルム2世は、ディーゼルの薫陶を受けた専門家にドイツのためだけに働くよう要求した。

1911年、皇帝はディーゼル級潜水艦計画をゼロからスタートさせたが、MANが存分に開発に打ち込み、比類なきエンジニアたちがその努力を帝国海軍だけに向ければ、フランスやロシアの潜水艦隊に追いつけると期待した。軸足をド級艦からUボートに移し、世界に先駆けた最先端のディーゼル技術を誇るUボート艦隊の建設を構想するようになった。操縦性に優れたその艦隊があれば、各国の軍艦はしっぽを巻いて逃げ帰り、商業輸送や軍事輸送のシーレーンを支配でき、周辺国の恐怖心をあおることができると考えた。

その1911年、ルドルフの生活と仕事の拠点はまだミュンヘンとアウクスブルクにあったが、M

ANとの関係は年々、冷え込んでいた。皇帝がディーゼルエンジンの威力に関心を寄せれば寄せるほど、ルドルフ・ディーゼルの皇帝への警戒心は強まっていった。

注

1. ヴァンダル号は近代的グローバリゼーションの先駆けだった。著名な科学者であるバーツラフ・シュミルは２０１０年に著書『Prime Movers of Globalization: The History and Impact of Diesel Engines and Gas Turbines（グローバリゼーションの原動力――ディーゼルエンジンとガスタービンの歴史と衝撃）』を発表した。（船舶や鉄道に利用された）ディーゼルエンジンと、フランク・ホイットルが開発した（ジェット機の）ガスタービンは、現代のグローバル経済を担う二大発明だと彼は論じる。２０１０年の刊行時点で、ディーゼルが１８９７年に発表した基本原理と同じ仕組みで動くディーゼルエンジンを利用する船は世界の海運の94%を支えていた。

2. 「第一海軍卿（First Sea Lord）」は軍の階級で、名前の似た政治上のポストである「海軍大臣（First Lord of the Admiralty）」に報告を上げる立場である。チャーチルは１９１１年に海軍大臣になり、１９１４年に第一次世界大戦が始まるとすぐにフィッシャーを第一海軍卿に復帰させた。チャーチルはフィッシャーより34歳年下だったが、戦時中は立場上、フィッシャーのボスだった。

3. フランスは、主要国の中で最初に、潜水艦隊にディーゼルエンジンを全面的に採用した。１９１１年までにフランスは60隻のディーゼル潜水艦を就役させたが、イギリスはまだ13隻しか保有していなかった。当時、ドイツとアメリカのディーゼル潜水艦はゼロで、両国は必死に追いつこうとしていた。

4. 第一次世界大戦前の数年間、エンジニアリング各社は外国の海軍からのディーゼルエンジンの注文にしばしば応じていた。１９０９年、ドイツはイタリアのフィアット社にディーゼルエンジンを発注し、のちにU‐42に設置したが、これはドイツが購入した唯一の外国製エンジンだった。一方で、スルザー社は１９１０年にイタリア海軍から潜水艦ノーチラス号とネレイデ号に搭載するディーゼルエンジン4台の注文を受けた。この2隻はヴェニスの海軍工廠で進水した。日本も１９１６年、スルザー社に4台のエンジンを発注した。ディーゼルエンジン製造のリーダー格だったＭＡＮ社の製品を搭載した最初の潜水艦は１９１３年に初めて就役したが、同社はそれ以前に8カ国（その多くが交戦国になった）の海軍にエンジンを納入していた。

5. 4ストロークエンジンでは、ピストンは1回の動作サイクルを完了するために4回のストローク（行程）を行う。①吸気＝ピストンが上死点から下死点まで下がる際に吸気バルブから燃料と空気を吸い込む。②圧縮＝ピストンが上死点まで上昇する際にシリンダー内の燃料と空気が圧縮される。③燃焼＝シリンダー内で燃焼が起こり、ピストンを下死点に戻す力が生じる。④

排気＝ピストンが上死点まで上昇して使用ずみの燃料と空気の混合物が排気バルブから排出される。

6. 1911年から1918年にかけて、ノーベル社はロシア海軍に57台の潜水艦用ディーゼルエンジンを納入した。ロシア革命のさなかの1918年、エマヌエル・ノーベルはボルシェヴィキの脅威から逃れるためサンクトペテルブルクからの避難を余儀なくされた。赤軍は、バクーの油田も含め、ロシアにおけるノーベルの全資産を接収した。

7. ロバート・スコットも同時期にイギリスの探検隊を率いて南極点を目指し、世界中が両チームのレースに注目した。スコット隊が乗ったのは蒸気船テラ・ノヴァ号で、寄港地のニュージーランドを発って南極大陸へ向かう際、危険なほど大量の荷を積んでいた（多くは燃料の石炭だった）。あるとき海が荒れ、乗組員は石炭の袋を船外に投げ捨てる必要に迫られた。波がデッキを洗い、海水が機関室や石炭庫の中まで入り込んだ。炭塵が混じってどろどろになった水で、船底のビルジポンプ〔訳注　船の最下部から汚水などを排出するポンプ〕が詰まってしまった。激しい嵐のなか、石炭まじりの汚泥をかき出して沈没を免れるには、木や鉄でできた船倉との隔壁に穴を開けるしかなかった。石炭火力エンジンはほとんど致命的な選択ミスだった。貴重な時間が奪われてしまったスコット隊が南極点に到達したのは、アムンセン隊到達の34日後のことだった。ディーゼルエンジンの有無が明暗を分けたと言えるかもしれない。

8. ルドルフ・ディーゼルの主要な特許は1907年2月と1908年11月に失効し、その後はドイツ社やその他の企業もディーゼルエンジンの製造販売を始めた。1908年までにMAN社が市場ですばらしい成功を収めていたことが大いに影響している。MANは1908年には蒸気機関の製造を全面的に中止し、ディーゼルエンジンに特化した。

9. クルップ、ドイツ、ダイムラー、ベンツの各社もドイツ軍に戦闘用機械向けのディーゼルエンジンを提供していたが、第一次世界大戦で使われた潜水艦用ディーゼルエンジンの過半数は、ルドルフ・ディーゼルが拠点としたアウクスブルクの工場で製造された。

第17章 新時代の夜明け

1907年2月、ディーゼルの主要な特許の期限が切れ、新規の企業が自由にディーゼルのオリジナルの設計を利用できるようになった。ドイツ社のようなドイツを代表する企業がとりわけ勢いを増し、これまで特許技術を利用していたMAN社などでディーゼル技術を習得してきた熟練エンジニアを招き入れた。[1]

自ら開発したエンジン技術の方向性について、ディーゼル本人の影響力はさらに弱まった。軍事目的での応用は驚くべき進捗を見せ、ディーゼルエンジンは彼が理想としていた姿からどんどん遠ざかっていった。新たな現実に直面した彼は、代わりの夢を抱くか、あるいはそれがないのであれば、この悪夢を食い止める手立てを考えなければならなかった。1902年当時のハインリヒ・ブッツへの手紙では、ドイツ人がディーゼルパワーをもっと採用するよう希望したが、1907年の時点では、あの皇帝が統べる国民と自らのエンジンが結びつくことを望まず、MANとも距離を置き始めていた。

職業上の活動や個人的な行動にも著しい変化があった。長く一緒に働いてきたドイツ人の仲間と手を切り、ドイツ国外の人々と連携を強めるようになった。イギリス人とますます交流を深め、とくに、外燃機関の技術をリードしてきた蒸気タービンの発明者であるサー・チャールズ・パーソンズと親交を深めた。1906年に進水した「HMSドレッドノート」は、ふたりの新技術を同時に搭載した初の戦艦だった（ドレッドノートはパーソンズの蒸気タービンを主動力に、ディーゼルエンジンを補助動力に用いていた）。ふたりは友情を育み、互いを尊敬していた。海軍の動力を担う二大技術の開発者である彼らは、世界各国の海軍が未曽有の軍拡競争を勝ち抜く切り札として、最も欲した人材だった。

アウクスブルクのMANとディーゼルエンジン総括会社、その両社のトップとディーゼルとは、かつては家族のような間柄だったが、その関係も崩れ始めた。開発初期からディーゼルの盟友だった人々は、もはや経営陣に残っていなかった。フリードリヒ・クルップは数年前に同性愛スキャンダルの渦中で謎の多い死を遂げ、ブッツもMANを半ば引退していた。

ディーゼルはエンジンの改良と応用を目指して革新的な仕事を続けていたが、ドイツの仲間とはもう協力していなかった。特許が切れてある程度自由になったこともあり、彼はエンジン中枢部をさまざまなかたちで応用するため、専門的な作業を始めた。とくに自動車や鉄道、一般の船舶を対象にしたモデルのエンジン設計に取り組んだ。そのころMANは、もっと大出力の潜水艦用ディーゼルエンジンをつくれという注文に忙殺されていた。

そんなとき、考えもしなかった事態が起きた。1906年12月、ディーゼルは、新たな燃料噴射プロセスで特許をとる準備をしていると発表した。MANとディーゼルエンジン総括会社は、その特許の詳細を見せるよう要求した。ディーゼルが拒否すると、MANと総括会社は1907年2月、ビジネスパートナーである彼に対して訴訟を起こした。発明家にとって青天の霹靂で、ディーゼルと仲間たちの間に修復不能な亀裂が生じた。

ちょうど10年前、彼とモリッツ・シュレーター博士はアウクスブルクの研究室で最初のエンジンの性能試験を大成功させ、新聞社の求めに応じて博士とブッツと3人並んで写真に収まり、世界の隅々までディーゼル技術を広めて莫大な利益を上げるという大事業に乗り出した。それがいま、アウクスブルクでMANとエンジンの生みの親が法廷闘争をしている。ディーゼルとMANとの訴訟の根底には、技術的な論争というよりむしろ根深い見解の相違があった。本質的な哲学の違いによる不一致で、ビジネス的な話し合いや金銭で解決できるものではなかった。

訴訟は1909年まで長引き、MANの主張は棄却された。それとは別に、総括会社も訴訟からおりることを決めた。取締役会を構成するメンバー企業が、技術促進のための共同組織を維持するメリットをもはや見いだせなくなったためだ。世界各国のディーゼルエンジンメーカーは、それぞれの国家主義的な道を行くことになった。総括会社はもともと、ディーゼル技術を支えるため知識を共有し統合する拠点と位置付けられていたが、その使命はもう支持を得られなくなった。経営陣は総括会社を解散する協議に入った。[2]

ディーゼルにとって痛恨事ではあったが、誰にも邪魔されず発明に取り組める自由の身になれた。Uボートなどの戦争の道具ではなく、違う野望に彼は情熱を傾けた。目標のひとつは、自動車用の軽量エンジンの開発だった。これぞ未来志向の利用法だと彼は考えていた。

1908年、娘をアーノルド・フォン・シュミット（ドイツの貴族階級出身の自動車エンジニア）に嫁がせる直前に、ディーゼルは「プチモデル」と名付けたディーゼルエンジンを開発した。[3]軽量で5馬力のそのエンジンは、自動車向けのものだった。

ガソリン車と電気自動車がしのぎを削るなか、両者の長所を兼ね備えた軽量のディーゼルエンジンがその競争に割って入ることになる。石油以外の燃料を使えるディーゼル車は、ガソリン車よりも出力、信頼性、航続距離に優れ、電気自動車と同様に、においや騒音が軽減され、ハンドクランクをまわす必要もなかった。「プチ」は1910年に開催されたブリュッセル万博でグランプリを受賞した。

各国の企業はアウクスブルクの専門家にはもう頼れなくなったが、彼はそんな国際企業との協力を優先させた。ナショナリズムと疑心暗鬼が強まった大戦前、潜在的に敵対しうる国の企業同士がエンジン設計のために力を合わせることは難しかった。MANはもう何も分けてくれなかった。

ディーゼルの姿勢も、1902年にブッツへの手紙に書いたものから変化していた。もはや彼は、ドイツが他の国に取り残されることを心配してはいなかった。他の国々がドイツに取り残されることが心配だった。彼はスイスのスルザー社と密接に協力して鉄道用のエンジンを開発し、のちに実を結ぶことになる。デンマークの造船会社バーマイスター&ウェインでも、技術責任者のイーヴァル・クヌッセンと緊密に連携して大型ディーゼルエンジンの開発に取り組んだ。これは大洋横断する大型商船への導入を念頭に置くものだった。

1909年12月8日には、アメリカの友人、E・D・マイアーとアドルファス・ブッシュに英語で手紙を書いてヨーロッパの動向を報告し、ブッシュにエンジンへの取り組みを急ぐよう勧めた。

新世紀の最初の10年が終わりに近づくと、ディーゼルはイギリスとの関係を深めた。イギリスのバロウ・イン・ファーネスでは、ヴィッカース社がイギリス海軍のために実用的な潜水艦用ディーゼルエンジンをつくろうと奮闘していた。彼は同社にも助言した。ヴィッカース社は1888年からイギリス軍に武器を供給し、海軍本部とは非常に良好な関係にあった。同社の造船所は、戦艦を含めたさまざまな船をイギリス艦隊のために建造していた。１９００年以降、海軍本部が潜水艦に関心を持つようになると、国内を代表する潜水艦用ディーゼルエンジンメーカーになったものの、ドイツ、フランス、ロシアのライバル社に大きく後れをとっていた。

その当時、ヴィッカースと海軍本部の間で緊急かつ切迫度を増すやりとりがあったことが、のちに書簡から明らかになっている。北海の支配とドイツの帝国主義的構想をめぐって、かつてないかたちの戦いが展開されていく。ディーゼルエンジンを動力源とする潜水艦や水上艦艇が国の命運を握っていた。ディーゼル技術の高度な専門知識がイギリスにとって重要であることは明らかだ。イギリスの技術者は、もうドイツのＭＡＮには頼れない。イギリス艦隊がディーゼル時代を迎えるためには、よそから専門家を探さなければならない。チャーチルは、動いた。

注

1. 外国の企業に移った一流エンジニアもいて、そのひとりがディーゼルの義弟であるハンス・フラッシェ（１８７５年生まれ）だった。エマヌエル・ノーベルがアウクスブルクの工場から彼を引き抜き、サンクトペテルブルクに迎えた。ハンスは１９０１年から１９１４年までそこで働き、第一次世界大戦が始まると母国ドイツに戻ることになった。ハンスはディーゼルと頻繁に手紙を交わし、ノーベル社の工場の進歩について伝えた。
2. ディーゼルエンジン総括会社の役員会は１９１１年2月27日に会社を解散させた。残された権利と義務はＭＡＮ社とクルップ社に引き継がれた。
3. 「プチ」はあまり売れなかったが、ディーゼルの研究成果は将来のディーゼル自動車産業の基礎になった。彼は再び時代の先頭に立ったのだ。ディーゼル車時代の到来を彼は正確に予言したことになるが、「職人階級の活性化」や地方経済の振興につながるものと思い描いた小型の動力源になったのは、ディーゼル発動機ではなかった。小型動力源の時代は、ニコラ・テスラが開発した電動機（electric motor）というかたちでまず到来した。

第3部
最高傑作
1910～1913年

MASTERPIECE

第18章

ルドルフ、単独行動をとる

ルドルフ・ディーゼルとマシーネンファブリーク・アウクスブルク＝ニュルンベルク社（MAN社）との関係は、1909年の訴訟終結後、冷えきっていた。1910年から1912年にかけてのほとんどの期間、彼は国外企業に出張して、ディーゼル技術の改良を手伝った。各国の主要パートナーと密接な関係を維持し、技術的な壁を越えようと協力し合い、貴重な助言を与えた。

アメリカでは、アドルファス・ブッシュがディーゼルビジネスに乗り出していたが、滑り出しは順調ではなかった。ルドルフ・ディーゼルからライセンスを買ったブッシュは、1898年に「ディーゼル・モーター・カンパニー・オブ・アメリカ」をニューヨークに設立していた。そのときディーゼルとハインリヒ・ブッツがエンジンの設計図を提供したが、アメリカ人たちはおおむねそれを無視した。E・D・マイアーを引き続き筆頭エンジニアとして雇用していたブッシュにも言い分があった。アメリカ市場にはたしかに非効率的なエンジンが出回っているが、価格が安く、どのタイプの燃料も豊富なので、彼の会社としては欧州と違うアプローチをする必要があると考えたのだ。

だが、独自のエンジン開発はうまくいかず、1901年には再びニューヨークで会社を「アメリカン・ディーゼル・エンジン・カンパニー」（ADE社）として再編した。ブッツとディーゼルはMANの設計図にならうよう促したが、マイアーは再びそれを拒み、1902年1月6日、ディーゼルにこんな手紙を書いた。「われわれが当地でやってきたことをすべて否定するのは誤りだとブッツ氏に説明してもらえないだろうか。われわれが失敗を重ねたのは事実だが、ドイツやフランスの会社の失敗に比べればものの数ではない……とにかく状況の違いを理解してほしい。（ブッツが提供した）標準的な設計図に従わないのは、何も技術者として見栄を張っているからではない」。だが、アメリカチームの苦戦は続いた。１９０８年、ＡＤＥ社が売ったエンジンはわずか8台だった。ブッシュはその年の後半、同社を管財人の管理下に置くことになった。

ディーゼルはブッシュの社交性に好感を持ち、モルトビールの生産能力の高さを尊敬し、新規ビジネスに乗り出す抜け目のなさと胆力に嫉妬していた。ＡＤＥ社が破産手続きに入る前に、ブッシュとディーゼルはアメリカ市場開拓の新たな方針について密談していた。

ブッシュは産業用のディーゼルエンジンを必要としていただけでなく、いまやアメリカ海軍からも潜水艦用エンジンを製造するよう迫られていた。それには外部からの強力な助っ人が必要だ。ルドルフ・ディーゼルはそのころＭＡＮとの訴訟の最中で、ドイツ政府はＭＡＮに対して専門知識を外国人と共有することを禁じていた。ディーゼルとＭＡＮは決別し、ディーゼル技術の知識の流れは二股に分かれることになった。情勢を読み取ったブッシュにとって、革新的で競争力のあるパートナーシップを築くべき相手はひとりしかいなかった。

１９０８年9月8日、ブッシュとディーゼルは最初の契約から11年ぶりに、二度目の契約を交わした。ブッシュはＡＤＥ社の残存資産を管財人から11万ドルで買い取って単独所有者になり、その資産を、彼自身とディーゼル、そしてスイスのスルザー兄弟を主要株主とする新会社に統合した。アウクスブルクでは、ディーゼルエンジン総括会社が再び訴訟を起こし、アメリカとスイスのディーゼルメーカーの合併を阻止しようとした。ディーゼルの元同僚はいまや敵対者になり、彼の専門知識を囲い込んでコントロールしようとしていた。ブッシュは勝訴したが、判決までだいぶ時間がかかった。ブッシュ、ディーゼル、スルザーのパートナーシップが正式に始まったのは１９１１年７月12日で、契約合意から３年近く経っていた。

ブッシュは新会社「ブッシュ＝スルザーブラザーズ・ディーゼルエンジン・カンパニー」の本部をセントルイスに設けた。ディーゼルと正式に手を組み、ブッシュの目の前に成功への道が開けた。

大英帝国のディーゼル化計画も同じように厳しい状況だった。マーリース・ワトソン社のディーゼル化計画も棚上げされていた。作業場のディーゼルエンジンはほこりをかぶり、無視されたシンデレラのようだとディーゼルを嘆かせ、１９０３年までほこりは積もる一方だった。そのころ、とくにフランスやロシアでは船舶用ディーゼル発動機が著しく進歩していた。焦りを覚えたイギリス海軍は、マーリース社にディーゼル事業を再開するよう要望した。同社のチャールズ・デイはそれまでガスエンジンや蒸気機関の開発製造に注力してきたが、会社のため、頓挫していたディーゼルエンジンに取り組むことになった。

新たな任務についてデイは、「ディーゼルエンジンに関して（マーリースが）結んだ契約のことは聞いていたが、たいへんな損失を招いた危険な代物なので、かかわらないようにと注意されていた」と述べている。

デイは1903年10月、アウクスブルクの工場にディーゼルを訪ねた。才能に恵まれたこのイギリス人エンジニアは、何時間もぶっ通しで開発者本人からエンジン設計の詳細を教わった。ディーゼルの熱意と天賦の才に感化されたデイは、ディーゼル技術の可能性を確信しつつグラスゴーに戻り、翌1904年には本家ドイツの設計にならったエンジンのテストを始めた。

デイの仕事と並行して、イギリス海軍は1905年に戦艦ドレッドノートの建造計画をまとめ終えた。海軍本部は推進力としてチャールズ・パーソンズの蒸気タービンを採用する一方で、補助動力には蒸気機関ではなくディーゼルエンジンを選び、マーリース社に建造を請け負わせた。マーリース社は1906年、納得のいくエンジンを試運転の期日に間に合うよう届けたが、そのエンジンは完璧ではなかった。ドレッドノートの主任技術士は、ディーゼルエンジンがあまりにも繰り返しトラブルを起こすので、技官たちがこんな歌を歌っていたと報告している。

ボルテージはアップ・アンド・ダウン
ディーゼルはいかれてポンッ

とはいえ、船舶の補助動力としてのディーゼルエンジンのメリットにイギリス海軍はおおむね満足し、1908年10月には「ここ数年間に進水したすべての戦艦や巡洋艦が、少なくとも1台は搭載した」と報告している。しかし、イギリスのエンジニアたちは、潜水艦用ディーゼルエンジンについてはまだ軍の要求にきちんと応えられていなかった。

イギリス最大の軍需・造船会社であるヴィッカース社は、１９０６年に潜水艦用ディーゼルエンジンの製造を開始した。ベルギーにおけるディーゼルエンジンのライセンスを有していたカレル兄弟社にも協力を仰いだ。ディーゼルの主な特許の期限は１９０８年までに切れ、ヴィッカース社は自由に自社製品をつくれるようになった。しかし、１９１２年までイギリスはディーゼル技術でまだまだ後れをとっていた。第一海軍卿のジャッキー・フィッシャーは潜水艦を不可欠の武器だと主張したが、ほかの幹部たちの懐疑論との対決は続いていた。海軍参謀次長のサー・ハーバート・リッチモンドは１９１４年７月、「潜水艦についての覚書の概要」と題する報告書を発表した。バルカン半島で起きた凶事を引き金に第一次世界大戦が勃発したのは、この月のことだ。ハーバートは報告書に「海上交易を攻撃するいかなる船艇と比べても、潜水艦の価値はごく小さい。作戦の責任を負える人間も乗せられないし、沈めた船から乗客その他の人間を連れ帰ることもできない」と書いた（大戦終結から何年かのちにハーバートはこの覚書を読み直し、余白に謙虚にこう追記した。「何ともひどい思い違いだった！」）。

だが、フィッシャーにとって重要だったのは、新たな海軍大臣が真の革新者の資質を持つリーダーだとわかったことだった。ウィンストン・チャーチルは、リッチモンドのような懐疑論者に直面しても、ためらうことなく大胆な手を打った。１９１１年以降、大英帝国とチャーチルは、潜水艦だけでなく、広く海上艦艇にもディーゼル戦略が必要だという認識を持った。

ルドルフ・ディーゼルは、スイスのスルザー社やベルギーのカレル兄弟社、デンマークのバーマイスター＆ウェイン社（B＆W社）、そしてイギリスのヴィッカース社を訪ねてまわり、これらエンジン製造企業を個人的に手助けした。ジョルジュ・カレルと交流を深め、カレルはディーゼルを文字通り最後まで応援した。B＆W社の技術責任者だったイーヴァル・クヌッセンについては、「世界中で彼（クヌッセン）ほど、私のアイデアを理解し、その改良まで担える人間はいない」と話している。

とはいえ、アウクスブルクこそがディーゼルエンジン発祥の地であり、世界をリードしていたのは間違いない。この強みを背景に、ヴィルヘルム2世はディーゼルエンジン搭載のUボート艦隊を急速に築き上げ、MANの設計による優れたドイツ製品を他国が複製するのを阻んだが、ルドルフ・ディーゼル本人による設計図の普及は止められなかった。

MANは過去何年もドイツ海軍から過小評価されてきたが、いまでは皇帝にむちで駆り立てられているようだった。突如として潜水艦がすべての国の海軍で重宝され始め、その結果、ディーゼルエンジンも重宝されるようになった。MANにある船舶用ディーゼルエンジンの資材はほぼすべて、皇帝のために、より大型でより信頼性の高いUボート用エンジンの製造に振り向けられた。海軍の水上艦艇や商船に向けたエンジンの優先度は低かった。

MANは潜水艦の大型化に対応できるエンジンの開発に努め、アウクスブルクの技術者たちは、軍拡競争に邁進するヴィルヘルムを支えるために、1000馬力の信頼性の高い潜水艦用ディーゼルエンジンを製造し始めた（第一次世界大戦中に、MAN製の3000馬力のエンジンを搭載したUボートが進水するまでに至った）。

長らく無視されてきた潜水艦隊を、何とかして最下位からトップに押し上げたいヴィルヘルムは、MANの努力では満足できず、ほかの国内企業にも声をかけた。ディーゼルエンジンの主な特許が切れた1908年以降、ドイツ（Deutz）、ベンツ、ダイムラーの各社、そしてケルティング兄弟社などがディーゼル市場に参入した。ヴィルヘルムはこれら企業に潜水艦用ディーゼルエンジンを生産して海軍に奉仕するよう強要した。大戦終結までにケルティングは潜水艦用ディーゼルエンジンを115台、ベンツは72台、ダイムラーは64台、クルップは69台製造した。台数1位はもちろんMANで、Uボート艦隊のために512台という驚異的な数をつくった。

MANのディーゼルエンジンは群を抜いていた。戦時中、連合国側の海軍司令官たちはUボートの卓越した性能に戦慄した。開戦に際して、イギリス海軍ではジョン・ジェリコー提督が主力艦隊であるグランドフリートの司令長官に抜擢された。スカパ・フローは、スコットランド北部のオークニー諸島の島々に囲まれた入り江で、ジェリコーもここなら拠点に最適だと考えていた。ブリテン諸島は、本土南端のランズ・エンドから北端のシェトランド諸島まで1100キロ余りの距離があり、ヨーロッパ大陸に向き合う縦の海岸線のどこからでも東のドイツ沿岸に迫ることができた。イギリス海軍の潜水艦は、スカパ・フローからドイツ海軍の拠点であるヘルゴラント島まで到達できない、だから逆にドイツのUボートもグランドフリートが停泊するスカパ・フローまでは来られないとジェリコーは想定していた。シェトランド諸島付近にU－15が現れてイギリスの巡洋艦に撃沈されたときも、イギリス海軍本部の誰もが、発進地はドイツではなく、おおかたノルウェー沖にでもドイツの秘密基地があるのだろうと考えた。1914年9月1日、第四駆逐艦隊がドレッドノート艦12隻と装甲巡洋艦、軽巡洋艦とともにエンジンを止めて停泊していると、1隻のUボートが、こともあろうにスカパ・フローの湾内に姿を現した。危険な岩場があり、潮の流れも急変する水路を通り抜けて、この天然の要害に侵入したのだ。「スカパ・フローの最初の戦い」として知られるこの戦闘において、艦隊はただちに水蒸気を噴き散らし、さまざまな潜望鏡で狙いをつけて砲弾を発射した。海水をかきまわすプロペラ音とともに、「魚雷攻撃に備えよ」と司令官たちの怒号が響きわたった。ジェリコーは1隻も失わずにすんだが、Uボートの脅威はこれまでの想定をしのいでいると悟り、艦隊を一時的に、戦略上はいまひとつだがより安全な西側の地点に移した。

終戦後、ドイツの潜水艦を接収してエンジンを分析した連合国側は、その性能が想像以上だったことを痛感した。手に入れたMAN製の潜水艦用ディーゼルエンジンは、1920年代から30年代にかけてのアメリカ海軍のエンジン開発計画において手本になったが、1916年当時のMANの技術に追いつくのは容易ではなかった。アメリカ海軍のジョン・H・フーヴァー司令官が1927年に海軍長官宛てにこんな手紙を書いたほどだ。「ドイツの潜水艦エンジンをコピーしようと6年間努力しましたが、性能においても重量効率においてもいまだ手に入れたサンプルに及んでいません」

MANのエンジニアたちが潜水艦エンジンの開発（と同時に、戦艦の動力になりうる〝カテドラル［大聖堂］級〟巨大ディーゼルエンジンの実験）に精を出す一方で、ルドルフ・ディーゼルはほとんどドイツ国外にいた。当時としては一般的ではなかったが、妻のマルタも夫の出張に同行した。ふたりの私的な日記を読むと、この夫妻が相変わらずとても仲睦まじく、旅行や一緒の時間を過ごすことを楽しんでいた様子がわかる。どんな旅でも、マルタがそばにいてくれればルドルフは心穏やかでいられた。21歳になった末っ子のオイゲンもエンジニアとして独り立ちしようとしていた。

夫妻は1910年春に、まずサンクトペテルブルクのノーベル一族に会いに行った。列車の旅は快適で、到着したふたりはエマヌエル・ノーベルに豪勢にもてなされた。仕事熱心でまじめなノーベルだったが、その大富豪ぶりは驚くほどで、贅沢なディナーパーティーを開いたり、親しい友人を高価な贈り物攻めで面食らわせたりするのが大好きだった。なかでも、宝石細工の名工ファベルジェが手がけたイースターエッグは、ロシア皇帝のお気に入りでもあった。

ルドルフはロシアのパートナーたちの仕事の進み具合を確かめた。ノーベル社では、マルタの弟のハンスも働いていた。スウェーデン人が経営するこのロシア企業は、ディーゼル技術を本国ドイツに次ぐ高い水準で事業化していた。ノーベル社のディーゼルエンジンは商船に用いられてきたが、ここのところロシア海軍からの注文が増えていた。ノーベルは、将来的にディーゼルエンジンは世界中で優勢になり、自分とルドルフはその優位を築くうえで重要な役割を果たすだろうと、これまで以上に楽観視していた。

ルドルフはこの出張中に現地の工科大学でたくさんの講義を行った。同時期に滞在していた、航空用エンジンや飛行機開発の草分けであるフーゴー・ユンカースと一緒に教壇に立ったこともあった。金属製の飛行機を構想していたユンカースはこの年、全翼機〔訳注　胴体や尾翼がない主翼だけの飛行機〕の特許（特許番号253788）をドイツで出願し、すでにディーゼルエンジンによるテスト飛行を行っていた。[1]

ルドルフとマルタは意気揚々とサンクトペテルブルクをあとにした。ロシアのディーゼル事業は絶好調で、同じように努力と技能を傾ければ、どの国の市場でもうまくいくはずだった。ノーベルは、アメリカに行ってエンジンの普及を支援してはどうかとルドルフに勧めた。友人のブッシュからも、仕事抜きでぜひまた遊びに来てほしいと誘われていた。ルドルフは大西洋を渡って旅をする計画を立てたが、ヨーロッパで急いで片づけるべき仕事があり、ほかの先約もあった。ブッシュはしばらく待たされることになる。

ルドルフはイタリアのトリノにも赴き、１９１１年開催のトリノ万国博覧会で機械部門の展示の審査員を務めるという栄誉に浴した。トリノの次はイギリスだ。チャールズ・パーソンズとの友情はこれまで以上に深まり、ビジネスパートナー候補たちとも近づきになった。ジョルジュ・カレルからは、イギリスを拠点に共同でディーゼルエンジン事業を立ち上げようと提案を受けた。

イギリス旅行の目的は、ロンドンで開かれる世界機械技術者会議にドイツ代表として出席することだった。世界各地から有名エンジニアや産業界のリーダーがこのイベントに参加した。もちろんルドルフは主賓として遇され、晩餐会の席はチャールズ・パーソンズの右隣りだった。ディーゼルの名前はまだ一般大衆には浸透していなかったが、エンジニアリングや産業、軍の関係者、とりわけイギリスとドイツの軍関係者からの視線は熱かった。

ルドルフは物静かで控えめで、人前ではプライベートなときよりも超然とした印象を与えた。間近に接したことのない人の目には、隙のない着こなしの頑固なドイツ人というふうに映った。しかし、知り合ってみると、彼が妻や友人たちに書いた手紙からも伝わるとおり、親しみやすくて話好きで、自分の感じたことを話すときも熱力学について議論するときも、同じようにくつろいだ調子だった。人柄はチャーミングで、仲間に対しては茶目っ気も見せた。ロンドン訪問に先立って親友パーソンズに手紙を送り、当時のアメリカ人がよく使ったフレーズを盛り込んで「君のいたずら（Monkeyshines）が楽しみだ」と書いている。

ロンドンでの会議は、コース料理あり飲み物ありの盛大な宴会で始まった。ルドルフは料理も酒も控えめに口にした。注目の講演者として彼は立ち上がり、友であるパーソンズにまず深い感謝の意を表してから、完璧な英語で、燃料と燃焼機関をテーマに技術的なスピーチをした。彼が話し終えると、ホールは拍手に包まれ、各国から集まった科学界と産業界のリーダーたちが立ち上がってこの発明家を褒めたたえた。

ロンドンを発ったルドルフは、ミュンヘンの自邸に戻った。アメリカ行きのことも忘れてはいなかった。彼はエンジニア仲間に「世界中でアメリカ合衆国ほど動力源の可能性が大きい国はない」と断言していた。

ルドルフは、アドルファス・ブッシュとアメリカでの段取りをつけた。新たに設立されたブッシュ＝スルザー社の事業を盛り上げるため、１９１２年４月７日にミズーリ州セントルイスのディーゼルエンジン工場の起工式に出席し、さらに４つの公開講座を行うことにも同意した。セントルイスのエンジニアリング協会連合（４月13日）、ニューヨーク州イサカのコーネル大学（４月18日）、メリーランド州アナポリスの海軍兵学校《アカデミー》（４月26日）、そしてニューヨーク市のアメリカ機械学会（４月30日）という順番だ。

そのころ、イギリスのホワイト・スター・ライン社が建造した「タイタニック号」がヨーロッパでセンセーションを巻き起こしていた。ルドルフとマルタもその初航海を体験したいと考えていたが、ロンドンからの出航日が4月10日で、それではミズーリ州でのブッシュとの約束に間に合わない。夫妻はタイタニック号を諦め、ひと足早い3月26日にロンドンを発つアメリカ行きの船に乗ることにした。出航日の数週間前にふたりはロンドン入りし、ルドルフはいくつかの演説と、その他の重要な仕事をこなしてから、大西洋へと旅立った。

注

1. ユンカース社の飛行機は、第一次世界大戦でも使用された。同社は航空機用のディーゼルエンジンの開発を続け、1938年3月には、「ドイツ・ルフトハンザ社」のディーゼル動力の水上飛行艇「Do 18 E」が、イギリス海峡からブラジル東海岸のカラベラスまでの約8400キロを飛び、長距離飛行記録をつくった。

第19章

イギリス海軍一行、セランディア号に乗る

ヨーロッパの主要国の君主たちは、その大イベントの意義をあらかじめ知っていた。デンマーク王は顧問から、コペンハーゲンのバーマイスター&ウェイン社（B&W社）がこのほど建造した船は、海の精鋭たちが築いてきたこの国の伝統に、新たな栄光をもたらすものだと聞いていた。3カ月後の1912年5月にクリスチャン10世として即位することになる皇太子も、B&W社からこの「セランディア号」の初航海に華を添えてほしいと招かれ、説得されるまでもなく招待を受けた。

ドイツのMAN社はディーゼルエンジンをもっぱら潜水艦用に開発していたが、B&Wは異なる目標を掲げていた。もしもこの〝奇跡の船〟にまつわる噂が本当ならば、商船の世界に革命が起きることになる。イギリスはこの100年、海運を牛耳り、石炭を利用する自国の蒸気式商船は世界最大で最速だと誇ってきた。しかし、この優位がいま危うくなっていた。イギリス以外の国は、蒸気船の燃料を石炭から石油へと切り替えていた。こうした石油燃料の船でも、エンジンは依然として外燃式の蒸気タービンで、炉、ボイラー、そして煙を高々と上げる煙突が付きものだった。だが、乗組員が石炭をショベルで炉に放り込む必要はなく、石油を原料とする燃料油をただタンクから引き込めばよかった。燃料の転換によって航続距離も効率性も向上し、商船分野で首位に立つイギリスを脅かしていた。船用エンジンにおける石炭から石油系燃料への移行は、当然ながら、ロックフェラーら石油王た

ちに莫大な利益を期待させるものだった。

だがそこに、ディーゼルエンジンが登場し、ロックフェラーの生命線を再び危機に陥れた。灯油ランプに代わって電球が一般に普及したために照明市場で被った損失を埋める収入源が、ロックフェラーには何としても必要だった。スタンダード・オイル社は、商船や軍艦の燃料がこのまま石炭から石油に移行していくよう願った。自動車用の石油市場もまだ小さいながら成長を続けていたが、船舶において燃料がシフトすれば石油の需要は急拡大するはずだ。ここでロックフェラーが恐れたのが、ディーゼルエンジンだ。大型船や鉄道車両を動かすほど馬力が上がれば、蒸気機関は駆逐されてしまう。ほとんどの民間用ディーゼルエンジンは石油製品を燃料にしていたが（いわゆるガソリンディーゼル）、ルドルフ・ディーゼルは植物由来の燃料や石炭由来のコールタールにこだわっていた。[1] そうした燃料ならば、どの国でも精製用のインフラを整えられる。B&W社のセランディア号は、エンジンで国際的な海運に貢献したいというディーゼルのビジョンを実現させた先駆的な事例だった。

1912年2月22日、セランディア号はコペンハーゲンの港を出発した。オーナーは、デンマークのイースト・アジアチック社の創設者であるハンス・ニールス・アンデルセンで、船体は彼の注文でまばゆい白で塗られ、黒くすすけた煙など出さない船であることが強調されていた。煙突はいっさいなく、優美な線を描く船体は、巨大でありながら、水面を滑る天使のようだった。全長112・8メートル、型幅16・2メートル、積み荷を満載したときの喫水線から船底までの深さは9・14メートル。B&W社製の1250馬力のリバーシブルディーゼルエンジンを2基、さらに補助動力として250

馬力のディーゼルエンジンを2基、搭載していた。燃料として石炭を積み込む必要はなく、汗だくで炉に石炭をくべる作業チームも不要で、積載可能量は従来のタンカーとは桁違いの7200トンだった。

時速約20キロ（11ノット）で75日間、3万2000キロ余りの距離を燃料補給なしで航行できた（この時点ではガソリンが燃料だった）。1カ月前の試運転は見事に成功し、アンデルセンはこの船をコペンハーゲン、バンコク間で運用しようと考えていた。

航海の最初の区間には、デンマークの皇太子や王女のほか、アンデルセン、B&Wのイーヴァル・クヌッセン、デンマーク海軍大将のアンドレアス・ドゥ・プレシ・ド・リシュリューらも乗っていた。航行中、コペンハーゲンのすぐ沖の航路帯で、スウェーデンの国旗を掲げた小さな船が、真正面から近づいてきた。どちらかがよけなければ衝突する。ブリッジ上の乗組員たちは緊張しながら前方を注視した。アンデルセンは船長に警笛を鳴らすよう指示した。だが何度鳴らしても前方の船はどういうわけか強情で、よける気配がない。スウェーデン人船長が警笛に反応しそこねて進路を変えなかったので、とうとうセランディア号のすぐ前まで来てしまった。いまにもぶつかる、というぎりぎりのタイミングでセランディア号は向きを変えた。そこでやっとスウェーデン人船長は、全長112メートルの巨体が目の前に迫っていて、衝突を回避してくれたことに気づいた。

大惨事につながりかねない事件がなぜ起きたのか、クヌッセンにはすぐにわかった。スウェーデンの老船長はセランディア号のようなタイプの船を見たことがなかったのだ。船長は初め、あの大型船は海上で止まっているだけで、しばらく動かないだろうと考えていた。もはやこれまでとパニックに陥る瞬間まで、彼は進路を変えなかった。セランディア号が動いているとは思いもしなかった。「（蒸気船が動くときのように）煙が見えなかったせいだろう」と、クヌッセンが推察したとおりだった。

このぞっとする出来事のせいではないが、王族たちは、デンマーク東部の港町ヘルシンゲルで下船した。セランディア号は北部のオールボーにも寄港したのち、ロンドンのウェスト・インディア・ドックを目指して航海を続けた。そこではイギリス海軍の最高幹部たちが話題の船の到着を待ち構えていた。

外洋航行船に初めて搭載されたディーゼルエンジンは、非の打ちどころなくその性能を発揮した。船は無事にテムズ川に入り、ロンドンへと進んだ。

スクリューをまわしてセランディア号は川上へと向かう。口をぽかんと開けて驚きや戸惑いの目で船を見つめる人々を、士官や乗組員、乗客らはもうすっかり見慣れていた。タグボートやはしけ船が、大型船が立ち往生しているようだと心配して近づいてきたりもした。テムズ川を遡上中の様子をクヌッセンは手紙に書いた。「セランディア号はたびたび、親切な船長たちから何か手伝おうかと声をかけられた。煙突のない大型船を、まだ誰も見たことがなかった。何か不具合を抱えているに違いないと彼らは思ったのだ」。船は順調そのものだった。この瞬間にでも、進路を変えてどの商船より速く極東との往復を成し遂げることができる。それがこの船だった。

１９１２年２月27日、セランディア号はウェスト・インディア・ドックに停泊した。３月１日、クヌッセンとアンデルセンはチャーチルら視察団を船内に案内した。この新造船は革新的な武器テクノロジーを備えているわけではなく、そもそも武器など積んでいなかった。特殊な船体設計でもなく、画期的なナビゲーション装置もなかった。セランディア号を特別な存在にし、チャーチルら海軍幹部に足を運ばせたのは、ディーゼルエンジンにほかならない。

クヌッセンは誇らしげに海軍大臣一行をエンジンルームに案内した。チャーチルはディーゼルエンジンをつぶさに観察した。この船がいかに画期的なのか、事前にしっかり頭に入れてはいた。それでもなお、実物を目の当たりにして驚きを禁じ得なかった。

セランディア号の並外れた性能は、チャーチルがイギリス海軍の公海上での制海権について考えるうえで、またその維持に必要な燃料について考えるうえで、示唆に富むものだった。視察を終えたチャーチルはクヌッセンに振り向き、手放しで褒めたたえた。クヌッセンの記録によれば、チャーチルは、「イギリス人はバイキングがイングランドに刻んだ足跡を忘れていない、そしていままた、デンマークがイギリス諸島にもたらした新たな教えに感謝している」と明言した。[2]

チャーチルは海軍本部に、「（セランディア号は）海運の発展における画期的な前進だ。この新型の船は、今世紀で最も完璧な、海の最高傑作である」と報告した。

チャーチルは、メンテナンスや戦闘準備のうえで、ディーゼルエンジンは蒸気タービン（燃料が石炭か石油かを問わず）に勝っていると理解した。第一次世界大戦で主力艦隊の司令官に任命されることになるジェリコー提督も同様だった。彼は新型の蒸気タービンを搭載した船に4カ月間、乗り組んだことがあり、コンデンサーやパイプからの蒸気漏れに苦しめられていた。蒸気が漏れるとエンジンの性能や船足は急激に落ち、管を取り換えるために帰港を余儀なくされた。ジェリコーの計算では、

バーマイスター＆ウェイン社の作業場に置かれたセランディア号のディーゼルエンジン。

哨戒の任務につく船や、エンジン修理のためにしょっちゅう港に戻る船を差し引くと、戦力として使える船は全体の3分の1程度だった。チャーチルは、ディーゼルエンジンならメンテナンスの手間が省けるので、戦力を倍増させられると考えた。

セランディア号が進水したころ、ドイツではMAN社とクルップ社のエンジニアたちが皇帝のために、ディーゼル潜水艦を懸命に建造していた。もうディーゼルの力は借りられなかった。ロンドンに出張中だったディーゼルは、チャーチルとは別の日を選んでセランディア号を訪ねた。同時に訪問したなどという報告が北海を越えて皇帝を刺激するのは避けたかった。クヌッセンも記しているが、彼がセランディア号で成功を収められたのはひとえに、エンジン開発者のルドルフ・ディーゼルと緊密に協力したからだった。

海にもオイルエンジンの時代が到来したことを、チャーチルは理解した。イギリスは石炭が豊富だが、石炭を燃やす軍艦は時代遅れになろうとしている。自国の艦艇のエンジン技術を近代化しなければ、世界の海をあまねく統べるイギリス海軍の権威が、大英帝国を飛躍させてきたこの権威が、終わりを迎えてしまう。イギリスの泣きどころは、国内で石油がとれないことだった。チャーチルの頭にはさまざまな疑問符が浮かんだ。国内産業や海軍のエネルギーとしての石油を、平時において適正価格で調達していけるだろうか？　戦時において調達することは可能だろうか？　いまのところ、ディーゼル技術は商船の課題を解決するレベルにとどまっているが、大型戦艦の要求に応えられる出力のディーゼルエンジンはじきに出現するだろうか？

1912年3月4日（チャーチルのセランディア号視察の3日後）に下院の海軍特別委員会が開かれ、その記録から、チャーチルが長らく、蒸気の力に完全に取って代われる未来の動力源としてディーゼルエンジンに注目していたことがうかがえる。

［バーゴイン氏（ケンジントン・ノース選出の下院議員）］　海相に対して、現在ロンドンに停泊中の内燃機関[3]で航行するデンマーク船、セランディア号に関心を持っているか、また、この方式の動力の有効性を認めたうえで、この種のエンジンを搭載した船の開発において、海軍省はどのような方針を打ち出すのかと質問。

［チャーチル氏］　先週金曜日にほかの海軍幹部とともに、セランディア号をたいへん興味深く視察した。イギリス海軍の船艇の推進手段として内燃機関の可能性を確かめるという観点に立っ

た重要な実験が、しばらく前に始まったところだと答弁。

2週間余り前のセランディア号視察の興奮も冷めやらぬ3月17日、イギリス海軍の将来に対して最終的な責任を負うこの海軍大臣は、議会で重要な演説を行った。

石油《オイル》を燃やす艦艇の建造は、その数を問わず、石油をわれわれの海軍の覇権の拠りどころにすることを意味する。しかし、われわれの島々ではさしたる量の石油は発見されていない。石油が必要な場合、平時でも戦時でも、遠い国々から海路で運ばなければならない。一方、われわれは、国内の炭鉱で採掘できる世界一良質な蒸気機関用石炭を、申し分なく供給してきた。海軍の燃料を不可逆的に石油に転換することは、「怒涛のような苦難に立ち向かう」〔訳注『ハムレット』の一節〕ことと実に同義である。しかし、その困難とリスクを克服できれば、われわれは海軍の全体的な戦力と効率性を、確実に、より高いレベルへと引き上げられる。艦艇、人員、経済性、戦闘形態の向上が可能になる。覇権そのものがその挑戦への褒美（prize）なのだ。[4]

セランディア号との出会いが大きな衝撃を与えたのは明らかだった。チャーチルにとって、海軍力を「確実により高いレベルへ」引き上げる以外の選択肢はなかった。それ以外に重要な褒美などなかった。国産の石油がないという理由だけで、海軍が二流に成り下がっていいわけがない。だが、どうすれば「困難とリスク」を克服できるのか？　ひとつ、道があるとすれば、石油由来のオイルを燃料としないオイルエンジンを開発することだ。つまり、ディーゼルエンジンこそが、チャーチルの求める答えだった。

ディーゼルとチャーチルはともにロンドンにいて、この重大なテーマについてほぼ同じころにスピーチをしている。チャーチルが石炭と石油をめぐるイギリスの不安定な状況について議会演説をする2日前の1912年3月15日、ルドルフ・ディーゼルはロンドンの機械技術者協会で、「ディーゼルオイルエンジンと、産業におけるその重要性　とくにイギリスにとって」という思わせぶりなタイトルの論文を読み上げた。

チャーチルやイギリス海軍の艦船や商船が直面している苦境について、ディーゼルは直言した。ドイツとイギリスの間で海軍の戦力競争が展開され、緊張が高まるさなかにやって来たこのドイツ人発明家のスピーチは、イギリスへの協力を売り込むような題名からして衝撃的だった。

論文の冒頭は、ディーゼルエンジンの歴史や、蒸気機関その他のオイルエンジンに勝るその優れた性能について詳述するものだった。1899年以来、ディーゼルエンジンにはコールタールでも運転可能なものがあり、さらには果実・植物からとれるオイルでも基本設計を改変することなく動かせると述べた。

ロンドンでのスピーチ中、ディーゼルは、エンジンの軍事利用についての言及は慎重に避け、平和的利用にテーマを絞った。しかし、論文の最後の部分は「イギリスにとってのディーゼルエンジンの特別な重要性」と題されていた。手始めに彼は3つのファクトを挙げた。

1　イギリスは石炭の一大産出国であり、
2　イギリスは世界最大の植民地帝国であり、また、
3　イギリスは世界一の海運国である。

第1の点についてディーゼルは、「国の最も価値ある宝――つまり石炭――を大幅に節約してその蓄えが尽きないようにする」ために、蒸気機関を撤廃してより効率のいいディーゼルエンジンに置き換えれば、イギリスはどの国よりも大きな利益を得られると論じた。そして、イギリスはコールタールを燃料とするディーゼルエンジンを利用してエネルギーの自立性を追求すべきであると主張した。ドイツはすでに、ディーゼルエンジンを全面的に採用すれば燃料の独立を勝ち取ったも同然の段階にあるとも指摘した。彼の計算によれば、ドイツには、175万馬力の動力を年間300日、毎日10時間稼働させられるだけのコールタール生産量がある。論文には、脚注としてドイツについて「万一、戦争が起きて外国からの燃料供給が途絶えても、（コールタールの）その量があれば軍事用・民間用ともに全船艇を動かすのに十分に足り、その間、国内産業の動力もまかなえる。筆者はイギリスの数字を持ち合わせていないが、同様に重要性を持つ生産量だと推察する」と記した。

第2の点についてては、ディーゼルエンジンはすべての植民地でずば抜けたエンジンになると論じた。植民地への動力供給のために石炭の山を輸送するのは、コストが引き合わない。ディーゼルエンジンなら燃料の輸送量はわずかで、その燃料もコールタールならより安全で扱うのも楽だ。現地にパイプラインを建設すれば、昔ながらの石炭よりも液体燃料のほうが容易に配送できる。野菜類やナッツの

オイルを使うエンジンは植民地の農業経済も活性化させ、ゆくゆくは植民地が自前の資源で動力を完全にまかなったり、イギリスへの燃料の純輸出国になったりするかもしれない。

最後の第3の点について、ディーゼルは威嚇射撃とも言える警告をイギリスに発した。大型商船において船用ディーゼルエンジンの優秀さが証明されたいま、「世界に冠たる海運国家であるイギリスは、このエンジンから最大の利点を引き出せる国である」。最後の段落で初めて彼は、ディーゼルパワーの軍事利用について短く言及した。それは、いまこの瞬間に「非常に巨大なディーゼルエンジンを搭載する戦艦が建造中だ」という、1行のニュースだった。1912年3月の段階ではディーゼルとごく少数の人間しか知りえない（フィッシャーとイギリスの新聞各紙は9月まで情報をかき集めた）、MAN社の工場で製造中の実験的なディーゼルエンジン「カテドラル」についての明確な発言だった。ヴィルヘルムはこのエンジンをカイザー級戦艦〔訳注　ドイツにおけるドレッドノート級戦艦〕「SMSプリンツレゲント・ルイトポルト」に搭載する予定だった（※巻末の「MAN社の秘密」を参照のこと）。

チャーチルが海軍近代化のための予算獲得に動くうえで、ディーゼルからの警告は最大の助けになった。[5]

ドイツ皇帝ヴィルヘルム2世とイギリスの海相ウィンストン・チャーチルの間で激化する軍拡競争の鍵を握る存在として、ルドルフ・ディーゼルは公然と姿を現した。ヴィルヘルムもチャーチルと同様に、従来の軍事力バランスを崩しうるテクノロジーを注視しつつ、初航海の日を待つもう1隻の船に熱い視線を注いでいた。

B&W社は1912年6月20日、セランディア号の姉妹船である「フィオニア号」を完成させた。セランディア号と同じ性能と、同じ1250馬力のリバーシブルディーゼルエンジンを搭載していた。両船のオーナーであるアンデルセンは、フィオニア号をキール・レガッタで披露することにした。バルト海に面するドイツの港湾都市キールで毎年開かれる、帆船の世界最大の祭典として有名なイベントだ。

6月23日、各国のヨットマンや船の専門家が集う会場へ向けてフィオニア号は初航海をした。その初日、船の名はデンマークの新国王に敬意を表して「クリスチャン10世号」と改められた。

翌24日、ドイツ皇帝ヴィルヘルム2世はこの船を見たいと伝え、「設備全体を視察するため、海軍幹部や技術専門家ら大勢の先頭に立って乗り込んできた」。クヌッセンとディーゼルが協力してつくった同型船にチャーチルがロンドンで乗り込んでから、3カ月後のことだった。

船からヴィルヘルムはデンマーク国王に電報を送り、「フィオニア号に乗船中。デンマークの技術者たちのすばらしい仕事ぶりに急ぎ祝意を表す。造船の歴史にまったく新しい一章を開く、称賛に値する船だ」と伝えた。自国の切り札の存在は胸にしまっていた。このデンマーク船の何倍もの出力を誇る舶用ディーゼルエンジン試験機の設計を、MANがこの6月までに終えていたのだ。MANのエンジニアはやはり優秀だった。

だが、B&W社がルドルフ・ディーゼルの協力を得て商業海運に著しい進歩をもたらしたのは事実だ。この新型の商船は、ドイツでさえいまだ成し遂げていないかたちで、通商の未来を開いた。先発のセランディア号は、「世界を変えた船」として海事の歴史に永遠に刻まれることになった。

皇帝が乗船したその日、クリスチャン10世号がキールの港に戻ると、ドイツのハンブルク・アメリカ郵船会社のアルバート・バリン社長が乗船し、船主のアンデルセンと面会した。バリンはその場でこの船を購入し、ドイツ皇帝を満足させた。船はドイツ人の手に渡った。

注

1. 石炭は、酸素を遮断して高温で加熱すると、精製または熱分解することができる。「コーキング」と呼ばれるこの工程によって、石炭ガス、コークス、そしてコールタールが得られる。いずれも有用な燃料だ。石炭ガスは「都市ガス」に用いられる可燃性の高い気体燃料で、パイプのネットワークで消費者に送られる〔**訳注** 現在、都市ガスの主流は天然ガス〕。コークスは多孔質の岩に似た灰色で硬い固体燃料で、鍛造業でよく利用される。石炭よりもクリーンに燃えるので、20世紀半ばには家庭用暖房（とくにオーストラリアでは一般的）にも使われた。コールタールは粘性の高い、黒い液体で、工業用染料や塗料などに利用された。常温で緩むことはほとんどなく、沸点も非常に高いため、安全に保管でき、ディーゼルエンジンの燃料としても優れている。

2. 貨物を積み込んだセランディア号は、4代目グレイ伯爵アルバート（紅茶のアールグレイは彼の祖父である2代目グレイ伯爵チャールズにちなむ）を乗せてアントワープに向かった。アルバートは船から、デンマークの偉大な業績をたたえる電報をクリスチャン10世に打ち、英国王ジョージ5世にもこの新型船の成功を知らせた。船はアントワープとバンコクを結ぶ往復の旅に出た。最初の12年間で運航距離は１００万キロを超えたが、保守点検に要したのは10日間だけだった。以降、イースト・アジアチック社が蒸気船を注文することはなかった。

3. １９１２年当時、バーゴインのような主要議員でさえ、エンジンに関する総合的な知識は非常に限られたものだったことに注意してほしい。バーゴインは、内燃機関と外燃式蒸気機関を区別することはできたが、それは目に見える違いがあったためで、灯油（ケロシン）／ガソリンを燃やす内燃機関と、ディーゼルエンジンの区別はついていなかった。ここでは「ディーゼル」という言葉は出てこないが、チャーチルは同僚議員と違い、ディーゼル技術のエンジンはまったくの別物であることをよくわかっていた。

4. チャーチルの演説の最後の1行に「prize」という言葉が入っているが、これは１９９０年にピュリツァー賞を受賞したダニエル・ヤーギンの『石油の世紀（The Prize: the Epic Quest for Oil, Money, and Power）』（ＮＨＫ出版）のタイトルのもとになっている。石油産業の歴史を考察した一冊だ。チャーチルにとってディーゼルエンジンは、石油と同じぐらい、海の覇権という「prize」を得るために重要なものだった。

5. セランディア号の初航海ののち、クヌッセンは『Smokeless Marine（煙のない海）』と題した手記を発表した。第一次世界大戦時の海戦に関する記述はすべて、煙突から出る煙の戦略的な意味合いと危険性に触れている。戦争初期には灯油を燃料とする旧式の潜水艦も投入されていた。こうした潜水艦は、遠い水平線上にいても、海面上を進むときにそれとわかる黒い煙を高々と上げたため、ステルス兵器としてはお粗末だった。敵の砲弾が当たったり、敵艦から体当たりを食らったりすると灯油の燃焼装置はすぐに壊れ、熟練の潜水艦乗りの命を守るには、攻撃を諦めて引き返さなければならなかった。有名な1914年12月のフォークランド沖海戦でも、ドイツの装甲巡洋艦隊が南大西洋のイギリス領の港への奇襲を企てたが、格上のイギリス艦隊が石炭補給のためにエンジンを止めて停泊していることに気づかなかった。ひとりのイギリス人が、山の向こうで立ちのぼる黒煙に目を留めた。この煙さえなければドイツ艦隊の姿は山で隠れていたはずだった。イギリス軍は戦闘態勢を整え、エンジンをかけた。奇襲のチャンスを失い、劣勢を悟ったドイツ軍は向きを変えて退却した。威容を誇るイギリスの巡洋戦艦インヴィンシブルとインフレキシブルは港で蒸気を上げたが（イギリス艦艇は蒸気を上げてから出港するまで2時間かかった！）、司令官は、自艦のエンジンから出る煙のせいで逃走する敵艦を見つけるのに苦労した（最終的にはドイツ艦隊の姿をとらえて壊滅させた）。どちらか、あるいは両軍がディーゼルエンジンを搭載していたら、戦況はまったく違っただろう。

第20章

海軍大臣の秘策

どんな難局も乗り切れる人間などそうそういないが、国家存亡の危機に際して誰よりも力を発揮したのはウィンストン・チャーチルだ。イギリスが制海権を維持できるかどうかは、いま、彼の肩にかかっていた。彼は、潜水艦の建造が最優先課題だと考えた。第一海軍卿のジャッキー・フィッシャーも同様で、ほかの多くの海軍幹部がドレッドノート級戦艦さえあれば優位に立てると考えるなか、ディーゼル潜水艦の出現を明白かつ差し迫った危機だととらえていた。スウェーデンの武器商人トールステン・ノルデンフェルトと同じく、フィッシャーも潜水艦という武器に対して道徳的な抵抗を感じていなかった。「潜水艦にできるのは獲物を沈めることだけ……。戦争の本質は暴力であり、戦争において穏健な行動は愚行である」というメモも海軍本部に残している。幸い、フィッシャーのボスも負けず劣らずの現実主義者で、海軍本部にディーゼル潜水艦計画を導入しようと専念していた。[1]

水面下で旋回するこの新たなステルス兵器に対して、巨大なドレッドノート級戦艦が海上から打てる手はあるだろうか？　戦闘様式が根本的に変容し、イギリス海軍の優位が脅かされていることを、チャーチルは1913年3月26日に初めて公の場で認めた。議会演説で彼は、「海軍の強さはドレッドノートのみによって測れるものではなく、ドレッドノートが指標にもならない日がくるかもしれない」と述べた。のちに下院では、とくにフィッシャーの論敵である大艦巨砲主義者たちに向けて、「海軍構築の包括的なシステムと海軍の強さを測る計算式は、戦力や活動範囲や耐航性を増し続ける潜水艦を見直すことで初めて得られる」と主張した。

「ドレッドノート」は「何も恐れない」という意味だが、とうとう恐れるべき存在が出現したのだ。チャーチルの熱意と類まれな説得力のある弁舌によって、海軍本部は戦略を転換させ始めた。海軍提督のサー・パーシー・スコットは1914年6月5日付でロンドン・タイムズに掲載された書簡でこう記している。「潜水艦が登場したいま、戦艦は攻守ともに役に立たず、したがって、この1914年においてこれ以上建造することは、帝国防衛のために市民から徴収された金の無駄遣いになってしまう」[2]

同じ考えを持つチャーチルは、戦争が勃発すると海軍省の書記官に、潜水艦の増産を要求する緊急書簡を送った。「潜水艦の建造が可能な工場に、昼夜を問わずフル稼働で任務に当たらせることが不可欠だ」

潜水艦の技術力も深刻に不足していたが、燃料の確保もチャーチルにとって喫緊《きっきん》の課題だった。イギリスが軍事的に、また経済的に優位に立つためには、至急、オイルエンジンを導入する必要があった。ルドルフ・ディーゼルが論証したように、たとえ蒸気機関が衰退しても、産業や軍事の燃料として石炭が必ずしも不要になるわけではなかった。チャーチルは大英帝国を守るため、周到にふたつの戦略を並行して進めていた。ひとつは他国に依存せずに石油燃料を調達すること。すでに確保ずみのエンジン（パーソンズ式蒸気タービン）もあったが、燃料の石油は不足していた。ふたつ目は、ディィーゼルエンジンのノウハウを得ること。石炭資源はあったが、それを生かせる新型エンジンは不足していた（コールタールの精製インフラは整備ずみで、十分な生産能力があった）。

チャーチルは、イギリスの地質学者たちが10年以上にわたって石油が豊富な中東で調査を進めていることを把握していた。ウィリアム・ノックス・ダーシーは１９０１年にペルシャ（現イラン）の王、モザッファロッディーン・シャーから同国での石油探査の独占権を獲得した。いわゆる「ダーシー利権」だ。最初の数年はほぼ徒労に終わった。目に見える利益を得られず資金に行き詰まり、もうだめかというところまで彼は追い込まれた。

海軍本部は、ダーシーが利権をライバル国に売ってしまうのではないかと懸念した。フランスもロシアも中東での影響力拡大に前向きだった。ここで海軍本部は、得意の秘密工作で妨害に出た。シドニー・ライリーと名乗るスパイ[3]が送り込まれ、〝司祭〟を装ってダーシーと面会した。〝司祭〟はダーシーに利権の大部分を〝善良なキリスト教徒の会社〟（イギリスの企業バーマ・オイル社）に売るよう説得した。

この利権シンジケートはアングロ・ペルシアン石油会社（ＡＰＯＣ）と名前を改め、ペルシャでの独占的探査権をイギリス政府の管理下で保持した。追加の出資と海軍本部の支援を受け、ＡＰＯＣは石油探しを続けた。そして１９０８年5月26日午前4時、現在のイランのフーゼスターン州マスジェデ・ソレイマーンの掘削装置から石油が15メートルほどの高さに噴き上がった。

石油が見つかると、ただちにイギリス政府はＡＰＯＣに対して、ペルシャ湾に面したアバダーン周辺の土地を取得するよう指示した。石油の精製施設や一時貯蔵所、貯蔵タンクを含む石油事業の拠点にするためだ。ＡＰＯＣは製油所を建設し、１９１２年に操業を始めた。

１９１３年、海軍大臣の執務室に陣取るウィンストン・チャーチルの指示で、イギリス政府はＡＰＯＣの株式の５０・００２５％を取得し、[4]同社は大英帝国の管理下で世界最大級の埋蔵量の石油を押さえることになった。１９１４年、海軍本部は同社との間で、向こう30年間、定価で石油の供給を受ける契約を結んだ。

チャーチルの帝国防衛策のうち、ひとつは軌道に乗った。

緊急課題のひとつだった石油は確保したものの、ディーゼルエンジンの製造・保守において世界に通用する専門知識を持たないかぎり、イギリスの産業界や軍隊はすぐに世界に取り残されてしまう。チャーチルにはそれがわかっていた。

ヴィッカース社やマーリース社は、武器やエンジン、大小さまざまな船舶の提供を通じてイギリス政府と良好な関係を保つ一流企業だったが、どちらもディーゼルエンジンに関しては二流だった。スルザー・ブラザーズやノーベル、バーマイスター＆ウェインの各社と肩を並べられる企業はイギリスにはなく、ドイツを代表するＭＡＮ、ドイツ、クルップの3社のレベルに達していないのは確実だった。

ディーゼル技術に関する各国との差を埋めるためにチャーチルは最高の人材を求めた。クヌッセン、ノーベル、スルザー、ブッシュは、みんな１９０８年から１９１２年までの間に積極的にルドルフ・

ディーゼルと力を合わせて技術的なハードルを越え、革命的な新しいテクノロジーを手に入れていた。その彼らが口をそろえて「最高の人材」と認めるのは、依然としてディーゼルその人だった。

チャーチルがセランディア号のエンジンルームを歩いた6日後、そしてチャーチルとディーゼルがほぼ同時にロンドンで呼応するような演説をする約1週間前の1912年3月7日、イングランドのイプスウィッチに新会社「ディーゼルエンジン統合会社（Consolidated Diesel Engine Company）」が設立された。

親英家として知られるベルギー人のジョルジュ・カレルが、このイギリスを拠点とする新会社の創設者だった。同社の取締役、そして共同設立者としてルドルフ・ディーゼルも名を連ねた。

数年前にアメリカでブッシュ、スルザー兄弟と一緒に会社を立ち上げた際には、アウクスブルクから訴訟を起こされた。今度はこともあろうに、ドイツ皇帝が最大の競争相手とみなす、ベルリンからわずか800キロしか離れていないイギリスと手を組んだのだ。ドイツ軍最高司令部が平然としていられるはずはなかった。ルドルフ・ディーゼルは公然と、自分のエンジンはイギリスの救世主になりうると言い放った。それを証明するチャンスをイギリス海軍本部は差し出すつもりだった。

チャーチルのもうひとつの防衛策も軌道に乗った。ディーゼルエンジンの開発者ルドルフ・ディーゼルとの同盟が、ここに成立した。

注

1. 第一次世界大戦中、戦車の開発の先駆者となったのもチャーチルだった。イギリス陸軍の戦車開発プランが頓挫すると、海軍大臣だったチャーチルは垣根を越えて、1915年2月、戦闘用の装甲車両の開発を目指す陸上軍艦委員会（Landship Committee）を立ち上げた。技術者たちは秘密裏に作業を進めた。典型的なイギリスのやり方で、工場の保安要員でさえ、どんなプロジェクトが進行中なのか知らされず、届いた資材は貯水タンクの製造に使うと聞かされていた。「タンク」は戦車建造作戦のコードネームになり、装甲車両そのものを表す言葉になった。チャーチルはここでもディーゼルエンジンが優れた性能を発揮すると確信してマーリース社に戦車用ディーゼルエンジンの開発を命じたが、ディーゼル戦車はこの大戦中には完成しなかった。

2. これは少々言いすぎである。1944年、イギリス海軍は戦艦「HMSヴァンガード」を、アメリカ海軍は「USSミズーリ」を進水させ、これらが最後の戦艦となった。ミズーリ（愛称「マイティ・モー」）は1955年2月26日に退役したが、この全長270メートルの巨艦はのちの湾岸戦争の際に、装備も新たに再登場した。1991年1月29日、「砂漠の嵐作戦」の支援に当たったミズーリは、朝鮮戦争に加わった1953年以来、久しぶりに砲撃を行った。1992年3月、ミズーリは最終的に退役した。戦艦は、上空や水面下からの攻撃に弱く、今日では時代遅れとされている。

3. ライリーは「スパイのエース」として知られ、ドイツや中東、そしてロシアを舞台に伝説的なスパイ活動を行った。同じころ、ドイツの諜報機関でもI・T・T・リンカーン（ハンガリー生まれで本名はイグナーツ・トレビッチ）をはじめとするスパイが暗躍していた。リンカーンはイギリスに潜入して1910年1月には下院議員に当選し、のちに首相となるデヴィッド・ロイド・ジョージの親友、そして腹心になった。イギリス社会に溶け込んだほかのスパイたちも1913年、イギリス海軍の開戦に向けた準備状況などの情報をドイツの最高司令部にもたらした。チャーチルもその対策を講じ、こうしたスパイ要員の多くを把握していたが、意図的に彼らの通信を黙認した。もし外国のスパイを捕えても、「われわれの見知らぬほかのスパイが後釜にすわるだけ」だからだ。

4. 1935年、APOCはアングロ・イラニアン石油と改名され、さらに1954年にブリティッシュ・ペトロリアム（BP）と社名を改めた。現在、石油やガスにおいてシェブロン、Eni、エクソン・モービル、ロイヤル・ダッチ・シェル、トタル、コノコフィリップスなどと並び世界の「スーパーメジャー」と呼ばれる会社のひとつである。

第21章 西方の大いなる光、アメリカ

ルドルフ・ディーゼルは、イギリスを拠点とするディーゼルエンジンの会社立ち上げのため、イングランドで多忙な3月を送り、1912年3月18日、54歳の誕生日もこの地で祝った。3月26日、彼とマルタは、ハンブルク・アメリカ郵船会社の蒸気船「アメリカ号」で、アメリカに向けて出発した。ヨーロッパ諸国よりはるかに実力主義の、無秩序な新興国へのあこがれは、ここ数年の間に強まっていた。アメリカ号が外洋に出ると、ルドルフは日記を書いた。「ヨーロッパの海岸線が消えると、どういうわけか、いやそれなりに理由があって、ヨーロッパ的な階級の区別も消える」。懸命に働き、独力で成功したルドルフには、新世界で力を伸ばしているアメリカが、どこか自身に重なるように思えた。

アメリカの財界人やマスコミは、偉大な発明家の到着を心待ちにしていた。ルドルフは、5年前とは大違いの、幸運に恵まれた身の上をありがたく思った。5年前の1907年、彼はドニ・パパンの企画展を見るため家族を連れてパリへ旅行した。パパンは17世紀の物理学者で、蒸気機関開発の先駆者だった。そのときルドルフは家族に向かって、自分もパパンと同じように「業績が認められるには生まれるのが早すぎた」と嘆いた。

しかし、いまや彼の発明は世界中で祝福されていた。ルドルフがアメリカに出発する数カ月前、ト

ーマス・エジソンもディーゼルエンジンを「人類の最も偉大な業績のひとつ」と称賛したほどだ。

イギリスの高名なジャーナリスト、W・T・ステッドは3月、セランディア号のロンドン到着と関連づけて、ルドルフ・ディーゼルは「世界最高のマジシャン」だと記事に書いた。[1] 同じ記事の中でステッドは、未加工の状態の石炭は終わりを迎えると予言し、イギリスでは「すべての炭鉱町はガス工場の町になり、コールタールを生産するようになるだろう。そのガス（石炭ガス）は発電機を動かして町に電気を供給する。コークスは残るが、世界の船舶の原動力は、炭鉱から港へとパイプラインで送られる……（ディーゼルエンジンの）発明によって人類は、自然界から得られる力を倍加させる（ほかのエンジンの半分の燃料で同じだけの仕事をするから）」と予想した。

「ディーゼル」の名前は一般人も知るものになった。アメリカのマスコミはニューヨークに到着したルドルフとマルタを歓迎し、質問とフラッシュを一斉に浴びせた。ルドルフは息子のオイゲンへの手紙に、アメリカ人はジェームズ・ワットでも迎えるような敬意をもって迎えてくれたと、うれしそうに書いている。

ディーゼル夫妻はニューヨークでセントルイス行きの列車に乗り、着いた先でも報道陣に囲まれた。アメリカのメディアはドイツ人発明家の産業に対するコメント、そしてヨーロッパで足音が近づく戦争についての見解に関心を示した。

「ハウンドッグ（Houn' Dog）」というカクテル（バーボン、ショウガ、レモン、桃、ミントが材料）は、セントルイスのエンジニア・クラブの夜の始まりにお決まりの飲み物だった。アドルファス・ブッシュは友人の訪問に敬意を表して惜しみない晩餐会を開いた。クロッシュ〔訳注 ドーム型カバー〕をかけたマッシュルーム料理に続けて七面鳥のひな鳥のあぶり焼きクレソン添えを出し、コニャック、葉巻、タバコも切らすことはなかった。

ルドルフは立ち上がり、満腹の聴衆に向かって挨拶の言葉を述べた。発言の多くは、前の月のロンドンでの演説を土台にアメリカ向けに手を加えたもので、軍事用の艦艇にディーゼルエンジンを採用する利点についての具体的な分析も含まれていた。

エンジンの効率の良さは証明ずみだと彼は売り込んだ。１９１１年11月時点での調査によると、運行中のディーゼルエンジン搭載船は３６５隻（内訳は、潜水艦が約１４０、戦艦40、貨客船60、石油タンカー40、あとはより小型の各種船舶）で、エンジンの改良によってこれまでより航続距離は４倍に伸び、燃料の重量は80％減り、機関員も75％削減できたと続けた。

燃料の節約は、商船以上に軍事用の船艇にとって大きな意味があった。なぜならディーゼルエンジンの効率の良さは、低速、あるいはアイドリングしているときに、より顕著に発揮されるからだ。貨客船は決められたルートをなるべく高速で移動するが、軍事用の船は、ひとところを低速でパトロールしたり、戦略上の配置地点の近くでアイドリングしたりすることがよくあるからだ。

ルドルフは、イギリスの駆逐艦の蒸気機関をディーゼルエンジンに置き換えた場合の、イギリス海軍技師による計算図を提示した。ディーゼルエンジンはオットーエンジン（主力艦を動かせるほどの出力はない）より重いが、同等の馬力を出せる蒸気機関よりずっと軽い。全般的な効率の向上によって行動半径は広がり、やがて蒸気機関を過去の遺物にするだろう、と述べた。

	蒸気機関	ディーゼルエンジン
エンジン重量	204トン	144トン
正味馬力あたりの重量	29キロ	20キロ
時速10ノット（時速18・52キロ）、燃料120トンでの航続距離	3,148キロ	18,520キロ＊
機関士と機関助士	56人	21人
年間燃料消費量（20,000海里＝37,040キロあたり）	2100トン	350トン
燃料費	3,040	924†
機関員人件費	4,300	1,920†
補修経費	2,000	400†

＊ 1ノット＝時速1.852キロ＝時速1.15マイル
† 費用の単位は不明

続いてルドルフは、イギリスで現在建造中の2隻の駆逐艦を、イギリス海軍エンジニアが作成した設計図を紹介して比較した。1隻は蒸気式で、もう1隻はディーゼル式のエンジンだ。このときまだどちらのエンジンも製造途中だったが、駆逐艦建造というこのニュースは、ディーゼルエンジンが外洋航海用の商船にとどまらず大型戦艦の動力にも採用され新たな飛躍を遂げているという証しだった。ルドルフ・ディーゼルがイギリス海軍の技術者と協力して戦艦の戦力計算や開発に当たっている、それもドイツとの海軍力競争が激化するこの物騒な時期に――そんな新事実をアメリカの聴衆が聞き逃すはずはなかった。

ディーゼルエンジンは蒸気機関の半分ほどしか場所をとらないという点も、ルドルフは指摘した。さらに、「蒸気船ではエンジンやボイラーが上甲板のあたりまで達する」ので、敵の砲撃を受けると被害を受けやすい。しかし、ディーゼル式駆逐

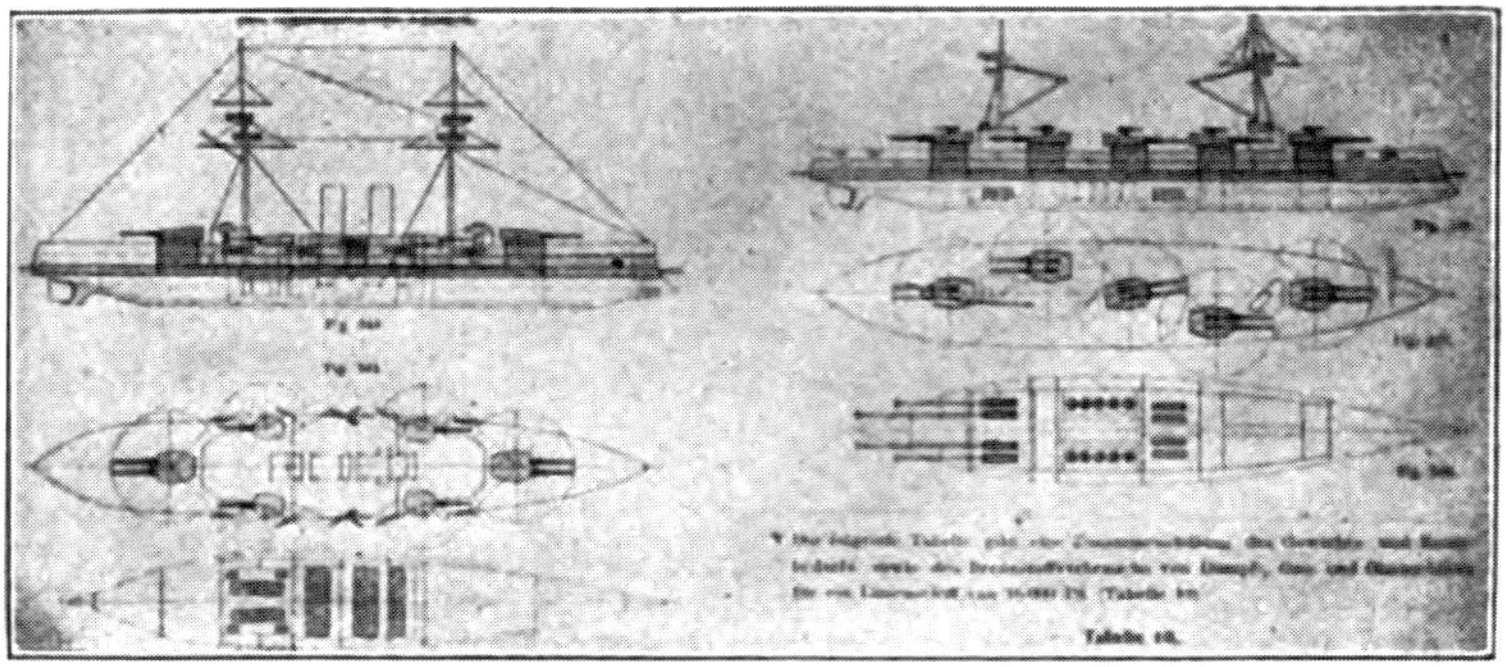

ルドルフ・ディーゼルが1912年のアメリカでの講演で示した戦艦の概略図。左側は蒸気機関、右側はディーゼルエンジンで進む。蒸気式艦の大砲４門は限られた方向にしか発射できないが、ディーゼル艦は30.5センチ砲を10門備え、全方向に撃てる。注目すべきは、この図はチャーチル海相の指示によってイギリス海軍が作成したものという点だ。

艦では、設計図が示すとおり、エンジンはすべて船尾側の喫水線下部、つまり装甲板デッキの下方に設置されるため、「敵の砲火を浴びても、エンジンに関するかぎり、船は脆弱ではありません」。

ディーゼル戦艦は砲撃の面でもより高い性能を示していた。ルドルフはイギリス海軍作成の次の設計図を示した。これまた蒸気式軍艦とディーゼル式軍艦を比較するものだ。従来の蒸気式軍艦には複数の煙突がそびえている。しかしディーゼルエンジンには排煙設備が必要ないので、デッキ上をまるまる自由に使える。貨物船なら積み荷も置けるし、軍艦ならより多くの大型砲を設置できる。砲塔を旋回させる際に砲撃を遮るものもない。夢中で耳を傾ける聴衆に向かってルドルフは言った。「煙突がないため、これら10門の砲は洋上のほぼあらゆる標的に向けて発砲できます。たとえば10門すべてを一点に向けることもできますから、蒸気船と比較して倍以上の戦闘能力を発揮できます」

ルドルフの分析の意味するところは、イギリス海軍にも広く伝わっていた。ディーゼルエンジンを使えば戦艦の航続距離が5倍に伸び、兵員をより有効に配置でき、燃料費を削減でき、エンジンの補修や点検に時間を割かれることなく航行を続けられるうえ、艦砲は倍の力を発揮できるわけだ。

イギリス海軍がディーゼルエンジンを積極的に導入していたことは、軍の技術者がルドルフのセントルイスでのプレゼン用に引いた図面だけでなく、第一海軍卿フィッシャーが書いた親展書簡からもうかがえた。１９１２年8月28日、フィッシャーは海軍大臣チャーチルに内部メモを渡した。「昨日、私は貴殿に、ディーゼルエンジンを搭載したドイツ軍巡洋艦の建造について書かれた新聞記事を送ったが、同封のリポートはその記事の正確さを示すものだ。あの船は燃料補給なしで世界一周できると自慢している。まさに現代のアラバマ号だ!!!」〔訳注　「アラバマ号」は南北戦争中にイギリスで建造された南軍の軍艦で、北軍の船舶を多数、捕獲・撃沈した〕

フィッシャーは別の覚書でも、「ディーゼルエンジンによって得られる恩恵は、ほかのどの国よりもイギリスが大きい」と、あの3月のルドルフのロンドンでの講演から引用している。この発言の意味するところをカイザーが理解したならば、ルドルフ・ディーゼルは深刻な窮地に立たされるとフィッシャーは結論した。「クルップ社は、燃料補給なしで6万４０００キロ航行できる内燃機関式の船を開発したが、それは貨物船だ。[2] ほかの国はさておき、イギリスは海軍艦隊にとっての（ディーゼル式）オイルエンジンの重要性を認識している。そこが不思議なところだ！　ドイツ人がそれに気づいたら、ディーゼル博士は犬のように射殺されてしまう！」。フィッシャーによるこの文章は、ルドルフ・ディーゼルが姿を消すわずか12カ月前に書かれたものだった。

１９１２年9月20日にフィッシャーは、自由党の政治家で外交官だったエッシャー子爵に興奮ぎみな密書を送っている。「(ディーゼルエンジン搭載のイギリス軍艦の) 設計図の準備はすべて整った……この2年間、われわれが無関心だったため、(ドイツ人に) 内燃機関の先行を許してしまった！　情報によると、ドイツはオイルエンジンの大型巡洋艦を建設中だ！　ニュルンベルクでその一部を目撃した人間がいるのだ。われわれも急がなければ……『ドレッドノート艦より偉大なもの』が迫っている！　就役中、あるいは企画中のイギリス戦艦よりも33％小さい敵艦が姿を現したらどうなる！　煙突がなく――マストもなく――煙も出さず――5000トン以上の石油を積み、それで世界を一周できて……。そんな戦艦が戦いの海に放たれたらどうなる！　**われわれもそんな戦艦を持たなければ**(フィッシャーはこの部分を大文字で強調した)」

セントルイスでの講演に話を戻す。テーマは軍事面から経済面に移り、ディーゼルエンジンの効率性は内地でももちろん発揮され、現在世界中で総計200万馬力を出力していると、あらためて聴衆に伝えた。1912年までにディーゼル式機関はドイツ国内の動力全体の30％をまかなっていた。

ルドルフは代替燃料の利用にも触れ、彼が開発したエンジンなら、石油由来の燃料に加えて、コールタールや植物油や果実油も燃料になると説明した。そしてこう宣言した。「今日、植物油をエンジン燃料として使うことに、あまり意味はないように思われるかもしれません。しかし、こうしたオイルはいずれ、現在の石油やコールタールのように重要なものになるでしょう」

そして、燃料の面から見たディーゼルエンジンの柔軟性は、燃料資源の独占状態を破り、あらゆる国に、その国で天然にとれる燃料の種類を問わず、政治的安定を保つ手段を提供するものだと論じた。「あるところ(国々)ではもっぱら石炭がとれる。あるところでは石油がとれる。アメリカ合衆国のように両方とれるところもあります。特定の国で何がどう発展するのか、予測するのは困難です」。だが、ディーゼルエンジンを使えばそんなことは問題にならない。どの国にも実用可能な燃料がある。アメリカは資源の豊富さゆえにディーゼルエンジンの導入が遅れているとルドルフは指摘した。

続けて彼は、ディーゼルエンジンによってヨーロッパ各国は石炭の副産物を燃料にするという選択肢を手に入れ、「天然液体燃料の価格高騰や、トラスト企業、独占企業による支配を免れる」ことが可能になったと断言した。

コーカサス地方における動乱や競争、そしてヨーロッパのその他の地域での石油の発見は、ヨーロッパにロックフェラーのような存在がいなかったことを意味している。そんな中でディーゼルエンジンの導入が進んでいる。ルドルフはこう付け加えた。「ヨーロッパでわれわれは、液体燃料としての石油の独占を、まさに打破したのです。そしてそれは、法律その他の人為的手段によってではなく（これは明らかに、前年にスタンダード・オイル社に対してシャーマン反トラスト法［独占禁止法］のもとで最高裁判所がとった行動を示唆している）、科学的探究と産業の発展という、権力者でさえ屈服せざるを得ない無敵の力によって成し遂げられたのです」。この自画自賛は全米の新聞各紙に掲載されたので、ロックフェラーもニューヨークのオフィスで読んだことだろう。ルドルフ・ディーゼルに屈するつもりなど、彼にはなかった。

演説の締めくくりでルドルフは、自論の地政学的な意味合いをあらためて振り返り、チャーチルやロックフェラーやヴィルヘルム2世も最も重視していた点、つまり、燃料こそが国家の命運を決するという点を主張した。

ルドルフは3つのことを予言した。第1に、工業先進国でおおむね黙殺されている環境汚染への取り組みが、エンジン開発において重要になるだろうという点。第2に、アメリカでのディーゼル導入は遅れているが、ほかのどの国よりもディーゼル機関車が活用されていくだろうという点。第3に、アメリカはいまのところ燃料の国内自給が「とてつもなく」豊かだが、いずれは湯水のような使い方が見直され、経済効率追求の機運が高まるだろうという点だ。

予言の正しさは、やがて証明されていく。

彼はもうひとつ、予言した。若手科学者だった1880年代、彼は太陽熱エンジンというアイデアを書き留めていた。太陽がエンジン室を加熱し、その熱が燃料に代わって仕事を生むと理論化した。4ページにわたるスケッチの中でざっと計算したところでは、最大50分の1馬力を出力できるはずだが、19世紀の金属加工技術は未熟で、その制約下での設計では、「どんなかたちであれ高効率化を図るには弱すぎ」た。しかし、彼はそのアイデアを完全に捨て去ったわけではなかった。

レオナルド・ダ・ヴィンチが、時代の制約という霞の向こうに何世紀も先を見通して、驚くほど正確な未来図を描く才能を持っていたように、ルドルフもまた、新時代に実現するであろうものを見通していた。太陽熱についてスケッチした30年後、ルドルフはあらためてセントルイスでの講演で、太陽エネルギー構想について語った。人体に有害で汚染を引き起こす石炭エンジンや石油エンジンの影響は、やがては地球の許容量を超えるだろうと予測しつつ、「天然の固体燃料や液体燃料の蓄えが枯渇しても、つねに利用可能な太陽の熱から動力を生み出すことができる」と述べた。

そのころヨーロッパでは、ルドルフがスルザーと開発した機関車の試験走行が始まっていた。セントルイスで彼は、アメリカで拡大中の鉄道ネットワークに魅力を感じていると語った。道路や鉄道のルートをゼロから設定できたり、特定の目的に応じて建設できたりするところは、とくに羨ましく思えた。ヨーロッパでは、エンジニアが輸送ネットワークを計画する場合、古代ローマその他の文明のもとでつくられた古い道筋を考慮しなければならなかった。

ディーゼルエンジンで走る鉄道車両はまだ実用段階に至っていなかったが、彼は大胆にもこう述べた。「ひとつ確かなことがあります――ディーゼル機関車の時代は、遅かれ早かれ、到来します」。ある記者から、アメリカで主にやりたいことは何かと質問され、彼はこう答えた。「自分が開発した熱機関車をニューヨークからセントルイスまで走らせること――燃料はバターだけでね。もしあなたがたがバターを提供してくれれば、の話ですが」

2時間にわたる講演が終わると、中西部の人々は勢いよく立ち上がり、ルドルフが戸惑うほど長い拍手を送った。ハウンドッグという名のカクテルを口にしてから初めて、彼は笑顔になった。ブッシュの腹心のマイアーは、目の前の発明家のその表情に、14年前に初めて会ったときと変わらない謙虚さを感じていた。富と名声を得てもなお、ルドルフは初心を忘れず、確固たる姿勢で科学と人類の進歩に身を捧げていた。

ルドルフは聴衆におじぎをし、木製の演壇をおりると、まっすぐに出口へ向かった。外では、ブッシュが差し向けた運転手が、最新型のベンツのエンジンを暖機しながらドアを開けて待っていた。

次の講演までの間、ルドルフとマルタはアメリカ西部を鉄道で移動し、サンフランシスコに立ち寄った。ルドルフにとって二度目の訪問だ。[3] 途中、いくつかの停車地で報道陣からドイツや戦争に関する見解を尋ねられた。たいてい彼は、ドイツの外交政策への具体的なコメントを避けたが、ナショナリズムの行き過ぎについては断固とした遺憾の意を示した。ドイツ人と呼ばれることを拒みさえし、むしろバイエルン人と呼ばれたいと述べ、それよりまず「世界人」でありたいとした。記者たちに、自分はスラブ系の先祖を持ち、フランスで生まれ、バイエルンの市民権を有していると伝えた。そのうえで、「私に特定の出身地はありません」と結論した。

あるインタビューの際、記者がルドルフに、近ごろドイツ帝国の参謀本部がリングリング・ブラザーズのサーカス団に人を送り込み、大人数の食料調達や長距離移動をどんなふうにこなしているのか研究しているという話を伝えたところ、ルドルフは「ドイツ参謀本部の力は、ほかのどの分野よりもサーカスで発揮されることでしょう」と返した。

ルドルフがこの数年間、ドイツに対してネガティブな感情を持っていたことについて、のちにオイゲン・ディーゼルはこう記している。「私と父は一緒に多くの旅をし、(父は)私に国ごとに違う国民性を観察するようにと教えた。ドイツ人が抱える問題は、彼にとってつねに関心と不安の的だった」。ルドルフと息子が目にした世紀の変わり目のドイツは、「軍隊式の習慣やふるまいが一般にも浸透し、民間人まで挨拶するとき左右の踵《かかと》を打ち鳴らし、堅苦しいおじぎをした。会話の声は大きく不愛想になり、傲慢で虚勢を張るような態度がよく見受けられた。生活全体が尊大な軍隊行進曲のような趣になっていった」。

後年、ナチス政権がドイツに不気味な影を落とす状況下で、オイゲンは続きをこう書いた。「軍隊精神がしばしば政治にも影響を及ぼした。このことが多くの場面で『軍国主義』を引き起こし、その他のある種の資質とあいまって、ドイツ人への嫌悪感を招いた。多くの個人主義者たちが進んで従順になり、無私の奉仕を求める圧力の下でその個人主義者たちが結束し、それがドイツ人の軍務の特徴を形づくった[4]」

ドイツについてアメリカのマスコミに語った言葉とはまったく対照的に、アメリカについては、すばらしいと感想を述べたいことがいろいろあった。彼はアメリカを「西方の大いなる光」と呼び、この若い国は「すべての発明家にとって安らげる場所（haven）であり天国（heaven）である」と語った。

アメリカはすでに世界の一流国であり、アメリカの産業と経済の地位は高まり続けるだろうという彼の意見を聞き、オマハのニュース・ビー紙の記者ポール・グリアは尋ねた。「アメリカ人のいちばん好きなところは？」

ルドルフはこう答えた。

基本的に私は、アメリカ人は4つの美徳を備えていると思います。まず挙げたいのは、固定化した階級がないこと。貧しい人と富める人、肉体労働者と専門職の人がたやすく入れ替わります……次に、アメリカ人は日常的に知性や博愛の精神を公正かつ寛大に発揮しています。第3は、アメリカ人は発明の才を大いに敬っていて、それがあらゆる種類の労働者の間で非常によく見受けられるという点。最後は、要職にあるアメリカ人の謙虚さです。重要人物たちの謙虚さに周囲の人々も感化されています。

イギリス海軍のディーゼル潜水艦隊の建設を手伝っているという噂について記者たちから尋ねられると、ルドルフはそれを否定した。

妻のマルタも報道陣から質問攻めに遭った。彼女はコントすれすれの上品さと思慮深さで答えを返した。女性参政権について聞かれると、「興味深い展開ですね」。当時、共和党を分裂させて大統領再選を目指していたセオドア・ルーズベルトについて見解を問われると、「あの方は興味深い展開ですね」。ルター派教会が広がっていますが、どう思いますか？　「ルター派はとにかく興味深い展開ですね」

おそらく彼女は、夫に敵が多いことをしっかり理解していたのではないか。マスコミの狙いが、親善ではなく、見出しになる発言であることも。揚げ足をとられないように彼女は慎重を期した。

ルドルフとマルタはニューヨーク州イサカに到着した。2日後の4月18日夜にはコーネル大学での講演が控えていた。街行く人々は、なぜか呆然とした表情を浮かべ、「ありえない」と叫んでいる。ふたりは新聞を買って見出しを読んで初めて、その理由を知った。その情報はマルコーニ式電信でもたらされた。不沈をうたったイギリスの大型客船、タイタニック号が海底に沈んだのだという。悲しみと衝撃が世界に広がり、ディーゼル夫妻もほかの人々以上に痛切な思いを抱いたことだろう。セントルイス工場の起工式にブッシュから招かれていなければ、このふたりも1500人余りの犠牲者に含まれていたかもしれない。ルドルフは新聞の見出しを切り抜き、日記に貼りつけた。

この悲惨なニュースもこたえたが、プルマン社製の夜行列車での移動でルドルフは痛風（激痛と腫れを伴う関節炎）の悪化に苦しんだ。右足は腫れ、左足の1・5倍ほどになった。それでも講演予定を取りやめず、コーネル大学の歓迎委員会の学生に、右足に合う黒い靴を調達してほしいと頼んだ。数時間後、白いネクタイと燕尾服で正装して、アメリカ滞在中2回目の講演に臨んだ。

次に夫妻は治療のためニューヨーク市に向かい、折よくそこで長男のルドルフ・ジュニアと再会した。彼はこの街で仕事を見つけて間もなかったが、すぐにニューヨーク生まれのデイジー・ワイスと恋に落ち結婚していた。ふたりの間に生まれたばかりの男の子は、アーノルドと名付けられた。

短い休息を終えると、ルドルフはアナポリスに移動してアメリカ海軍兵学校《アカデミー》で講演し、再びニューヨークに戻って4月30日にアメリカで最後の講演をした。その数時間前に、アメリカ機械学会は尊敬するゲストの歓迎セレモニーを行った。会長はルドルフに名誉会員の称号を贈り、歴史におけるディーゼルエンジンの位置付けを要約するスピーチを行った。会長はまず、文明が生まれたのは、人類が初めて火のおこし方と使い方を知ったときだと説き、「古代世界でこの無名の存在（発見者）は、プロメテウスとして神格化された」と語った。

いわく、2000年も前にエジプト人たちは、熱した蒸気を利用して寺院の巨大な扉を開閉していた。この技術が進展したのは、「ジェームズ・ワットが同じ力を運送、鉱業、冶金《やきん》などの実用的な分野に取り入れ――そして発達させ――た2世紀足らず前のこと」だが、ワットには、「燃料のエネルギーのわずか2％しか利用できない」という限界があった。それが近年、「（アルフォンス・）ボー・ド・ロシャス〔訳注　4ストロークエンジンを発明〕、オットー、（ウィリアム・デント・）プリーストマン〔訳注　重油燃料の内燃機関を開発。鉄道機関にも利用された〕、その他のエンジニアが、蒸気を媒介とせず、燃料の爆発による熱を直接、力に換えるエンジンをつくり、効率を20％にまで引き上げた」。

会長のスピーチは徐々に熱を帯び、ルドルフ・ディーゼルこそが文明を新時代へと推し進める動力源をもたらした人物であるとたたえ、さらに続けた。「ディーゼルは、爆発ではなく、制御された燃焼によって機能する内燃機関をエンジニアリング業界にもたらした。点火トラブルはなくなり、そしてなんと……効率は35％にまで達したのです」。そしてこう結論した。「ルドルフ・ディーゼルこそが、尊い火を託された者なのです」

二度のアメリカ滞在中（1904年と1912年）、ルドルフが鉄道で旅した総距離は2万マイル（約3万2000キロ）に及び、アメリカに対する評価も二度目で大いに高まった。最初の訪問時は、大都市においてさえ土木技術はお粗末で、間に合わせの貧弱な木造建築が町にあふれ、「手っ取り早い儲け」に極端な関心を向ける気風に辟易した。だが、アメリカは猛烈な勢いで成長していた。ルドルフはこの国の社会的、政治的、そして経済的な自由に敬服した。1912年4月の下旬には、アメリカに対して明らかに肯定的な見方をしていた。

記者たちから、アメリカの市民権を得る気はないのかと聞かれると、「たいへんな名誉」だが、急を要する仕事がヨーロッパで待っていると答えた。

「大いなる光」への旅に関連して、ペンシルベニア鉄道とヘンリー・フォードが1912年にルドルフ獲得を試み、それぞれの事業におけるディーゼルエンジン部門を手伝ってほしいと申し込んだ。両社とも顧問のポストとその報酬額を提示した。鉄道と自動車を制することは残りの人生をかけた野望ではあったが、ルドルフは両方断り、友人や家族を驚かせた。自身の野望もかなう、申し分のないオファーだったが、ヨーロッパにはそれ以上に全精力を傾けるべき、差し迫った仕事が待っていた。その仕事が何を指すのか、誰にも明かされることはなかった。

ルドルフの日記には、彼が驚くべきペースで旅をしていたことや、アメリカの一流ビジネスマンらが、ひっきりなしに面会を求めてきた様子が記録されている。彼はジョージ・ウェスティングハウス〔訳注　発明家・実業家。鉄道のエアブレーキを発明し、電気とガスの供給システムを開発〕と昼食をともにしたり、ジョージ・メルク（ドイツからの移民2世で、医薬品製造のメルク社や運送コングロマリットのハンブルク・アメリカ社、ハンブルクの企業向け国際金融機関、H・J・メルク社などを設立）や、アメリカ海軍の高官、そして潜水艦司令官と会談したりした。鉄道車両製造のボールドウィン・ロコモティブ・ワークス社の経営陣は、ルドルフとの短時間の面会のために総出でフィラデルフィアからボルチモアまでやって来た。

彼の毎日は、ランチミーティング、お茶を飲みながらのミーティング、夕食をしながらのミーティング、食後の一杯、マルタとの劇場通い（これはニューヨーク滞在中）で明け暮れた。その合間に、

1000人以上の聴衆を前にした特別講演を4つこなし、会社幹部と会議をし、工場を見学し、街から街へ列車で長距離移動をした。痛風で足が何度か腫れたという記述もあるが、美術館やエリス島での楽しい思い出も書き留めている。自らのビジョンを伝えたいという底知れぬエネルギーや熱意と同時に、一流品に対する鋭い審美眼も、日記のそこかしこからうかがえる。

食事をとるのはワシントンDCの会員制のメトロポリタン・クラブや、セントルイスの高級社交クラブ、サンセット・カントリークラブなど。ニューヨークでは五番街で評判だったルイス・シェリーのレストランやニューヨーク・ヨットクラブ、ニューヨーク・アスレティッククラブを訪れ、さらに地下鉄に乗ってボーリンググリーン駅近くの、当時マンハッタンで最高級の海運クラブ、ホワイトホールクラブでランチを楽しんだりもした。

宿泊するのはアメリカの最高級ホテルで、セントルイスでは歴史あるプランターズ・ホテル、バッファローではイロコイ・ホテル、イサカではクリントン・ハウスに。アナポリスでは海軍司令官アルバート・リード（海軍兵学校への訪問を取り仕切っていた）の自邸に泊まり、リードの「チャーミングな奥さん」について記している。

ブロードウェイでルドルフとマルタは、42丁目のウォラック劇場で上演された新作戯曲『ディズレーリ』や、ハドソン劇場の『タイフーン』などを楽しんだ。過密スケジュールをこなして迎えた滞在最後の日、ニューヨーク港からの出発を翌日に控えて、ドイツ人の中で最も尊敬されていた発明家は、アメリカで最も名高い発明家を訪問した。

トーマス・エジソンとルドルフ・ディーゼルが残した業績は、歴史上の支配者や政治家の業績よりも長く語り継がれるだろう。ふたりが発明を成し遂げてから100年以上経ったいまもなお、世界中の人々が日常生活の中でしょっちゅうふたりの名前に（自動車や電球などを通して）接していて、もはや固有名詞を超えた一般名称と化している。

ふたりには多くの共通点がある。科学への敬意、仕事への惜しみない献身、そして存命中に名声を得たことだ。

アメリカで予定されていた講演を終えたディーゼルはエジソンから招待を受けた。1912年5月6日、ディーゼル夫妻はニュージャージー州ウェストオレンジのエジソン宅を訪ねた。巨頭会談の実現だ。会ってみると、ふたりには共通点より違いが多いことがわかった。

トーマス・エジソンは、自宅兼研究室であるささやかなコテージの玄関を出て、夫妻を迎えた。家に入ると、椅子は座り心地がよいとは言えず、軽い朝食を出してくれた食卓の隣のテーブルには歯車や模型の部品がうず高く積まれ、ロールトップデスク〔訳注　畳み込めるふた付きの机〕には紙やスケッチが無造作に積まれてあふれ返っていた。このコテージの最大の特徴は広々とした作業室で、さまざまなプロジェクトごとの作業スペースが木製の仕切りで区切られていた。それほど散らかっていないコーナーに金属フレームの簡易ベッドがあり、そばには風変わりなセメント製のひじ掛け椅子があった。

エジソンは当時65歳で、ディーゼルより11歳上だった。エジソンは人生や科学についての考えを、年長者としてだけでなく、より知恵のある者として客人に授けようとしているのだと、ディーゼルにはすぐにわかった。

エジソンは、最近、妻に「引っ張られて」イタリアを巡る旅をし、とても退屈だったと語った。きっと妻は大聖堂から大聖堂へと夫が音を上げるまでまわったのだろう。エジソンは壁画にもタペストリーにも彫刻にも興味はなく、宗教芸術を嫌っていた。

エジソンは誇らしげに、自分は「独学」で歩んできたと語った。それは自慢できることなのかとディーゼルは疑問に思ったが、口には出さなかった。意欲的に自己開発するのはたしかに尊いことだが、高度な科学にはちゃんとした基礎教育が必要だとも考えていた。ただ、19世紀のアメリカでそういう下積みをするのは困難だった。超一流の工業技術系の学校はすべて、ディーゼルが苦学したヨーロッパにあった。

教育面での経歴の違いは、ふたりのまったく異なる発明の手法にも表れていた。イノベーションは、頭を使う科学者と、素材に手を加える職人の両輪で成し遂げられる。エジソンはどちらかといえば実践型の科学者で、手を動かして試行錯誤を重ねながら漠然としたコンセプトをかたちにしていった。グリエルモ・マルコーニも同じタイプだった。[5]

一方、ディーゼルやチャールズ・パーソンズ、フーゴー・ユンカースのような発明家は、すばらしい発見というものは事前の理論的分析があってこそ成し遂げられると考えた。ディーゼルは数学と物理学に精通し、まず理論的に何が可能かを詳細に検討し、そのうえで実践に臨んだ。燃焼機関の材料は高価で、構成部品の製造・加工には熟練の技術も必要だったので、試行錯誤を重ねる贅沢が許されないという事情もあった。[6]ディーゼルは金属片を手にとる前にまず、設計に関係する熱力学を完全に研究し尽くした。実験で壁にぶつかっても、計算の正しさには絶対の自信があり、確信が揺らぐことはなかった。実験段階で微調整することはあっても、それは、大前提の変更や目先を変えた大発見のためではなかった。

「発明家」の定義そのものも、ふたりの間では異なっていた。エジソンにとって優れた発明家とは、発明家である以前にまとめ役だった。資料を大量に読み、部品を絶えずいじりながら、目の前にある複数の発明を素朴なひらめきで掛け合わせ、新しい方向性を見つけ、市場での有用性を新たな視点から考える存在だった。たとえば1877年7月18日、エジソンは自動電信の実験をしていた。それは紙テープにモールス符号のくぼみをつけ、針で読み取っていくというものだった。電圧が上がったせいか、針の動きが速まり、摩擦音が高まった。この摩擦音を利用できないかとエジソンは考え、より精巧な装置をつくり、ついには人間の声の再生に成功し、蓄音機の発明につなげた。ディーゼルの発明はけしてわき道にそれることがない。寄せ集めたり方向転換したりするのが発明家だとは夢にも思わなかった。ふたりのやりとりは、しだいにぎすぎすしていった。

エジソンがエンジンについての持論（ディーゼルには「ビールの泡」のように思えた）を長々と語ったうえで、数十人、数百人の技術者の労力を「結集」したエンジンは、ひとつの「軽量で実用的なマシーン」に「合成」されうると結論した。

ディーゼルにとってばかげた考え方だった。それぞれのエンジンには、それぞれの明確な思想がある。混ぜ合わせてしまえというのは、あきれるほど素人っぽい発想だ。芸術や自学自習についてのエジソンのコメントはさておき、挑発されていると感じたディーゼルはここで沈黙を破ってエジソンに尋ねた。あなたにとってエンジンの作り手は1ダースで10セント程度の存在なのですか。[7] エジソンは愉快そうに答えた。「1ダースの人間がかき集めたものに、10セントの価値があるかどうかが問題なんだよ」

違いはそこにとどまらなかった。エジソンは傲慢な口ぶりで、あるいはディーゼルにそう聞こえただけかもしれないが、自分はいかなる「専門」にも収まる気はないと言い放った。ディーゼルの目から見てエジソンは、数学や物理学を使って科学的な構造物をつくるうえでの基礎がなっていなかった。なのに彼は、自分はエンジンの専門家であると宣言してはばからなかった。

もうひとつ、口には出さなかったが、根本的な違いがあることがわかり、ディーゼルは納得した。根本的な違い――それは、エジソンがつくるのはパワーを消費するマシーンで、ディーゼルはパワーを生み出すエンジンをつくっているということだ。

妻たちの様子について、エジソンはおそらく羨ましい気持ちでこう言った。「女性陣は仲良くやっているようだね」

この訪問は、全体としては我慢の範囲内だったが、あるひとつの違いは互いをいらだたせた。エジソンはアルコール類を嫌っていた。この一点をとってもディーゼルへの言葉はとげとげしいものになった。エジソンが「アルコールをがぶがぶ飲むのは自然ではない」と言い切ると、ディーゼルは、ホモ・サピエンス〔訳注 「知恵あるヒト」の意〕はパンや肉とほとんど同じぐらい昔からアルコールをたしなんできたと指摘した。エジソンは、どうしてディーゼルが「ほとんど同じぐらい」という言い方をするのか知りたがった。ディーゼルは笑ってこう言った。「発酵にちょっと時間がかかるからですよ」

ディーゼルは同時代の多くの一流発明家と、経済的にも個人的にも実り多い関係を結んできたが、エジソンにはあまり好感を持てなかった。生い立ちや仕事のしかたが違いすぎた。仕事熱心な点と業績については互いに敬意を抱いていたが、発明に対する信仰にも似た取り組み方の違いという溝を埋めるには至らなかった。

ディーゼル夫妻はニューヨーク市のウォルドーフ・アストリア・ホテルに引き返した。1912年5月7日、ルドルフとマルタはリムジンに乗り、ハンブルク・アメリカ郵船の「ヴィクトリア・ルイーゼ」号に乗り込むため、ハドソン川に面した34丁目の桟橋に向かった。船にはタイタニック号の生存者がふたり乗っていて、ルドルフの好奇心を誘った。オーベルスト・アルフォンス・シモニウス・ブリュメル大佐と、その秘書であるマックス・シュテヘリン＝メグリンは、冷たい海から救助されてからひと月も経たずして再び大西洋を渡ろうとしていた。熱心に耳を傾けるルドルフにふたりは恐ろしい体験を語って聞かせた。

5月15日、乗客はイギリスで船を下り、ルドルフはたちまち慌ただしい日常に引き戻された。その日の午後2時にはもう、ロンドンでディーゼルエンジン統合会社の幹部会議に出席していた。この会社にイギリス海軍本部は大いに期待を寄せていた。

会議を終えると、ルドルフはルネサンス人のように、マルタと落ち合って豪華なディナーを楽しみ、ロンドンのキングスウェイ劇場でジョージ・バーナード・ショーの『ファニーの初めての劇』を鑑賞した。

注

1. ステッドはタイタニック号の2200人余りの乗船者のひとりで、1912年4月15日、沈没事故の犠牲者になった。そのころ、ディーゼルはセントルイスからニューヨークへ戻る途中だった。ステッドはディーゼルエンジンの熱烈な信奉者で、このエンジンはいずれ天下をとると正確に予言していた。当時、石油トラスト各社は、ディーゼルエンジンの燃料に、ステッドが予測したようなコールタールではなく、石油由来の燃料を使うように働きかけていた。

2. 第一次世界大戦中、両陣営とも商船の損失に苦しんだ。その損失規模は、潜水艦導入を支持した人々の想定をも上回った。ドイツは貨物輸送を目的とした巨大潜水艦の建造を試みた。エンジン設計ではスピードや機動性よりも安定性を重視した。1916年3月28日、ドイツは貨物潜水艦「ドイッチュラント」を就役させた。不可逆式の450馬力のディーゼルエンジンを搭載し、積載可能量は791トン。武装はしていなかった。敵の封鎖域に近づくと潜水し、敵艦の下を無事に航行した。当時まだ中立国だったアメリカへの最初の往復では、往路で染料を163トン運び、復路は生ゴム348トン、ニッケル341トン、そしてスズ93トンを積んでドイツ軍に供給した。戦時中に2回利用され、合計1800トンの物資を運んだ。

3. ディーゼルはカリフォルニアからセントルイスに戻る際、「フリスコ」と呼ばれたセントルイス・サンフランシスコ鉄道で移動した。途中、アーカンソー州のオザークに宿泊するため停車すると、プラットホームでひとりの若者が待ち受けていた。若者の名はチャールズ・モロウ・ウィルソンといい、いとこが地元の記者で、その手伝いをしていた。チャールズは53年後にディーゼルの伝記の共著者になった。伝記の中で、ディーゼルと過ごした楽しい夜について記し、長身で〝人並外れてハンサム〟なこの旅人は、時間を惜しまず付き合ってくれたと振り返っている。地方の農場に関心があったディーゼルは、若者とともにその両親に会いに行き、クリームソーダを一緒に味わった。若者はディーゼルを家族との夕食に招いたが、ディーゼルは「礼儀正しく招待を断った……食前に薬を飲まなければならないのに、薬入れをホテルに置いてきたから、という説明だった」。それは手のひらに収まるエナメル塗りのピルケースで、明らかにディーゼルは、ふだんは携帯していなかったと思われる。

4. オイゲン・ディーゼルはナチ政権下で抵抗運動のメンバーになった。19世紀から20世紀に移り変わる時期のドイツに関する見解をまとめた著書を出版したのは、ヒトラー台頭を前にした1931年1月のことだ。ナチスの兵士たちが第二次世界大戦後、「私は命令に従っただけだ」とよく抗弁したことを想起させる記述があり興味深い。

5. エジソンが教育を主に家庭で母から受けたように、マルコーニも家庭教師に教わり、学校での高等教育は受けていなかった。1890年代、ハインリヒ・ヘルツによる電磁波の実験についての記事を読み、イタリアの家族の家の屋根裏部屋でその再現を試みた。アンテナを高くすれば無線信号の伝達距離が飛躍的に伸びるはずだと考え、1895年、実験の場を屋外に移し、画期的な成果を挙げた。

6. ディーゼルが1897年につくった量産向けエンジンは、あの有名な1892年に申請した最初の特許（特許番号67207）で示したものと根本的に違うものだと批判する人々もいる。たしかにそれは事実だ。ディーゼルの最初の特許では、燃焼室内の高温に関しては「一定の温度のエンジン」とされている。しかし1893年、ディーゼルはエンジンのコンセプトを「一定の圧力のエンジン」と改め、11月に新たな特許を出願し（1895年7月に特許番号82168としてドイツ帝国特許局が登録）、1893年後半から費用のかかるテスト段階に臨んでいた。ディーゼルは自分を中傷する人々について「私は、ほとんど耐えがたい憎悪を伴った数多くの批判にさらされた。理論的理想からの逸脱は、実際的に不可避なのだが、科学に対する犯罪だと非難され、新しいエンジンは道徳的な憤りのこもった非難を浴びた」と書いている。

7. ディーゼルとの会談について、エジソン側の感想を伝える資料は見つかっていない。ルドルフとマルタが語った内容をオイゲン・ディーゼルが書いて刊行したものが、唯一の資料である。

第22章 高まる圧力

ディーゼル技術の圧倒的な威力は、もはや誰の目にも明らかだった。その性能は従来のどのエンジンよりも優れていた。政界や産業界のリーダーたちは、緊張をはらんだ激動の時代に出現したディーゼルエンジンの衝撃にどう対応するか、判断を迫られた。

1912年、73歳のジョン・D・ロックフェラーは再び窮地に立たされていた。セオドア・ルーズベルト政権下で始まったトラスト解体の取り組みによって、石油界の帝王はいよいよ追い詰められた。連邦最高裁は1911年5月15日、「スタンダード・オイル・オブ・ニュージャージー対合衆国」訴訟で画期的な判決を下した。首席判事エドワード・ホワイトは多数意見を代表して、ロックフェラーのトラストが「石油の貿易と商取引の制限」に加担しているとまとめた。それによると、競争を排除し、固定価格、独占、そして合併を通じて自由市場を支配しようとするスタンダード・オイルの試みは不合理であり、違法である。検察側の主張の土台になったのは、スタンダード・オイルが鉄道会社とともにつくり上げたリベート制だった。

裁判所は8対1で判決を下した。唯一、反対意見だったジョン・ハーラン判事は、トラスト解体には賛成だったが、「貿易の制限」という適用範囲が広すぎる文言に反対した。これではアメリカのビジネスに対して過度に厳しい判例になると考えた。

多くのアメリカ人がロックフェラー側の言い分に賛同した——実業界の仲間だけでなく、一般人も同様だった。スタンダード社の優越的地位は公正に勝ち取られたもので、そのビジネス戦術が冷酷であっても、競合する他国の独占的石油企業の比ではないと感じていたためだ。アメリカで最も強力なトラストに対して政府が過剰に介入し、世界のどの石油会社も被らないような制約を強いれば、アメリカの国際的な地位と影響力を損なうことになると彼らは懸念した。

実際、この判決が出たころにはスタンダード社の石油市場への支配力はすでに弱まっていた。テキサコ、ガルフ・オイル、サン、ユニオン・オイルなどが、スタンダード・オイルのあとに続いていた。いずれも比較的小さな会社だったが、判決の結果、スタンダード・オイルも分割された。トラストは解体されて「ベイビー・スタンダード」と呼ばれる地理的にも分かれた34社に分割され、独立して競い合うようになった。[1]

ロックフェラーにとってさらに深刻なのは、石油の将来的な需要の伸びが不確実だったことだ。電球の普及によって灯油の需要は激減した。自動車の内燃機関の燃料としてガソリン需要は高まっていたが、灯油の穴を埋める保証はなかった。1909年、フォードが販売した自動車はわずか1万台だった。1913年には26万5000台に伸びたものの、まだ不十分だった（ちなみに今日では、ロサンゼルス郡だけでも650万台の車が登録されている）。ロックフェラーは独占的な力を失った。石油トラストは解散し、新たな競争相手も出現し、もはや売り手優位で市場を牛耳ることも、価格の操作もできなくなった。

短期的に見れば、これによってロックフェラーの資産は増えた。34社の株はそれぞれ独立して取り引きされ、株価は上がった。その総額は、分社化前の株価の総額を超えた。各社にはそれぞれ独自に高い価値があることがわかった。ある調査によると、ロックフェラーの資産総額は1913年にピークを迎えた。その年のアメリカの国内総生産（GDP）は391億ドルで、ロックフェラーの資産はその2・3％の9億ドルにのぼった。

だが、額面上の資産など、彼がこれまでスタンダード・オイルの総帥として石油市場や国際情勢にふるってきた実権とは比べものにならなかった。裁判で破れたロックフェラーは手負いの獣も同然で、何をしでかすかわからない、より危険な存在になった。スタンダード・オイルの未来は、ガソリンを燃やす内燃機関の急速な普及と、蒸気機関燃料の石炭から石油への転換にかかっていた。これらが実現すれば、石油の需要は増加し、供給過剰と価格崩壊を回避できる。

ルドルフ・ディーゼルが提唱する植物油やナッツ油で動くエンジンを活用した農村経済の振興など、ロックフェラーには何の関心もなかった。イギリスや、石油が乏しい西欧各国に地元産コールタールを燃料に動くエンジンを提供して支援することも、どうでもよかった。「私のエンジンはアメリカ人による燃料の独占を打破した」とルドルフ・ディーゼルが豪語したという新聞記事を、彼は激怒しながら読んだに違いない。ロックフェラーの成功は、世界を原油漬けにしてこそつかめるものだった。ディーゼル技術が台頭するかぎり、世界の主要な燃料源としての石油の地位は安泰ではなかった。

ドイツ皇帝ヴィルヘルム2世もまた、従来とタイプの異なる、性能の進化も著しいエンジンを導入し、それに見合った燃料を調達しようと必死だった。ヴィルヘルムはMAN、ドイツ、クルップの各社とエンジンの製造契約を結び、潜水艦だけでなく、近い将来には海上艦全体にディーゼルエンジンを搭載しようと大いに期待をかけていた。だが目下の課題は、燃料油やガソリンを確実に入手することだった。そのためには、農業を振興して代替燃料を製造したり、国内の石炭産業にてこ入れして構想に必要なだけコールタールを精製したりするより、ペルシャ湾一帯の豊富な原油を手っ取り早く入手する方法を探るのが得策だと彼は考えた。

１９１０年、ドイツはベルリン＝バグダード鉄道の建設に着手した。トルコ、シリア、イラクを通って、石油資源が豊富でオスマン帝国支配化にあったバグダードとドイツの首都を結ぶという鉄道構想だった。イギリスの息のかかった海域を通らず、直接ドイツに石油を供給できるルートをヴィルヘルムは求めていた。

かつて大英帝国の支配下にあったペルシャ湾でのドイツのこの動きは、国際社会にとって脅威であり、列強の外交関係を緊迫させた。

ヴィルヘルムは、１８８９年にトルコを公式訪問するなど、イスラム世界と良好な関係を築いていた（ビスマルクは、歴史的にトルコと敵対するロシアをいたずらに警戒させると反対した）。彼はオスマン帝国と連携を強め、１８９８年にも国賓として訪問し、トルコとの関係強化によって、イギリス、フランス、ロシアの同盟強化に対抗しようとした。

かねてからロシアはドイツの軍事力と好戦性の高まりを危惧していて、ただちに鉄道計画に反対した。新たな路線は、ロシア領カフカス地方に近い産油地帯にドイツの影響を及ぼすと危険視したのだ。ロシアの懸念はもっともで、鉄道が完成すれば、弱体化したオスマン帝国とドイツの交易は飛躍的に

「ベルリンからバグダードへの鉄道の原案」。ベルリン＝バグダード鉄道の路線計画図。ドイツはその影響力をロシアのバクー油田地帯へ、そしてイギリス支配下のインドに伸ばそうと画策していた。

拡大する。ドイツとオスマン帝国が手を結ぶ事態に、ロシアは厳戒態勢を敷いた。

イギリスも同様に警戒した。ヴィルヘルムがこの鉄道によって英独間の軍拡競争をあおるならば、イギリスとしてもその建設を阻むしかない。この鉄道は、大英帝国の重要な植民地であるインドの近隣に軍事物資を運ぶ手段にもなりかねず、平静を保ってはいられなかった。

イギリスの反発は必至と見込んで、ドイツは鉄道ルートを設定した。海岸線を通るほうが工費も安く建設も容易だが、イギリス海軍の射程圏に入ってしまう。そこでヴィルヘルムは、工事の難しさと費用が桁違いになるのを承知で内陸部にルートをとった。たしかにイギリスからの攻撃は避けられるのだが、トルコ南部のハタイ県に連なるトロス山脈やアマヌス山脈（現在はヌール山脈と呼ばれる）

にいくつもトンネルを掘る必要が生じた。[2]

第一次世界大戦期について著述した学者モリス・ジャストロウ・ジュニアは、ペルシャ湾におけるヴィルヘルムの野望をこう考察している。「ナポレオンは、ヨーロッパ大陸の勢力下にあるアントワープはイギリス沿岸に突きつけられたピストルだと言ったとされるが、バグダードとペルシャ湾がドイツの手に落ちれば、それは42センチ砲にも等しい脅威だとイギリスはみていた」

ヴィルヘルムにとってこのプロジェクトは、イギリスを敵にまわしてでも推進すべき価値があった。ドイツ帝国の勢力拡大を確信する彼は、オイルエンジン（ディーゼル式とオットー式の両方）におけるドイツの優越性に信頼を寄せていた。国の成功にはふたつの要素が求められた。まず、軍事と経済のために燃料の安定的供給を確保すること、そして国内のエンジニア、とくにディーゼル技術の専門知識を持つエンジニアの水準を、他国より確実に高めることだ。ベルリン＝バグダード鉄道は対英外交を崖っぷちに追い込んだ。

1912年2月9日、ひげを入念に整えたヴィルヘルムは、ベルリンの宮殿のプライベートな書斎の小さな細長いテーブルを前に、3つの椅子の中でいちばん大きな椅子を引き寄せ、その上座へと障害のないほうの手で、ある人物を手招きした。着席したのはイギリスの陸軍大臣リチャード・ホールデーンだ。

ドイツ海軍大臣のティルピッツには、ホールデーンの左側の小さな椅子にかけるよう命じ、自身は右側に座った。3人は昼食を宮殿ですませたところだった。昼食には皇后ヴィクトリア・アウグステや、娘のヴィクトリア・ルイーゼ皇女、宰相テオバルト・フォン・ベートマン・ホルヴェークも同席していたが、食事が終わると退出した。皇帝はイギリス閣僚との内密の謁見を望んでいた。彼はホールデーンに微笑みかけ、身を乗り出して客人の葉巻に自ら火をつけてやった。

その気になればヴィルヘルムは人当たりのいい人物になれた。ハンサムで堂々として、1905年から1909年にかけての一連の不祥事で傷ついた国内外での立場を、この1912年ごろにはおおむね回復していた。その理由の一端は、ヨーロッパの長老的な君主の役割を粛々と引き受けたことにある。それまで長老格だったイギリスのエドワード7世は1910年5月に亡くなった。「ヨーロッパのおじさん（Europe's Uncle）」[3]と親しまれたパーティーも、もはや歴史の舞台から去ったのだ。

皇帝は、自らを経験豊富な外交官で統治者であると考え、あらゆる問題について自分の意見を差し挟んだ。自分は「万能者」だという揺るぎない自信を持ち、舞台作品や交響曲を手直しさせ、ドイツで最も尊敬されている指揮者に舞台上でだめ出しをすることもよくあった。画家や彫刻家の制作に直接かかわり、パレードのルートの人員配置をいじり、軍艦のデザインを変えさせ、軍事予算や兵員配置に口を出した。外交となると、公式ルートに割り込んで諸外国の外務大臣と直接交渉し、しばしばドイツの外交団に苦々しい思いをさせた。

1912年になると、ドイツとイギリスの両国にとって、政府に負担を強いる巨額の軍事予算や、世界各地で発生する外交上の危機的状況は、手に負えないものになっていた。ヴィルヘルムの閣僚たちはドイツが破産寸前だとわかっていたが、ヴィルヘルムとティルピッツは、イギリスとの海軍力の差を埋められなければ、15年近く掲げてきたリスク理論が無駄になると考えていた。

ヴィルヘルムには、両国が納得できる解決策を示す自信があった。軍備の縮小ではなく、そのペースを落とそうという案だ。帝国議会とイギリス議会で予算を削減し、なおかつイギリスを警戒させることなく両国の海軍力の差を縮めるプランを持っていた。それは一種のいかさまだった。

3人が着席すると、ヴィルヘルムはホールデーンに対して、ティルピッツ海相が英語をうまく話せないのでドイツ語で会談を進めなければならないと詫びた。そしてホールデーンの腕に自分の手を置き、あなたにテーブルの上席に座ってもらったので「力のバランスをとる」ことができた、と彼を安心させた。

ヴィルヘルムは、軍事予算の削減は両国の利益になると主張した。ホールデーンは、削減するならば適正な比率に応じて建艦予算を修正すべきだと応じ、ドレッドノート級戦艦をドイツが1隻つくればイギリスは2隻つくると断言した。それはヴィルヘルムにも織り込みずみの発言だった。陸軍主体の軍隊を維持しながらイギリスのドレッドノート艦隊と肩を並べる道はないことを、彼もわかっていた。しかし、イギリスには盲点がある。ドイツが誇るディーゼルパワーを生かせば道は開ける。それは、ルドルフ・ディーゼルその人の絶対的な価値を高めることにもつながった。

ディーゼルの存在は、潜水艦でドイツが優位に立つうえでの鍵だった。自国のディーゼル技術強化のためにも、そして、イギリスのそれを阻むためにも[4]。

ティルピッツ海相はホールデーン陸相の主張を押し返し続けた。あたかもヴィルヘルムと事前に打ち合わせた台本をなぞるように。ティルピッツはホールデーンに対して、2対1の比率ではなく同じペースで建造すべきだと強硬に主張したが、ホールデーンは一歩も譲らなかった。議論が行き詰まったところで、ヴィルヘルムが戦略的な譲歩案を持ち出した。ドイツはド級艦の建造数を劇的に減らし、2国間の建造比率もホールデーンが納得できるものにするという案だ。皇帝に従ってティルピッツは引き下がり、イギリス陸軍大臣が勝利を収めたかたちになった。ヴィルヘルムは議会に提出する海軍に関する法案を書き直した。高度に専門的な内容がドイツ語で書かれた文書である。その法案の写しは、ホールデーンに帰国当日、渡された。

2月12日、ホールデーンはロンドンの閣議で、「(ヴィルヘルムは) 好感が持てた……彼は心の底から平和を望んでいると確信するが、彼は国民も納得させなければならない」と述べた。ヴィルヘルムが懐柔的な立場をとってドレッドノート級戦艦の予算を大幅に削減しようとしている真意をめぐり、閣僚たちの議論は沸騰した。会談報告の最後にホールデーンは、書き直されたドイツの海軍法案の写しを海軍大臣のチャーチルに手渡した。

チャーチルは文面を念入りに読んだ。法案の片隅に、カイザーの真の企みが潜んでいた。

ヴィルヘルムはイギリスとの建艦競争から手を引くとしていた。勝ち目のないレースからは撤退し、別の道を選んだのだ。ドイツ議会への提出を控えた文面の中に、ド級艦の喜ばしい削減が記されている一方で、ヴィルヘルムがドイツ議会に海軍の現役兵員数を20%増やすよう求めていることを、チャーチルは見逃さなかった。それだけの人員があれば「年間を通じてあらゆるクラスの艦船の攻撃力が飛躍的に増す」ことになる。ドイツ大洋艦隊の増員数をチャーチルは3000人と踏んだが、ヴィルヘルムが実際に求めたのは1万5000人だった。

ヴィルヘルムは、ドイツがド級艦の計画数を減らせばイギリスも同様に減らすものと考えていたが、チャーチルは法案を精査してこう結論した。「ドイツが1920年までに潜水艦部隊のために幹部将校121人の追加を要求しているということは、50隻から60隻の潜水艦が追加されると推測できる」

イギリスは島国だが、海岸線の大部分は切り立つ崖や砂が厚く堆積する砂州で、海から簡単には上陸できない。荒天のときでも、波が穏やかな湾や入り江があれば河川港への軍事用や商業用の安全輸送が可能だが、そんな地点は驚くほど少なかった。Uボート艦隊の規模が推測通りだとすれば、イギリス諸島は包囲され、すべての港は封鎖され、さすがのイギリス艦も閉じ込められ、経済も軍事も立ち行かなくなる。この真の脅威にどう対処すべきか、チャーチルは熟慮した。

ヴィルヘルムの手の内はわかった。実現可能な予算内で、イギリスの予算増額を招くことなく、海軍力の差を埋めようというわけだ。

ドイツ皇帝の巧妙な企みは、海軍大臣チャーチルに見破られた。ドイツの海軍法案を見直し終えると、チャーチルは気づいた点を閣僚に伝えた。ヴィルヘルムはホールデーンを相手に平和主義者を演じたが、この皇帝の望みは平和などではないとチャーチルは結論した。軍拡競争への対応は、ますます緊急を要する段階に突入した。これまでは外交のツールとして軍事力の保有量を検討してきたが、実戦での配備が現実味を帯びてきた。

注

1.「ベイビー・スタンダード」の中には、アメリカ有数の高収益を誇る石油会社となった社もある。ニュージャージーのスタンダード・オイルはエクソンに、ニューヨークのスタンダード・オイルはモービルになり、1999年にエクソンと合併してエクソンモービルになった。カリフォルニアのスタンダード・オイルはシェブロンに、コンチネンタル・オイルはコノコを経てフィリップス66になった。オハイオのスタンダード・オイルはソハイオになり、１９８７年にブリティッシュ・ペトロリアムに買収された。

2. １９１４年に第一次世界大戦が勃発するころまでにドイツが建設を終えた区間は４００マイル（約６４０キロ）だった。１９１９年のヴェルサイユ条約にはこのプロジェクトに関する条項が含まれ、ドイツは鉄道に関するすべての権利を放棄させられた。ドイツはのちにこのプロジェクトを再開し、ナチス政権下の１９３８年から40年にかけて、ついに約１０００マイル（約１６００キロ）を完成させた。最終的に、技師たちは27本のトンネルを開通させた。線路の一部は現在も利用されていて、開設当時の駅舎も残っている。

3. エドワード7世（バーティー）はヴィルヘルム2世とロシア皇帝ニコライ2世のおじだった。

4. この会談の2年後の１９１４年6月、イギリスからキール・レガッタに大規模な艦隊が友好親善のため派遣された。主力艦隊の旗艦であるキング・ジョージ5世号も加わっていた。ティルピッツが出席し、ヴィルヘルムもホーエンツォレルン号で現地入りした。チャーチルは招かれなかった。ドイツ人とイギリス人が交流しているとき、ロンドン駐在のドイツ海軍武官のエーリッヒ・フォン・ミュラーは、部下たちにイギリスからのゲストについて耳打ちしたその内容を聞かれてしまった。「彼らがここに来た目的はただひとつ、スパイ活動だ。われわれの準備の進み具合を知りたいのだ。口が裂けても、Uボートについては言うな！」。レガッタ開催週のさなか、6月28日午後2時30分、オーストリア皇太子フランツ・フェルディナント大公の暗殺を知らせる電報が届いた。

第23章 最後の数カ月

ディーゼル家の人々は1913年を健やかに迎えた。年明けにはルドルフの著書『ディーゼルエンジンの始まり』*が出版された。結婚30年目を迎えたルドルフとマルタは、シチリア島やカプリ島、ナポリやローマにバカンスに出かけた。列車の一等車に乗り、豪華なホテルや保養地に泊まり、最高級のレストランで食事をした。ルドルフは旅先でも仕事関係の手紙をやりとりしたが、そんな用事がないときは夫婦水入らずで、ストレスだらけの仕事や出張を何年もこなしてきたお互いをねぎらった。

列車で北へ戻る途中、ふたりはザウリング山に寄り道した。ドイツとオーストリアの国境にまたがるバイエルンアルプスの山だ。ルドルフはこの一帯になじみがあり、若いころに登ったこともあった。標高7000フィート（約2100メートル）近いふたつの頂が柱のように険しくそびえていた。頂上からは周囲の湖の壮大な景色を楽しめた。

55歳のルドルフは、自由時間の使い方として、この急な斜面への登山を選んだ。アメリカ滞在中に彼を苦しめた痛風は、このころ明らかにおさまっていたようだ。ルドルフは登山口で、行ってくるよとマルタにキスをし、まだ雪に覆われた早春の頂上を目指してガイドとともに出発した。彼は若いころの自分に負けまいと力強いペースで歩き続けた。

ガイドがのちに語ったところによると、ルドルフは頂上にずいぶん長くいて、静かにバイエルンの眺望に見入り、深い物思いにふけっていた。彼らは下山し、最後の日の光が消え入るころ、マルタのもとに帰り着いた。

ディーゼル夫妻はザウリングから約90キロのミュンヘンに帰った。マルタは自宅での日常生活に戻ったが、ルドルフはひとりで旅を続けた。まず妹のエマに会いに行った。1911年8月に夫を亡くし、いまはスイスのラガッツに住んでいた。次いでスイスのヴィンタートゥールに旧友のスルザー兄弟を訪ね、鉄道システムや潜水艦におけるディーゼル動力の将来について、そしてドイツ皇帝との戦艦用ディーゼルエンジンの契約の履行に向けたスルザー社の取り組みについて話し合った。

スイスからドイツに戻ると、ライプツィヒで開かれた国際建築博覧会に赴いた。飛行船の父ツェッペリン伯爵とは長い付き合いだったが、そのころのルドルフは、飛行船はあまりにも危険だと考え、乗船を拒んでいた。ツェッペリンの初期の飛行機械のほとんどが、初飛行から数週間で事故を起こして壊れていたからだ。ツェッペリン飛行船株式会社は1910年までには初期の失敗の根本原因を突き止めていて（その苦労に比べれば、ルドルフの初期のエンジン開発の苦闘ものんきなものに見えた）、旅客を運ぶ世界初の航空会社「DELAG（ドイツ飛行船運輸株式会社）」も設立されていた。

1913年の国際建築博覧会でDELAG社は、最新型のツェッペリン飛行船「LZ17ザクセン」による2時間の遊覧飛行で来場者を楽しませた。[1] ルドルフもこの全長158メートル（ボーイング747は全長約70メートル）の巨大な飛行船に乗り、オーヴィル・ライト（ライト兄弟の弟のほう）やドイツ皇太子と同じ体験をしたと自慢した。[2]

ルドルフは春の終わりにライプツィヒからミュンヘンに戻った。彼は次男のオイゲンに「学習基金」として1万マルク（2022年現在の7万5000ドル）を贈った。オイゲンはヴィンタートゥールのスルザー・ブラザーズ社でエンジニアとしてインターンシップを始めるところだった。ルドルフとマルタはマリア・テレジア通り32番地の屋敷で再び豪華なディナーパーティーを開くようになった。ゲストは主に外国の要人だった。

6月の前半、ルドルフとマルタは、アメリカからアウクスブルクの工場の見学にやって来た100人以上のエンジニアをもてなした。ルドルフはこの熱心な後輩たちの一団を引率して喜んで自宅の敷地内を案内し、エジソンが彼を迎えたときよりも丁寧に、2階の作業場を披露した。壁には事前に新型エンジンのスケッチを飾っておいた。

アメリカでディーゼル技術への関心が高まった理由のひとつは、1913年3月4日にアメリカ海軍歳出法案が可決されたことだ。「蒸気式機械に関する予算の未使用残高は、この法によって再予算化され、重油エンジンの開発への利用が可能」と規定されていた。アメリカの海軍は蒸気機関からディーゼルエンジンへとかじを切ろうとしていた。

ルドルフは技術者たちの行列の先頭を歩いた。一行は、作業場のエンジン部品や、開発者が自ら描いた鉄道車両、潜水艦、自動車のエンジンの設計図に足を止めては時を忘れて見入った。

見学ツアー後のレセプションで、一行はルドルフに名誉な招待を申し出た。来《きた》る1915年のサンフランシスコ万国博覧会（パナマ・太平洋万国博覧会）に関連して、パナマ運河開通式の来賓になってほしいというものだった。その際にはディーゼルエンジンを搭載したフラム号に乗ることになっていた。ロアール・アムンセンが南極点への極地探検を成功させた船である。

一行の中にはペンシルベニア鉄道の代表たちもいて、ルドルフを迎え入れたいとあらためて申し込んだ（再び彼は辞退した）。そして一行には、ディーゼルエンジンの未来において重要な役割を果たすことになる、ある人物もまじっていた。


チェスター・ニミッツは、第二次世界大戦中に太平洋艦隊司令長官に任命され、アメリカ海軍史に輝かしい名前を残す軍人になった。１９０５年に海軍に入り、エンジンと潜水艦のスペシャリストとして頭角を現した。[3] １９１３年に海軍からアウクスブルクに派遣されたのは、夏季研修でディーゼル技術を学ぶためだった。軍の上層部はニミッツに「潜水艦用ディーゼルエンジンの製造と運用」を観察するよう指示し、その成果を、ニューヨークの海軍工廠で潜水艦にディーゼルエンジンを搭載し直すときに生かすつもりだった。

ニミッツ大尉は28歳で、結婚したばかり。ドイツには新婦と海軍の技術アシスタント数人が同行していた。好奇心旺盛な彼はエンジン技術の核心に迫ろうと意気込み、痛い目に遭うことになった。

ＭＡＮ社の工場を見学中、ニミッツは試験運転中の大型ディーゼルエンジンに近づき、「８００ポンド毎平方インチ（約55気圧）」の状態のエンジン室を観察した。燃料の爆発によってピストンが完璧なタイミングで動く。その心地よいリズムとコンパクトな設計にニミッツは驚いた。もっとよく見ようと左手を歯車のほうに伸ばし、勢い余って機械に近づきすぎてしまった。上着の袖口が回転するギアに引っかかり、腕が機体に引き寄せられた。熱を帯びた重いギアが、さらにひと回りする。エンジンは鋳鉄製の猛獣と化して彼の左手の薬指を砕き、彼の腕をさらにたぐり寄せた。ニミッツが悲鳴を上げると、そばにいた人間たちが駆け寄ってきたものの、どう助けたらいいかわからない。再びギアがまわって薬指をさらに根元まで砕いた。左手が丸ごと持っていかれる寸前で、やっと鈍い音を立ててギアが止まった。

ニミッツは体を機体から引き離した。激しく痛む左手に目をやると、薬指はずたずたで、いかついアナポリス・クラス・リング〔訳注　海軍兵学校の卒業生に与えられる指輪〕のところまでちぎれていた。この指輪がなければもっと重傷を負っていたことだろう。

ニミッツは治療を受けた。医師たちは薬指の残りの部分を切除した（じきにＭＡＮ社は、アメリカその他の外国籍のエンジニアの見学を受け付けなくなる。アメリカの団体の訪問からわずか数カ月後、そしてルドルフ失踪から数週間後の１９１３年10月、ドイツ帝国はＭＡＮに外国人とのいかなる接触も禁じた。皇帝はディーゼル技術の流出を防ごうとした）。

６月には、サー・チャールズ・パーソンズが海を渡ってミュンヘンのディーゼル邸でのディナーパーティーに出席した。陽気な集まりだったが、ヨーロッパにしのび寄る戦争の気配にも話題は及んだ。ふたりの発明家は、５月に決着したばかりの第一次バルカン戦争について議論した。ロシアの支援を受けたバルカン同盟（セルビア、ブルガリア、ギリシャ、モンテネグロからなる）がオスマン帝国（オーストリア＝ハンガリー帝国が支援）に圧勝した。その終結翌月のこの６月には、ブルガリアが講和条約の内容を不服として同盟関係を破ってセルビアを攻撃し、第二次バルカン戦争が始まった。この戦火は、ささいなきっかけでヨーロッパ全体に燃え広がりかねない。各国はバルカン半島情勢を不安のまなざしで見守っていた。第一次バルカン戦争中の1912年12月9日、カレル兄弟社のディーゼルエンジンを搭載したギリシャの潜水艦「デルフィン」が、世界で初めて自走式魚雷を敵艦に発射した。魚雷の不具合で攻撃自体は失敗に終わった。バルカン諸国の領土をめぐる血みどろの衝突のさなかに届いたデルフィン出撃のニュースは、ディーゼルのエンジンが恐ろしい分野に広がっていく未来の前兆だった。すでに戦地の野戦病院は、前線で手足を吹き飛ばされた兵士が絶えず担ぎ込まれてあふれ返っている。そこにさらに自分のエンジンによって実用化されたステルス兵器が登場し、戦闘員だけでなく、罪のない一般人や子どもの命まで奪おうとしている。ディーゼルとパーソンズは頭を痛めた。何千年も培われてきた文明や理性をもってしても、この狂気の沙汰を止められないのは、なぜなんだ？

バルカン諸国は、利権を争うヨーロッパの列強にとってゲームの駒にすぎない、というのがディーゼルとパーソンズの共通見解だった。そのゲームで自分たちが重要な役割を果たしているという事実は、ふたりの科学者の心を離れなかった。パーソンズは世界で最も効率のいい外燃機関の生みの親であり、ディーゼルは最も効率のいい内燃機関の生みの親だった。

マリア・テレジア通り32番地で、思いを共有する友人同士が並んでディナーの席についたこの1913年6月、イギリス海軍は、史上最速で最も重装備だったクイーン・エリザベス級戦艦5隻に7万5000馬力のパーソンズ式タービンの搭載を進めていた。時を同じくしてドイツ海軍も、U－19からU－22までの4隻の潜水艦に800馬力のMAN製ディーゼルエンジンを各2台、搭載しようとし

ドイツ、ニュルンベルクのMAN社の工場で撮影されたディーゼルエンジン。チェスター・ニミッツは1913年、このエンジンを見学した。ニミッツはニューヨークの海軍工廠で1913年から翌年にかけて、これとよく似たエンジンを組み立てた（写真はチェスター・ニミッツ個人のコレクションから）。

ていた。

ヨーロッパの平和は危機に瀕していた。パーソンズとディーゼルは心穏やかではいられなかった。これほどの兵器が戦争に投入されたことはかつてなく、武器弾薬の製造など意図したことのない自分たちが、過去のどの科学者よりも軍隊の攻撃力向上に貢献してしまっている。

ジョルジュ・カレルもベルギーから訪れ、パーティーに参加した。セントルイスからはマイアー大佐がやって来て、「ディーゼル邸でのすてきな6月の小宴」に加わった。セントルイスへの帰路、彼はフィラデルフィアからディーゼルに感謝の手紙を送った。その中で「長いこと気ままな人生を送ってきたけれど、君ほどのもてなし上手はいなかったよ」と伝えている。ビール王アドルファス・ブッシュのそばで20年以上働いてきた男からの、最大級の褒め言葉だった。

6月28日のパーティーのあとで、パーソンズとカレルは、秋にイギリスで催される行事に一緒に出ようとディーゼルを誘った。彼は承知し、9月末にベルギー北西部のヘントでカレルと合流して、一緒に船でイギリスへ渡ることにした。下船したらロンドンに向かい、9月30日にロイヤル自動車クラブで講演し、10月1日にはディーゼルエンジン統合会社（ルドルフとカレルはともに役員だった）のイプスウィッチ新工場の起工式に出席し、パーソンズの自宅で夕食をとる、という予定を立てた。

その夜、男たちは友情を確かめ合って別れたが、2日後にドイツ帝国議会で軍隊への10億マルクの追加支出を認める法案が可決され、楽しい余韻は砕け散った。第二次バルカン戦争が激化するなか、ドイツのこの軍事予算額は列強の中でも突出していた。ドイツはすでにイギリスとのドレッドノート艦競争からは撤退していた。新たな支出は陸軍と潜水艦隊の増強に向けられた。

話題の多かったこの夏[4]も終わろうとしていた。9月1日にマルタはドイツ西部レムシャイトに住む母親を訪ねた。9月半ばには娘へディが暮らすフランクフルトの家でルドルフと落ち合い、娘や小さな孫たちと過ごす計画だった。マルタとルドルフはフランクフルトから列車でヘントに向かい、カレルと一緒に夫婦そろって海を渡るつもりだった。

マルタがレムシャイトに出発したすぐあと、ルドルフはオイゲンを駅まで送っていった。次男はスイス・ヴィンタートゥールのスルザー・ブラザーズ社へと向かった。ルドルフは自宅に戻ると、使用人全員に数日間の休暇をとらせた。

ひとりになった屋敷に長男のルドルフ・ジュニアを招き、週末をゆっくりと一緒に過ごした。ルドルフ・ジュニアはニューヨークから引き揚げて近くに住んでいたが、性格はますます内向的になっていた。実家に着いた青年に、父親は大きな輪に通した鍵束をプレゼントした。家じゅう案内して、どの鍵でどの扉、引き出し、ロッカーが開くか確認させた。そして、最重要書類をすべて保管している場所を教えた。

父と子は日帰りで、ミュンヘン近郊のシュタルンベルク湖に出かけた。湖を眺めながらルドルフ・ジュニアは、バイエルン国王ルートヴィヒ2世が19世紀に水死したのがまさにここだったと話した。彼はさらに、人生を終わらせるいちばん簡単な方法は、高速で進む船から飛び降りることだとも語った。

再び家でひとりになると、ルドルフはディーゼルエンジン開発に関する重要文書をまとめ、すべてミュンヘンの国立ドイツ博物館に寄贈した。そこから愛するマルタが待つフランクフルトに向かった。休暇明けで戻ってきた使用人たちがミュンヘンの屋敷で見つけたのは、地下の暖炉で大量の書類が燃やされた痕跡だった。寒かったわけでもなく、書類の焼却以外に暖炉を使った理由は思い当たらなかった。

ルドルフは娘のヘディの家で1週間だけ過ごす予定だったが、楽しい時間をもう数日、延ばすことにした。よちよち歩きの孫娘や、生まれたばかりの孫息子とうれしそうに遊ぶその姿は、義理の息子アーノルドの両親を魅了したという。

アーノルド・フォン・シュミットは敏腕のビジネスマンだった。ルドルフのもとでキャリアをスタートさせ（彼とヘディは結婚後しばらく、ミュンヘンのディーゼル邸で暮らした）、独立後の1913年にはアドラーヴェルケ社の役員を務めていた。この会社は、定置型ディーゼルエンジンを製造し、自動車向けの初期のディーゼルエンジンも開発していた。

滞在中、ルドルフはディーゼルエンジンを搭載したアドラー社のテスト車両のハンドルを握り、田舎道を疾走した。そのスピードは、離れたところから見守っていたマルタが少しハラハラするほどだった。自分のエンジンの強さを公道で実感したルドルフは、新たな成功を予感し、その実用化を確信した。

アーノルドは名門の出だった。祖父のフリードリヒは、システィナ礼拝堂の改修やウィーンのシュテファン大聖堂南塔の再建に貢献した功績でオーストリア皇帝フランツ・ヨーゼフから爵位を授けられた。父のハインリヒは、ルドルフの（そしてアーノルドの）母校であるミュンヘン工科大学の教授だった。アーノルドは熱心な愛国主義者で、国の産業の急成長を支えたナショナリズムの流れにすっかり乗っていた。

ルドルフにとって自慢の義理の息子で、彼と結婚して娘も安定した生活を送っている。だが、ルドルフとアーノルドはけして打ち解けた間柄ではなかった。その距離感は、おそらく国に対する愛情の温度差によるものだ。ナショナリズムを嫌悪していたルドルフと、娘の新しい家族との関係には、緊張感も生じていた。

開戦目前の時期にドイツ人がルドルフのような存在をどう思っていたか、息子のオイゲン・ディーゼルはこうつづっている。「独創的な才能を持つ人々はプロイセン的理想に対立する存在とみられ、その愛国心に疑念を持たれた。偉大な発明家たちは寛容なほほえみで大目にみられていた」

アーノルド・フォン・シュミットは愛国心第一の人間だった。彼のキャリアはディーゼルエンジンの成功あってこそのものだったが、ルドルフとの関係においてその人柄は二の次だった。

結婚してしまえば、父と娘との距離はどんなに状況に恵まれても開くものだ。ずっとルドルフはそう諦めていた。ヘディの結婚式でも、どれほど父親思いの若い娘でもロマンチックなパートナーが現れれば心を奪われるものだと割り切っていた。ただし、結婚式の間はアーノルドを「娘泥棒（Dieb schöne Töchter)」と呼んだ。

ヘントでカレルと合流するため、9月26日までにヘディの家をあとにする必要があった。6月末から9月末までのどこかの時点で、ルドルフとマルタは予定を変更したようで、マルタはイギリスまで同行しないことになった。彼女はドイツに残り、もう数日フランクフルトで過ごしてからミュンヘンに戻ることにした。

フランクフルト滞在が終わろうとするある日、ルドルフは妻のために買い物に出かけた。出発前の贈り物としてエレガントな革の一泊用旅行かばんを買い、包装させた。それをマルタにプレゼントし、翌週まで開けないようにと言いつけた。

発売されたばかりの著書『ディーゼルエンジンの始まり』も、献辞を添えてオイゲンとマルタに贈った。

オイゲンへの献辞は力強い文章だった。

愛する息子、オイゲンへ

この本には、私の生涯の仕事の技術的な側面のみが簡潔かつ明瞭に記されている。おそらく、いつかお前はこの骨格に真の人間らしさを加えて生きた体に変えることができるだろう。お前はほかの誰よりも真の人間らしさを目にし、理解してきたのだから。

父より

マルタへの献辞にはやや心の揺れがうかがえる。

妻へ

君はこの世界で私のすべてだった。君がいたからこそ、私は生きて頑張ってこられた。もし君が私のもとを離れたら、私はもう生きていたくない。

君の「夫」より

夫婦は長い時間をかけて別れの言葉を交わし、娘の目には特別に愛情のこもった様子に見えた。そしてルドルフは、ヘント行きの列車に乗った。

豪華な一等コンパートメントにルドルフはひとり座っていた。ヘントに向かう車窓にはライン川のすばらしい風景が広がっていた。鈍行列車の時間つぶしに、彼はドイツの厭世思想家アルトゥール・ショーペンハウアーの本をめくった。

本の内容はさておき、心はずむこともたくさんあった。1913年9月20日号の科学雑誌『サイエンティフィック・アメリカン』は、ディーゼルエンジンはさまざまな厳密な検証の結果、列車走行で成功を収め、やがて機関車の動力の主流となるだろうと結論していた。この記事は、彼の野望のひとつである鉄道へのエンジン応用にとって大いに励みになり、スルザー社との協同作業が実を結びつつあることを示していた。そのほかの野望にも希望が持てた。

ルドルフは、ヘディの家に着いたころ、そして失踪2週間前の9月15日に、義弟のハンス・フラッシェに手紙を書いていた。当時、彼はロシアのノーベル社で働いていた。「私は依然、自動車向けディーゼルエンジンの実用化も固く信じていて、実現の暁には、人生における使命をまっとうしたと言えるでしょう」

ジョルジュ・カレルもこのころ、ルドルフに関する手紙を書いている。「お互いにまだ若かったころから、（ルドルフを）よく知っている。彼は上流階級のドイツ人の冷静な完璧主義と、上流階級のアメリカ人の教養、謙虚さ、自制心を兼ね備え……。自分の仕事を完成させるには少なくともあと20年かかると言い、その仕事に取り組むのが待ちきれないという様子だ」

ヘントで1913年に開催された万国博覧会にも、ルドルフは心を躍らせた。カレルはこの博覧会に、自社製の新しいディーゼルエンジンを出展していた。燃料はメキシコ産の原油で、質はだいぶ落ちるが価格が安かった。ディーゼルエンジンにうまく利用できれば、より高価な石油を押さえているロックフェラー家やロスチャイルド家のような世界的石油トラストに依存せず調達できる。カレルによる初期のテストではかなり有望な結果が出ていた。

河港の町ヘントに着いたルドルフは、オペラ座近くのアルム広場に面した高級ホテル、オテル・ド・ラ・ポステにチェックインした。すぐにマルタ宛てに、とりとめのない――しかし優しさと愛情のこもった――手紙を9月27日の日付で書いた。文章にはフランス語とドイツ語が交互に使われていた。ロンドンのお気に入りのホテル、デ・カイザーズに予約の電報を打ったのでそこに手紙を送ってくれたらうれしいと伝えた。友人カレルにあたたかく迎えられ、その翌日に彼と万博をまわって楽しかったとも書いた。手紙はこう締めくくられている。「君を愛している、愛している、愛している。君の『夫』より」

翌28日、ルドルフは2通目を、心を込めて詩的に書いた。

私がどれほど君を愛しているか、わかるかい？　どんなに遠く離れていても、君にはきっとわかるだろう。まるで無線電信機の受信器が震えるように、君の中でやさしく震える、私の愛が。

9月29日にはルドルフ・ジュニアに手紙を書き、痛風と不眠症でつらいと訴えた。この手紙には明るさがなかったが、同じときに書いたマルタ宛ての手紙では、がらりと話題とトーンが変わり、楽しげな内容だった。ドレスデン号に乗り込むまでの最後のひととき、ルドルフはベルギーから妻への3

通目の、そして最後の手紙を書いた。消印は9月29日で、発送地はヘントとなっていた。カレルと万博で楽しんだアトラクションのこと、カレルが出展したディーゼルエンジンが入場者に強い印象を与えたことなどが詳しく記されている。「（この万博全体の）ハイライトはカレルのディーゼルエンジンだと言っても過言ではなく、これぞメインのアトラクションだとみんな思っている。私が事前に繰り返し聞かされてきたとおりだ」

万博で気づいたことを、さらに思いつくままにとりとめなく続けた。彼とマルタが初めて出会い、暮らしたのがパリだったことから、フランスの展示にはとくに行数を割いた。以下の文章はドイツ語だ。「そこには洗練されたものがあり、そのほとんどがフランス製だ（家具やブロンズ像、そして肌着は君も知っているよね。いや、あるいはまだ知らないかもしれない）。上からベルトのあたりまで、全部丸見え。つま先からベルトまでだって丸見えで、薄いシフォンのベールで覆われているだけ」。そこでふざけた調子でフランス語に切り替えて続ける。「生地が少ないほど値段が上がる！」

さらにヘント万博の運営への批判が続く。昔かたぎの大イベント愛好家として、入場者のほとんどが地元のフランドルの人々で外国人があまりいなかったことを嘆いた。その日の午前中、カレル兄弟社のディーゼルエンジン工場で過ごしたことも知らせた。カレルは近ごろ工場を2倍に拡張したが、ビジネスは心配になるほど低調だった。自分とロックフェラーが互いに対立する目標で動いているとしたうえで、彼こそが逆風の原因だと名指しした。「石油トラストによる操作のせいで、ディーゼルエンジンの生産がかなり遅れている」。ディーゼルエンジンはメキシコ産の低品質で安価な原油でも優れた性能を発揮し、既存のトラストを脅かす新たな存在になっていた。

次の行からは再びドイツ語で社交の場での話題に戻り、マルタからの手紙を待っていると切羽詰まった調子で繰り返している。

カレル家でのディナーのあと、ホテルに戻ってこの文章を書いている。これからハリッジ――イプスウィッチ――ロンドンをまわる。

ファーバーズ夫妻からの挨拶を添えた君のメッセージを受け取った。いまのところ、君から届いたのはこれだけ。ロンドンで君からの便りをもっともらえるよう期待している。

以下、フランス語に戻る。

待っているよ。愛している、愛している、愛している。

君の夫より

ロンドンでずっと「待っている」と書き、ルドルフは詩のような3行の追伸を添え、筆を置いた。

あたたかな夏の空気
そよ風ひとつない
よい船旅になるだろう

注

1. 飛行船ザクセンは、１９１４年8月1日にドイツ陸軍に配備され、西部戦線に投入された。操縦室の前後に機関銃が装備され、年内に数回、アントワープを爆撃した。１９１６年、着陸時に損傷して解体された。ザクセンの飛行回数は計４１９にのぼり、最も活躍した飛行船のひとつだった。

2. １９１３年5月、皇帝ヴィルヘルムは一人娘ヴィクトリア・ルイーゼの結婚式をベルリンで主催した。イギリス国王ジョージ5世とロシア皇帝ニコライ2世も出席し、ツェッペリン飛行船にも乗った。第一次世界大戦前に3人の君主が一堂に会した機会はこれが最後だった。当時、多くの人々が英独間の戦争は不可避と考えていた。ジャッキー・フィッシャーもそのひとりで、海軍引退翌年の１９１１年、謎の千里眼でも持つかのように、イギリスとドイツとの戦争が１９１４年10月21日に始まるだろうと予言した（実際の開戦と3カ月も違わない）。それでもこの13年5月の時点では、とりわけ彼ら君主たちは、イギリスがドイツと戦争するなどありえないと考えていた。

3. １９１３年、ニミッツの海軍での月収は３００ドルだった。同年秋にアメリカに戻った彼を、ブッシュとその腹心のマイアー大佐はブッシュ＝スルザー社に引き抜こうとして若き中尉に年俸2万５０００ドルを提示したが、断られた。ニミッツの心はつねに海軍とともに、そして潜水艦とともにあった。１９４１年12月31日、太平洋艦隊司令長官への就任式典は真珠湾に浮かぶ潜水艦グレイリングの上で行われ、乗組員は四つ星の旗〔訳注　艦隊司令官の地位を示す〕を掲げた。

4. １９１３年の夏、ミュンヘンではいろいろなことが起きていた。ディーゼル邸からほんの3キロほどのシュライスハイマー通り34番地の下宿屋にはアドルフ・ヒトラーが入居し、家賃は週3マルクだった。賃貸契約書には「建築画家」と記載していた。当時24歳だった彼は、5月から9月末までミュンヘンに滞在し、水彩画を毎日1枚描いては旅行者に売り、プレッツェル〔訳注　塩味のパン〕やソーセージに換えた。31歳のスペインの画家パブロ・ピカソが芸術論争を巻き起こしたミュンヘン展も見に行った。9月にはバイエルンのこの小さな町に、ジグムント・フロイトとカール・ユングが第４回国際精神分析学会（9月7〜8日）に参加するためやって来た。学問的意見の違いから春に決別して以来、初めての再会だった。出席者たちはすぐに、ふたりのライバルのどちらかの派閥に分かれた。このときを最後に、フロイトとユングが再び会うことはなかった。

＊　原題 *Die Entstehung des Dieselmotors*／邦訳『ディーゼルエンジンはいかにして生み出されたか』（山海堂）

第24章 蒸気船ドレスデン号　１９１３年９月29日

ジョルジュ・カレルと、彼の会社の主任エンジニア、アルフレート・ルクマンは、９月29日、ディーゼルとオテル・ド・ラ・ポステの１階で落ち合った。３人はヘントを発ち、出航地のアントワープへ移動した。

その日は予報通り、暖かくて風もなかった。３人はドレスデン号に午後５時30分に乗船した。それぞれ特別室を予約していた。

彼らは、部屋で荷物を受け取ってさっぱりしてから、またダイニングサロンに集まって夕食をとることにした。予定通りに食事に集まり、楽しく語り合った。ディーゼルは軽めに食事をすませ、ワインも少ししか飲まなかった。いちばん盛り上がっていたのはカレルで、高名な友人に向かって、ディーゼルエンジンはもうすぐ圧倒的に支持されるようになり、きっと「ディーゼル」と名乗るだけで借金は返せるし、儲かるようになると断言した。

食事を終えると、彼らはディーゼルの習慣だった食後の散歩をした。といっても、プロムナードデッキの限られた長さではあった。ドレスデン号は１８９６年、グレート・イースタン鉄道[1]が運行するイギリス船籍の客船として就航した。全長91メートル、幅11・５メートルで、最大速度は18ノット（時速33キロ）。船はスヘルデ川の河口を抜け、北海へ出てベルギーとフランス北部の沖合を進んだ。船尾のデッキからディーゼルは、自邸の居間に飾ったフランツ・コーテンスの絵の題材となった河口の風景を振り返った。

海は穏やかだった。中古の蒸気船の２本の煙突からは黒い煙が立ちのぼり、乗客に影を落としては暮れゆく空へ消え去った。快適な船旅で、３人は午後10時まで楽しく過ごし、それぞれの客室で休むことにした。朝食でまた会おうと約束し、ディーゼルは翌朝午前６時15分のモーニングコールを頼んだ。

翌朝、カレルとルクマンは朝食の席につき、友人を待った。数分後、カレルが直接、ディーゼルの部屋に行き、ドアをノックした。なかからは何も聞こえず、室内に入ってみた。寝間着のシャツがマットレスの上に置かれていたが、ベッドが使われた形跡はなかった。荷物に手がつけられた形跡もない。ディーゼルが、いない。

カレルは急いでブリッジに向かい、友人が消えたと通報した。H・ヒューバート船長はただちに、船をその場に停止させて捜索するように指示した。乗務員たちは船内をくまなく捜したが、影も形もない。船長は夜間当直だった乗務員２名に聞き取りをした。ふたりによると、午前の早い時間帯に、帽子と、きちんとたたまれたコートとが後甲板（船の後方のプロムナードデッキ）の手すりの下に置かれていたが、ほかには「異状は何もなかった」。カレルは、その帽子とコートはディーゼルのものだと確認した。帽子とコートの置かれ方は、ディーゼルが消えたのはここだと示すかのようだった。

ドレスデン号は９月30日、イギリス南東部ハリッジのパークストン埠頭に定刻より１時間遅れで到着した。ヒューバート船長は港長に「高名なR・ディーゼル博士」の正式な海上行方不明証明書を提出したが、港湾当局者によると、港長は「断固として、死亡証明書の発行や、ディーゼルの自殺の兆候についてのコメント記入を拒んだ」という。クルーの証言や乗客リストから、ほかの乗客全員の無事が確認され、名簿に記載されていない人物が乗っていたという記録や証言はなかった。

翌10月1日、イギリス当局はハリッジ駐在のドイツ副領事に、ディーゼルが行方不明になったと知らせた。ただちにドイツから捜査員が派遣され、国を代表する発明家の手がかりを求めてドレスデン号を緊急捜索した。捜査員たちは徹底的に調べたが、何の手がかりもつかめなかった。ディーゼルの同行者だったカレルとルクマンにも事情聴取したが、ふたりはこれまでと同じ証言を繰り返すだけで、捜査は行き詰まった。

ディーゼルの客室では、鍵の束がスーツケースの鍵穴のところにぶら下がったままで、スチール製の懐中時計がベッドわきのサイドテーブルに置かれ、寝たまま時間がわかる位置にあった。エナメル塗りのピルケースや眼鏡ケース、小銭入れ、小型ナイフは見当たらなかった。ディーゼルのノートがデスク上に開いてあった。ページには、1913年9月29日という日付と、その下に十字がひとつ、鉛筆で書かれているだけで、あとは空白だった。

ディーゼルが消えたのは公海上で、どの国の管轄にも属さなかった。この事件を追及すべき統治機関もなく、事件に関する公的な記録はほとんど残っていない。乗務員たちへの聴取も公式な検死官報告もなされなかった。

この事件の刑事捜査は打ち切られた。だが、マスコミの報道は過熱した。１世紀ののち、ルドルフ・ディーゼルという名前は一部の人の興味を引くだけになったが、１９１３年当時の彼は世界的な有名人だった。世界中の主要な新聞各紙が、この謎だらけの失踪事件というネタに食いついた。錯綜する情報から、事件の本質が明かされていく。

ミュンヘンのディーゼル邸で、マルタは前の週にフランクフルトで夫から贈られた美しい革の旅行かばんの包みを開いた。かばんの中には２万マルクが詰められていた。

注

1. ドレスデン号は皮肉な展開をたどった。１９１５年にイギリス海軍に徴用され、「ＨＭＳルーヴァン」と改名された。１９１８年1月21日、ドイツ帝国海軍の潜水艦ＵＣ－22がルーヴァンに魚雷を発射し、船はエーゲ海に沈んだ。イギリスの水兵２２３人が命を落とした。ＵＣ－22にはＭＡＮ社が製造したディーゼルエンジン２台が搭載されていた。

第4部 失踪劇

VANISHING ACT

第25章 世界の反応

ここでディーゼルの足跡は途絶えた。ここから先は、日記も手紙も、講演録も、夕食会や面会の記録もない。残された記録を広角レンズで詳細に見直して、物語を続けていくしかない。

世界中の新聞が、失踪発覚のその日から報道を開始した。最初は、ディーゼルが生きているところを最後に見たとされるカレルとルクマンの証言を柱に、ディーゼルが行方不明だというシンプルかつ疑いのない事実が報じられた。

日付 1913年9月30日――ロンドン

≫ディーゼル失踪発覚1日目

マルコーニ式無線電信によって伝えられた第一報が、世界中の新聞に掲載された。ニューヨーク・タイムズは、ジョルジュ・カレルの証言を詳しく載せ、ディーゼル失踪事件に大きく紙面を割いた。証言によると、ディーゼルと楽しく夕食をともにし、フリシンゲンの海岸を眺めながらデッキを一緒に散歩し、午後10時に各自の部屋に戻る際にディーゼルが「ではまた明日の朝」と彼に言ったという。

ニューヨーク・タイムズは、ディーゼルがいないとわかった朝の船室の状況も伝えた。寝間着がシーツの上に置かれ、ベッドが使われた形跡はなく、鍵の束がスーツケースの鍵穴にぶら下がっていたという。

カレルは、死亡したとすれば原因はおそらく事故で、自殺というのは彼らしくないという考えを示した。また、カレルは記者たちに「昨夜、彼と別れたとき、（ディーゼルは）たいへん上機嫌で冗談も言っていた……とても節制していて、タバコも吸わず、私が知るかぎり、めまいを訴えることもなかった」と語っている。

9月30日に関する報道を見ると、世界各国のマスコミは「事故説」で納得していたようだ。各国のほとんどの新聞と同様に、ニューヨーク・タイムズは記事をこう締めくくった。

ディーゼル博士の友人たちは、彼が海に転落したのではないかと考えている。博士は以前、ある友人に、時折、不眠症に悩まされていると訴えていて、友人たちが自室に戻ったあとで散歩の続きをしようと考えた可能性がある。

記事では、ディーゼルの不眠症歴について証言した友人の名は明かされていない。その他の証言者の名前はすべて明記されていた。ロンドンからの報道を見わたしたかぎり、ディーゼルは将来を楽観していて、快活で、ときどき不眠症に悩みつつも健康状態はよかった。近しかった人々は、彼が行方不明になったのは、悲劇的な事故が原因だと結論していた。もうひとつの忌まわしい可能性に比べれば、はるかに故人の尊厳に配慮した見方だった。しかし、「事故説」でメディアが納得していたのは、わずか1日だった。

日付　1913年10月1日――ロンドン

≫ディーゼル失踪発覚2日目

10月1日の朝、ディーゼルエンジン統合会社の年次総会が、ルドルフ・ディーゼル不在のまま予定通りに開かれた。役員たちは、彼の不在と謎の失踪について話し合った。本人を知る人々はみな、彼は自殺をするような人間ではないと主張し続けた。だが、波の穏やかな風もない夜、プロムナードデッキを囲む高さ1・37メートルの手すりから、なぜ。その疑問はぬぐい去れなかった。たとえ夢遊病者だったとしても、転落するとは考えにくい。それに、コートをきちんとたたんで帽子と一緒に手すりのそばに置いてから転落したというのも、おかしな話だった。

ニューヨーク・タイムズは取材を続けた。10月1日付の小見出しは「ドイツ人発明家は百万長者で、家庭も円満」だった。記事には、友人や同僚の証言が盛り込まれていた。「(年次総会での) 結論は、ディーゼル博士は転落したに違いない、というものだった……ディーゼル博士の友人たちは途方に暮れている。誤って落ちた可能性は低いと思われるものの、自殺につながる動機は思い当たらないという」

この記事はさらに、ディーゼルがビジネスに成功していたと称賛している。ディーゼルエンジンの売れ行きはすでに世界的に好調で、250万ドルを超える財産をもたらし、その額は増え続けているとした。ディーゼルの友人も同僚も、ディーゼルの巨万の富について異論を唱える者はいなかった。タイムズ紙の記事は、ディーゼルは最近、「トーマス・A・エジソンと親交を深めた」と結び、アメリカ人が彼に抱いているイメージを補強した。

人物としての業績を明確に知らしめるという点で、とてもすばらしい記事だった。自分の功績を非常に重視していたディーゼルが読んだら感謝したことだろう。

それでもやはり、不審な点は残る。転落事故というのは信じがたい――むしろ何かが隠蔽されている気配があった。メディアはきな臭さを嗅ぎ取り、追及をやめなかった。

事件説もささやかれ始めた――革命的な潜水艦エンジンの設計図がイギリス海軍の手に渡る前に、ドイツのスパイがディーゼルを暗殺したのではないか？　あるいは、ジャッキー・フィッシャーはすでにイギリス向けディーゼルエンジンを入手していて、それを察知したドイツ軍参謀本部がフィッシャーの予言通りにディーゼルを「犬のように」射殺したのではないか？

もうひとつの説も同じぐらい重みがあった――石油トラストが暗殺者を差し向け、彼らの独占を脅かす者を抹殺したのではないか？　イギリスで最も有名なジャーナリストだったW・T・ステッドは、コールタールを燃料とするディーゼルエンジンが次代を担うと主張していた。ディーゼルは、エンジンにコールタールや植物類・ナッツのオイルを使うことを推奨していた。ディーゼルエンジンは石油燃料でも動くが、スタンダード・オイル社を通さないメキシコやその他の地域でとれる最安値の原油でも利用可能だとカレルが実証していた。照明用の灯油需要が低迷し、燃焼機関の市場も先行き不透明で、ロックフェラーは不安に駆られていた。ディーゼルの発明は、スタンダード・オイルに致命傷を与えかねなかった。

そうした説とは別に、同じく10月1日付の記事の中に、ミュンヘン発の気になるニュースがあった。アメリカの新聞「ビンガムトン・プレス&リーダー」にこう書かれている。

ルドルフ・ディーゼル博士失踪を否定する電報が本日、博士の(ミュンヘン在住の)家族のもとに届いた。エンジンの発明家である博士は、アントワープからハリッジへとイギリス海峡を渡る途上で行方を消したとされていた。ディーゼル博士は現在、ロンドンにいる。

この時点で、ディーゼル失踪事件は世界を騒がす最大のニュースになっていた。そのメッセージを電信技手は、はたしてロンドンから送ったのか(極秘に、ディーゼルの家族だけに向けて)? そしてこの大スクープを新聞社の友人にでも漏らしたのか? それとも電報を受け取った家族が、取材陣を鎮めようと新聞社に知らせたのか? ひょっとすると、その電報はいたずらか何かで、ディーゼル本人や関係者が送ったものではないかもしれない。そもそも、このニュース自体が誤報で、電報など存在しないかもしれない。そうしたことはお構いなしに、主要紙はこの驚きのニュースを取り上げ、報道はますます過熱した。そこに、さらに燃料を投下するようなネタが飛び込んできた。

日付　**1913年10月2日――アントワープ**

≫ディーゼル失踪発覚3日目

ある衝撃的な証言が、殺人、自殺、事故死の各説を抑え込み、新たな可能性を突きつけた。ＡＰ通信は、つまりアメリカなど世界中のほぼすべての新聞が、アントワープからの情報に基づく見出しを掲げた。「船員、発明家の海上での失踪を否定――ドイツ人は海峡を渡ってもいないと証言」

この大波乱の展開に、世界中の読者が身を乗り出した。ミステリーは新たな局面を迎えた。ドレスデン号のある乗務員は、こう証言した。「ディーゼル博士は午後5時30分に汽船に乗ったが、船が7時30分まで出発しないと知ると、船を下り、そのまま姿を見せなかった」

その乗務員は、ディーゼルがドレスデン号で海峡を渡っていないのは確かだと続け、乗客係は乗船者リストにディーゼルの名前を記載していないという重要な事実を付け加え、ディーゼルが出航までに船に戻らなかったことを裏付けているとした。

ディーゼルの名前が、乗客係の作成した乗船者リストになかったという主張に、異を唱える続報はなかった。もしディーゼルがドレスデン号で航海していなかったとすると、再び乗船する前にベルギーで拉致されて殺害されたのだろうか？　それとも、いったん乗船したのは、ひそかに下船して自分の意思でベルギーを離れ、ジュネーブあたりを経由して第三国へ逃れるための周到な策略だったのだろうか？

乗務員の証言が信用に足るものだとすれば、カレルが何度も繰り返した証言はどうなる？　夕食をともにし、ワインを飲み、会話し、フリシンゲンの海岸線を眺め、また朝食で会おうと約束して午後10時に笑顔でおやすみと言ったというのは、まったくのつくり話ということになる。カレルと船員の証言は矛盾するが、たとえばヒューバート船長やドレスデン号のその他大勢の乗客が目撃者として名乗り出て、夕食時やプロムナードデッキ、あるいは出航後の船内でディーゼルを見たと確認されれば、その食い違いは容易に解決できただろう。しかし、そうはいかなかった。記録にはカレルとルクマンの証言があるだけで、ほかの誰かが名乗り出て航海中にディーゼルがいたと証言した形跡はない。

争点にならなかったのは、ディーゼルの荷物や懐中時計、ノートが彼の船室に置かれていたこと、そして彼の帽子と丁寧にたたまれたコートが後部デッキの手すりのところに置かれていたことだった。だが、それぞれの場所にアイテムを置いたのがルドルフ・ディーゼル本人だったのかどうか、誰も立証できなかった。

乗務員の証言によって、ディーゼル失踪事件は、単なる一過性のニュースから、記者が夢見る一面級のネタになった。未解決の疑問、矛盾する証言、そして、産業ブームとヨーロッパの戦争を背景に姿を消した、世紀の革命的テクノロジーの発明者――。

同日、ロンドンのデイリー・メール紙は、ほんの1週間前に「ディーゼル博士は、彼の特許の原点に関する貴重な図面と文書のコレクションを、ミュンヘンの国立ドイツ博物館に寄贈した」という興味深い事実を報じた。

イギリス商務庁もディーゼル失踪について公式の調査を開始した。ニューヨーク・トリビューン紙の報道によると、商務庁関係者はディーゼル博士の転落説に納得しているかどうか10月2日に問われ、こう答えた。「とにかくディーゼル博士は姿を消した。いまのところ、これ以上は何も言えない」

事故説はわきに追いやられた。自殺説も急速に信憑性を失っていた。記者たちは新たな視点を模索し、犯罪説や陰謀説の線を探り始めた。

娘のヘディと夫のアーノルド・フォン・シュミットもマスコミと同じように考えているようだった。やはり10月2日の日付でニューヨーク・タイムズは、ロンドン発の情報として、「ディーゼル博士の義理の息子であるシュミット男爵は、突然の異常発作による自殺説をまったく支持しないと断言している」と報じた。

シュミットは、ディーゼルが自殺したとは考えておらず、つまずいて落ちただけだとも考えていなかった。背景に何らかの悪意があると確信していた。

日付　1913年10月12日――ベルリン

≫ディーゼル失踪発覚13日目

メディアは1週間以上にわたって各説のポイントを精査し、標的を求める魚雷さながらに、とくにロックフェラーとヴィルヘルム2世の動機を検討した。大企業の命令を受けたピンカートン探偵社の刺客が手を下したのか？　それとも、ドイツの諜報員が最新鋭の潜水艦エンジンの設計図を取り戻そうと動いたのか？　ディーゼルは囚われて、あるいは身を隠して、どこかで生きているのか？

SAILOR DENIES INVENTOR DIESEL WAS LOST AT SEA

Member of Crew Says German Did Not Even Make Cross-Channel Trip.

By Associated Press.

ANTWERP, Oct. 2.—The mystery of the disappearance of Dr. Rudolph Diesel, the German inventor, when on his way from Germany to England, was deepened today by the assertion of a member of the crew of the cross-channel steamer Dresden, who said that Dr. Diesel went on board the steamer at 5:30 p. m., Sept. 28, but on learning that the vessel was not to start until 7:30, went ashore and was not seen again.

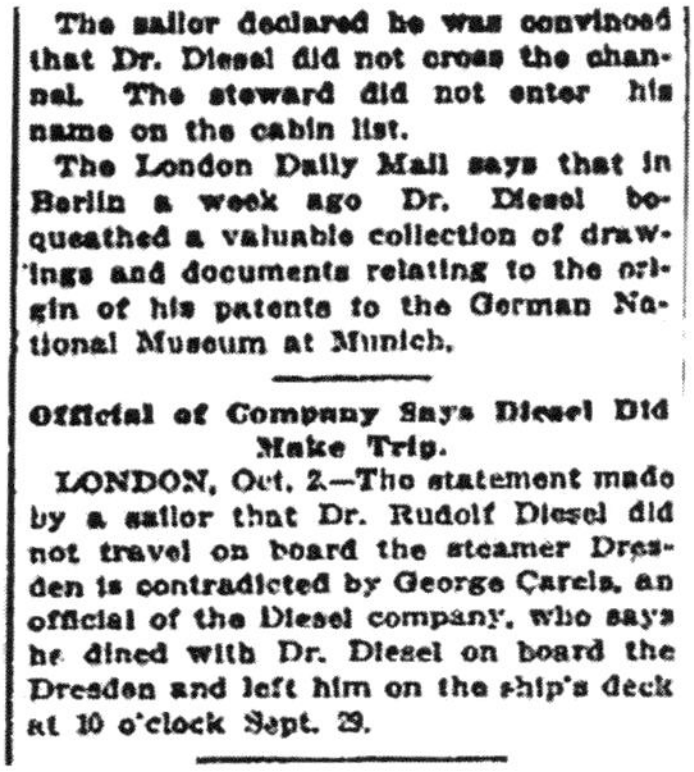

The sailor declared he was convinced that Dr. Diesel did not cross the channel. The steward did not enter his name on the cabin list.

The London Daily Mail says that in Berlin a week ago Dr. Diesel bequeathed a valuable collection of drawings and documents relating to the origin of his patents to the German National Museum at Munich.

Official of Company Says Diesel Did Make Trip.

LONDON, Oct. 2.—The statement made by a sailor that Dr. Rudolf Diesel did not travel on board the steamer Dresden is contradicted by George Carels, an official of the Diesel company, who says he dined with Dr. Diesel on board the Dresden and left him on the ship's deck at 10 o'clock Sept. 29.

AP通信は、イギリスへ渡る船にルドルフ・ディーゼルは乗っていなかったとするドレスデン号の乗務員の証言を報じた。ジョルジュ・カレルはロンドンからこの証言に反論した。

続いて、ディーゼルの個人的な状況について詳しい記事が出回り、自殺説を補強することになった。

10月12日、ベルリンからの特電としてニューヨーク・タイムズは、「苦境のディーゼル一家――行方不明の発明家、家族を極度の困窮に陥れたか」という見出しの記事を掲載した。

ディーゼルはドレスデン号でイギリスに向かっていないという証言との矛盾が解決していないにもかかわらず、タイムズ紙（および世界中のほとんどの新聞）は、「ディーゼルはいくつもの製造会社に投資をしていたが成果が出ず、そうした状況を悟って失踪に至ったとされる」と報じた。

ディーゼルの不眠症について語った

友人の名と同様に、ディーゼルの財務状況に関する個人情報の出どころにも記事は触れていない。また、特筆すべきは、「自殺」という言葉を避けているところだ。今日でもいたたまれなくなる話題で、当時はなおさらそうだった。自殺という結論では、続きものとして読者の興味をつなぐのは難しい。一日かぎりの大ニュースとして読み捨てられる。それでも、マスコミにはこの事件を自殺と結論付けようとする流れがあるようだった。

ジョルジュ・カレルは、1週間以上前に最初に取材を受けた面々のひとりだったが、彼がマスコミに追加情報を提供したのはこの時点のみだった。彼によると、ドレスデン号で航海中にディーゼルと夕食の席で交わした会話には、ディーゼルの借金の話題が含まれていた。カレルは、ディーゼルエンジンの見通しは非常に明るいので、いまに借金を返してもなお、釣りがくるほど稼いでリッチになれるとディーゼルに言ったという。

新たな個人情報も、報道にちらほら表れてきた。痛風やストレス、過労によるディーゼルの加療歴だ。過去の特許をめぐる訴訟で不安を抱えていたことや、ライバルのエンジニアに対し辛辣な態度をとっていたことも明かされた。マスコミは、こうしたすべての個人情報を集め、あるいは与えられ、これらの要素を自殺願望につながる明確な手がかりとして大衆に示した。

しかし、厄介な疑問がまだ3つある。ミュンヘンの家族のもとに届いたという電報は何だったのか。ディーゼルのロンドンへの無事到着を知らせる電報があったというニュースは、世界中の新聞に載った。誰もその件を取り消していない。第2に、ドレスデン号の乗務員は、ディーゼルが下船して二度と戻らなかったこと、そしてドレスデン号が彼を乗せることなく海を渡ったことに絶対的な確信を持っている。航海中、船内にディーゼルがいたと証言したのはカレルとルクマンだけだ。第3に、乗客係が記録した乗船者リストにディーゼルの名前はなかった。その理由を説明しようと申し出る者はいなかった。

そもそもディーゼルが乗船していたかどうかも定かではないのに、船から飛び降りて自殺したと合理的に結論できるものだろうか。ルドルフ・ディーゼルはどこにいたのか？　その答えを世界は求めていた。

日付　1913年10月13日――アムステルダム

≫ディーゼル失踪発覚14日目

ここで、とどめの一撃が繰り出された。ニュースは世界を駆けめぐった。連日、ディーゼル失踪の続報を載せてきたニューヨーク・トリビューン紙が、衝撃の見出しを掲げた。「ディーゼル博士の遺体見つかる――船員、衣服を検《あらた》めたのち遺棄」。ちまたではディーゼルがまだ生きているという憶測も流れていたが、生存説は否定された。マスコミの注目は彼の遺体に集まった。トリビューンは次のように伝えている。

明らかにドイツのエンジン発明家ルドルフ・ディーゼル博士だとみられる遺体が、土曜日（10月11日）にスヘルデ川河口で船員に引き揚げられた。[1] 船員は貴重品を取り出したのち、悪天候に遭ったため遺体をまた海に打ち捨てなければならなかった。見つかった物品と衣服は本日、ディーゼル博士の息子によって父親のものだと確認された。

各紙の報道によると、オランダの蒸気船「クルツェン号」の船員たちは遺体を海にかえしたということだが、当時としては奇妙な行動だった。というのも、海で亡くなった人の遺体を回収して適切に埋葬するために、通常は、驚くほどの努力をするのが慣例だったからだ。その前年にタイタニック号が沈没したとき、遺体回収には途方もない労力が費やされた。蒸気船「アルジェリン号」は、ホワイト・スター・ライン社が行方不明者捜索のためにチャーターした4隻のうちのひとつで、3週間にわたって徹底的に遭難現場を旋回し続けた。その間に見つけた遺体は1体だけだった。ところがこのディーゼル事件では、蒸気船の船員たちは、腐敗はしているが「上等な衣服を身につけた」遺体を船に引き寄せ、ポケットからエナメル塗りのピルケース、小銭入れ、眼鏡ケース、小型ナイフを取り出してから、荒天と腐敗の進み具合を理由に遺体を海に戻した。明らかにここ11日間のメディアの大騒ぎには疎かったようだ。今度こそ、彼の体は永久に消えてしまった。

クルツェン号はフリシンゲンに寄港し、そこから当局の人間が所持品をオイゲン・ディーゼルのもとに運んだ。オイゲンはいずれも父のものだと認めた。オイゲン、マルタ、ルドルフ・ジュニアはすぐに、また一様に、ルドルフ・ディーゼルは自殺したという結論を出した。遺体を引き揚げた船員の名前が公的な記録に載ることはなかった。証拠の遺体が存在しないのは事実だったが、親族のうちで自殺説を表立って否定し続けているのは、娘へディとその夫のアーノルドだけになった。

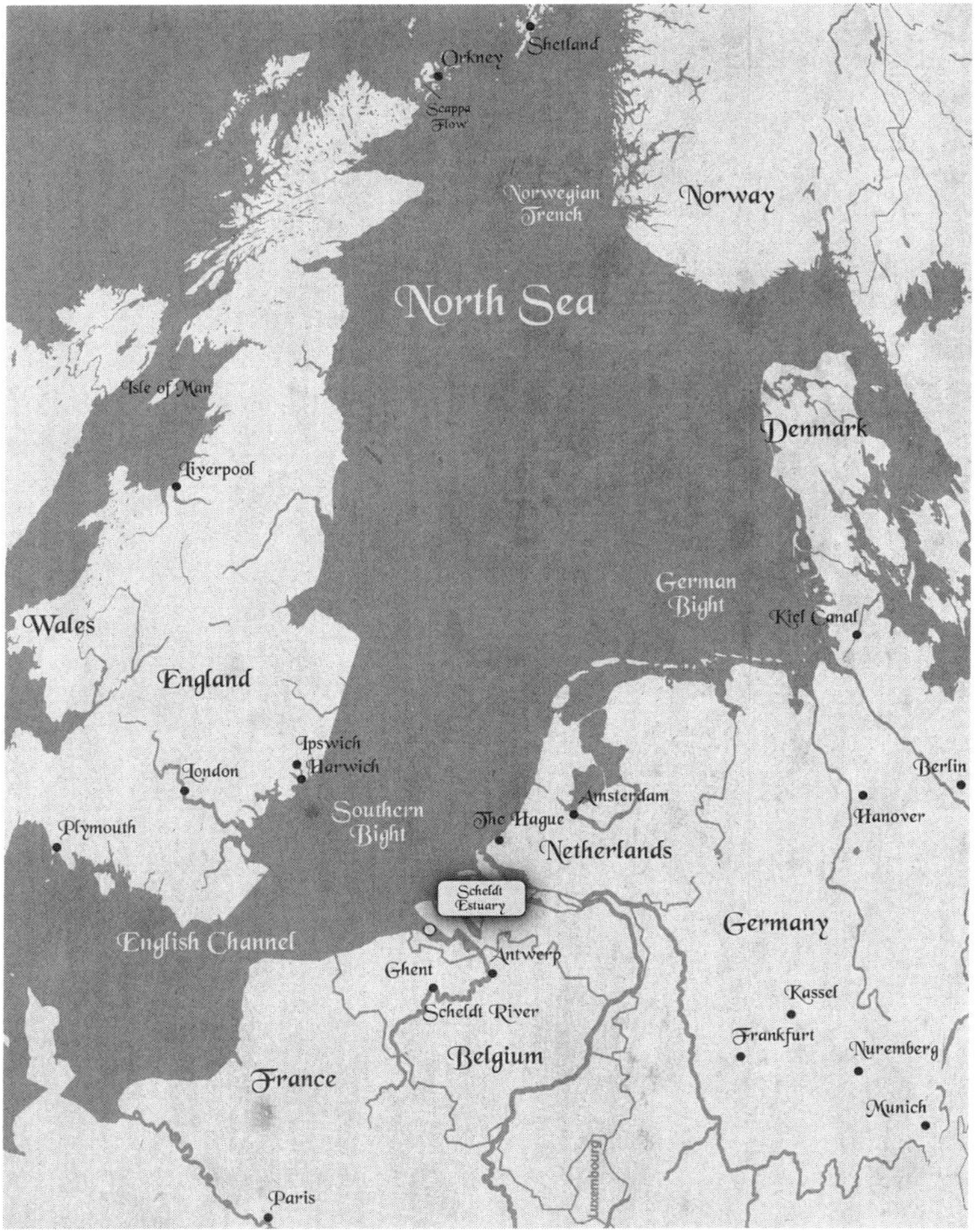

地図中の「スヘルデ川河口（Scheldt Estuary）」のところに○印があり、クルツェン号はこの地点でルドルフ・ディーゼルの遺体を発見したと報告している。

クルツェン号の船員は、ベルギー沿岸のスヘルデ川河口でルドルフ・ディーゼルの遺体を発見したと報告した。予定ではディーゼルは、ベルギーからイギリスのハリッジの港に向かい、それからイプスウィッチのディーゼルエンジン統合会社の会議に出席するはずだった。

遺品によって身元が確認され、マスコミが取り上げてきた3つの厄介な矛盾は解消された。ディーゼルがロンドンに無事に着いたと知らせた電報は、何かの間違いだった。彼は北海で死んでいた。

ドレスデン号の乗務員について言えば、彼は29日の夕方にディーゼルが船に戻ったところを見逃した、あるいは、嘘をついてマスコミの注目を引こうとした。乗客係の乗船者リストには単純な記入漏れがあった。ディーゼルはたしかに、カレルとルクマンと夕食をとる前に客室でひと休みしていた。

これで物語はきれいにまとまった。

日付 1913年10月14日――ミュンヘン
≫ディーゼル失踪発覚15日目

遺体が発見され――そして消え――私物４点が確認されたことから、ディーゼルの死亡は確定し、それから数日間、メディアは彼の破産や過度なストレスに関する続報を伝えた。ただし、その詳細の裏付けがとれているのかどうか、あいまいだった。

ニューヨーク・タイムズは、「ディーゼルは破産していた　37万５０００ドルの負債、有形資産は約1万ドルだけ」という見出しを掲げた。ディーゼルの債務に関する新たな暴露記事は痛烈で、説得力があった。「債権者集会は、ディーゼル博士の破綻した経済状態を管理するにあたって、断固たる行動をとることができなかった。正確な状況がまだ明らかになっていないためだ……債権者集会で出てきた数字は、ディーゼル博士の想定資産の集計が混乱していることを表していた」とも書かれていた。

実際の財務状況の詳細は依然として不明で、事件を完全に終結させる確実な証拠もなかった。一連の事実は、一貫性がなかったり、話が出来すぎていたりしたが、世論は自殺説に大きく傾き、論調を変化させる新しい波がくる気配はなかった。マスコミは、おいしいネタからもうたっぷりと蜜を吸った。各新聞は、ひいては世界は、真実をすべて知ったとまでは思っていなかったが、関心をほかに移し始めた。謎のルドルフ・ディーゼル失踪事件は忘れられていった。しかし、謎は消えてしまったわけではない――ただ眠っているだけだった。

注

1．遺体を見つけたのが誰だったのか、記事によって食い違っている。小さな手漕ぎボートに乗っていた男性が発見したとする記事もあれば、蒸気船の水先案内人が発見したとする記事もある。掲載日によって内容はまちまちだ。正確な記述は初期の新聞記事にあり、10月11日の土曜日（ディーゼルが船外に落ちたとされる日の12日後）、海に浮かんでいた死体を蒸気船が発見し、ひとりの漕ぎ手が送り出され、小さな救命ボートで死体に近づいた。いずれにせよ、すべての記事で一貫していたのは、服を着てひどく腐敗した死体から私物が取り出され、死体が海に戻された、ということだ。

第26章

有力な仮説

1913年9月29日から30日までの間に起きた、ルドルフ・ディーゼルの不審死。その原因には、事故、自殺、殺人という3つの説がある。彼のそれまでの歩みや失踪時の状況を振り返り、それぞれの妥当性を検証してみよう。

事故死説

ルドルフ・ディーゼルの死は偶発的なものだったという説は、真剣に検討されたり紙面で主張されたりすることがなかった。9月30日の朝、船内に彼の姿がないという動かぬ事実に直面した友人たちは、最も礼節にかなう穏当な見解として、不慮の転落だった可能性があると語った。しかし誰もそれを信じなかった。

ルドルフはおやすみと言って船室のドアを閉め、午後10時すぎに就寝したという。もし彼がその後でデッキに戻ったとしても、航路は波が穏やかで、風のない夜だった。デッキには137センチの高さの転落防止用の手すりがあった。仮に彼が夢遊病者だったとしても（そんな病歴はなかった）、部屋を出てデッキに戻り、コートを脱ぎ、きれいにたたんでその場に置き、帽子を脱いでコートの上に置き、手すりから身を乗り出す、そんなことがあるだろうか。事故死説はばかげている。却下されて当然だ。

自殺説

ルドルフ・ディーゼルは自殺したという説は1世紀以上、有力視されてきたが、近しい間柄の人々や同僚のほとんどは（マルタやオイゲンが自殺と認めたことを別にして）、この説を信じなかった。どの新聞報道を見ても、友人や家族は一貫して、ルドルフが生涯で自殺を試みたことはなく、自殺について口にしたこともないと証言した。シドニー・ホイットマンらイギリスの理事会メンバーも自殺説を信じず、ルドルフの公私にわたる友人たちも、自分たちが知る男と自傷行為は結びつかないと考えていた。

同時期の新聞報道では、ルドルフの体調不良が自殺の一因だと指摘されたが、彼は雪をいただくザウリング山に登れるほど頑強で健康だった。肉体的、あるいは精神的に不安を抱える人間が、険しい山に登る計画を立てるだろうか。1913年のマルタとの休暇中に限らず、ルドルフは運動のため規則正しく長時間の散歩をし、大食漢でも大酒飲みでもなかった。晩年の写真を見るかぎり、彼はスリムで姿勢のいい健康な人間だった。

健康状態は良好で、1910年から失踪に至るまで、仕事と旅行のスケジュールをばりばりこなしていた。サンフランシスコやサンクトペテルブルクへ旅をし、講演を行い、同僚に助言し、新しいエンジン設計を手がけ、休暇を楽しんだ。彼は富と成功の恩恵を享受し、高級レストランで友人と食事をし、自宅で彼らをもてなした。時間の許すかぎり美術館を訪れ、劇場に通い、音楽や美術への愛好心を満たした。彼は貪欲に人生を謳歌していた。自殺願望を示すような孤立や引きこもりの兆候もなかった。

同僚やマルタと交わした会話や手紙からも、彼が遠い将来も仕事を続けたいという意欲を強く持っていたことがうかがえる。その技術改良は急速に進んでいた。ほんの1年前にはディーゼルエンジンは潜水艦に適した唯一のエンジンだと承知していて、評判を呼び、水上艦隊の戦術にも変化をもたらした。機関車用エンジンのテストも成功した。ディーゼルエンジンはやがて鉄道の主力になるだろう。ディーゼル自動車の実用化も目前だった。それが成功すれば、1913年9月に義弟ハンス・フラッシェへの手紙に書いたように、「人生における使命」を果たしたことになるのだ。さらにおまけとして、フーゴー・ユンカースがディーゼルエンジンの用途を金属製の航空機にまで広げようとしていた。ミュンヘンの自宅の書斎にスケッチが壁紙のように貼られていたように、まだまだ膨大な作業と革新が待ち受けていた。野望をかなえ尽くし新たな目標を見失って憂鬱になっていたわけではない。最もわくわくすること、つまり彼のエンジンが各産業に応用され主力になる時代をその目で見られるのは、まだ先のことだ。1890年代は経済的な負担や逆風の中でその仕事に取り組んでいたが、成功への扉は開かれ、名声と富を持つ人々に吹く追い風を背に、レッドカーペットを歩く身になっていた。彼は人生の絶頂にあった。

成功を収めたルドルフは思いのままに豪華なパーティーを開き、ファーストクラスで旅行し、大勢の使用人を雇い、子どもたちに多額の金銭を贈ったが、そのために借金を抱えるようなことは、明らかになかった。ルドルフの失踪直後の新聞報道でも、彼は金持ちで、資産は増える一方だとされていた。彼が経済的苦境にあり、それが自殺のひとつの動機だとする報道が流れ始めたのは失踪から約2週間後で、その他の説を抑え込むことになった。

ディーゼルの伝記作家たちは、後付けで彼の人生と自殺説とを結びつけ、1910年からの数年間を、知的能力が衰え、借金が膨らみ、絶望のふちにあった時期として振り返っている。1913年にかけてのこうした記述を裏付ける証拠は存在しない。あるのはまったく反対の事実だ。彼はこの時期、人生最大の名声と賞賛を勝ち取っていた。彼のエンジンは海で勝利を収め、鉄道でも同様に勝利が確実だった。ヘンリー・フォードからも顧問として誘われていて、自動車業界の制覇も夢ではなかった。

ルドルフ・ディーゼルの財政状態が悪化しているという説が死後に浮上したが、その根拠はいつもあいまいだった。伝記作家が挙げるのは次のような事柄だ。1900年から01年にかけてミュンヘンの邸宅建設に多額の費用がかかったこと、1901年ごろガリツィア（現在のポーランドとウクライナの国境近く）の油田への投資に失敗したこと、ディーゼルエンジン総括会社の解散（1908年までに事実上消滅し、1911年2月27日に正式に解散。その時点で、株主は当初の投資額の約10・25％の配当を受け取った）、そして彼の特許に関連するさまざまな訴訟の弁護費用（これも、失踪の5年前の1908年までにほぼ解決ずみ）。だが、財政悪化を裏付ける当時の証拠はほとんどなく、1913年10月以前に破産について話し合われた形跡もない。証拠がないのは、ルドルフが残念な事実から家族を守りたかったからだと説明されているが、この理屈を裏付けるような仕事仲間への手紙も、銀行家とのやりとりの記録も残っていない。邸宅の経費や、1912年のアメリカ旅行の10年以上前にしくじった投資を除けば、１９１３年に破産状態だったと示す証拠はなかった。彼の生活に関するその他の記録はきちんと残っているのに、だ。経済的に破綻していたという筋書きは、彼が失踪したあとに初めて、どこからともなく現れた。

死後に描かれたシナリオが仮に事実通りだったとしても――つまり、筋の悪い投資と浪費で全財産が消えていたとしても――１９１３年のルドルフなら短期間でひと財産を築ける立場にあった。世界中どの国の公的機関でも民間企業でも、彼なら高収入の役職につけたはずだ。彼の名声を考えれば、どこかの企業の取締役として名前だけ貸して、たいして働かずに大金を稼ぐこともできただろう。

しかし、最も重要で、反論の余地のないポイントは、彼が心から仕事をしたがっていたということだ。彼はまだ目標を達成していなかった。やるべきことはたくさんあり、それを成し遂げるためにあらゆる手段をとることができた。１９１３年当時のルドルフは、機械工学界の頂点に確固たる地位を築いていた。

ルドルフは人生の次の章に意欲を燃やしていたと、ヘディとアーノルドもはっきりと証言している。フランクフルトでふたりは、ドレスデン号での出航を目前にした彼と家族水入らずで1週間以上を過ごしたばかりだった。

それに、身投げをするにあたって彼が道連れにすることにした奇妙なアイテムを、どう考えたらいいのか。ピルケース、眼鏡ケース、小銭入れ、そして小型ナイフ。投身自殺をしようとするとき、こうした品々をポケットに入れる意味がわからない。

そのうえ、ルドルフは遺言状のたぐいを準備していなかった。ほかのあらゆる面でつねに用意周到だった人間にしては、これはおかしい。家族に何のメモも残さず、ノートの開いたページに鉛筆で書かれていたのは奇妙な十字だけだった。間違いなく家族に愛情を注いでいたルドルフが、最期の思いを伝えることなく家族を謎の渦に巻き込んだというのは、まったく腑に落ちない。身元を特定できる4つのアイテムを身につけておいたのは、家族に自らの死を知らせるためだったのかもしれないが、その品々や自分の遺体が発見されるかどうか、保証のかぎりではなかった。

殺人説

ロックフェラーには、ディーゼル殺害の容疑をかけられるだけの動機、手段、行動パターンがたしかにあった。1913年、コロラド州ラドローの炭鉱労働者が労働条件の改善を求めてストライキを決行したとき、ロックフェラーはボールドウィン・フェルツ探偵社に対応を依頼した。ラドローのスト鎮圧にあたって「探偵」たちは、「デス・スペシャル」と名付けられた原始的なかたちの装甲突撃車を開発した。ディーゼル失踪とほぼ同じ時期に始まり、のちに「ラドローの虐殺」として知られるようになったこの争議で、探偵らは、鉱山労働者とその家族のテント村を銃撃してキャンプに火を放ち、女性と子どもを含む20人前後を殺害した。そんなロックフェラーが率いるスタンダード・オイルにとってディーゼルのエンジンは、1日8時間労働の要求よりも大きな脅威だった。

ドイツ皇帝にもまた、動機、手段、そして国益のためなら武力行使も辞さないという行動歴があった。イギリス海軍がディーゼル動力による潜水艦や軍艦を設計していること、ディーゼル本人がディーゼル動力はイギリスのエネルギー需要の救世主だと宣伝したこと、そして彼がドイツ軍参謀本部に公然とジャブを繰り出していることは、どれも筒抜けだった。それはチャーチルとフィッシャー提督も承知していたはずだ。

しかし、事実と照らし合わせると、殺人説も弱い。まず、失踪までの数週間にルドルフがとった奇妙な行動を考えてみよう。〝被害者〟の行動はたいへん計画的で、〝犯行〟に遭うまでの数週間、何かを予見していたようだった。9月の週末、ミュンヘンの邸宅でルドルフ・ジュニアと過ごした際には、使用人たちに暇をとらせたうえで、息子を鍵のかかったキャビネットやクローゼットに案内し、週末の締めくくりに書類を燃やした。ディーゼルエンジンの原点に関する重要な書類をすべて集め、フランクフルトでヘディに会う前にドイツ博物館に届けた。それに、ドレスデン号乗船前の最後の数日間にオイゲンとマルタに宛てて書いた著書の献辞と手紙も奇妙だ。そしてマルタへの贈り物。翌週まで開けてはいけないという言いつけも謎だ。プレゼントの旅行かばんには現金が詰まっていた。こうした事実からわかるのは、ルドルフの失踪がどんな原因だったにせよ、彼は何が起きるか知っていた、ということだ。

ディーゼルが殺害された可能性についても、事故説や自殺説と同じく、被害者がそもそも船に乗っていたかどうかで様相は違ってくる。これまで挙げた3つの矛盾、つまりロンドンからの電報、ドレスデン号乗務員の証言、乗客係が作成した乗船者リストは、すべて殺人説を否定するものだ。ディーゼルの仲間とされる者以外に、乗客リストと乗務員の証言に関して言及した者は誰ひとりいなかった。ヒューバート船長は事態を収拾しようとせず、9月30日に証言したのは、その朝の捜索時にディーゼルが見つからなかった、ということだけだ。不審に思えるほど言葉数が少ない。なぜ彼は、９月29日にディーゼルが夕食に出席していたかどうかについて言及を避けたのだろうか？

最後に、殺害を試みる場所としてドレスデン号を選ぶというのも、理解に苦しむ。実行後の暗殺者に逃げ道がないイギリス企業所有の旅客フェリーを、石油トラストのボスやドイツ皇帝が犯行現場に選ぶだろうか。ディーゼルが行方不明になったのが発覚したとき、船はもちろん海上で停止し、このときヒューバート船長は、船上にいたほかの全員がそろっていたこと、そしてリストに載っていない者は誰も乗船していなかったことを確認している。

ロックフェラーにもドイツ皇帝にも強い動機があったのは確実だが、状況証拠は殺人の線を否定している。失踪前のディーゼルの行動は、何かが起きると予見していたことを示し、自殺説を補強してはいるが、これまで検討してきたように自殺、殺人、事故死の可能性はいずれも排除された。となると、もうひとつの筋書きが浮上してくる。ロックフェラーとヴィルヘルム２世の動機につながる状況は、そのもうひとつの仮説の背後にある動機をもほのめかしている。ディーゼルの遺体発見はつくり話で、ルドルフ・ディーゼルは１９１３年９月29日に死んではいなかった。これが第４の仮説だ。

第27章
オペレーション・ルドルフ・ディーゼル

すべての矛盾を解消し、動機と機会の説明をつけられる仮説は、ひとつだけだ。ルドルフ・ディーゼルはドイツから亡命し、秘密裏にイギリス海軍本部の保護下に入ったのではないか。ドレスデン号で渡航したという嘘は、大きな謀略の一部だったのではないか。その観点から考えれば、彼の最後の日々をめぐる多くの奇妙な行動と事実は、完全につじつまが合うのだ。

１９０７年以降、ディーゼルとＭＡＮ社は敵対的な関係にあり、とくに１９１２年のアメリカ旅行中の公の場での発言からは、ヴィルヘルム２世とドイツ政府に対する彼の反感が伝わってくる。さらに、イギリスや、とくに友人のチャールズ・パーソンズに対するあこがれは、ロンドンでの催しや互いの家で何度も表明されていた。ディーゼルは軍事メーカーのヴィッカース社に助言していただけでなく、潜水艦用ディーゼルエンジンを重点に置きイギリスで新たに生まれたディーゼルエンジン統合会社の共同設立者でもあった。

当時のイギリスの情報機関が新聞社と協定を結んでメディアに影響を及ぼしていたことは、今日では広く知られている。チャーチルが築いた初期の情報機関に関する報道を見ると、作戦（オペレーション）の戦術として国内メディアを頻繁に操作していたことがわかる。ディーゼルの健康状態や経済状況に関する誤った詳報が急速に広まったのは、自殺の筋書きを補強するために仕組まれことだったと思われる。ディーゼルが乗船していなかったという驚くべき乗務員の告白や、客室係が作成した乗船者リストに彼の名前がなかったという事実さえ、この筋書きに上書きされ、とりわけ遺体の発見（そしてその直後の遺棄）をもって真実にすげ替えられた。さらに、ディーゼルの遺体がなぜ家族や当局に引き渡されなかったのか、その理由を特定するための追跡調査も行われなかった。遺体を見つけたという船員たちは何者だったのか？　彼らの名前は歴史の闇に消え、おそらくは初めからまったく知らされなかったが、新聞各紙がその手がかりを追うことはなかった。こうした未解決の問題からメディアは手を引き、ディーゼルの体調不良や財政問題が新たに強調されたことと相まって、自殺は仮説から結論へと変わった。

マルタとルドルフ・ジュニア、そしてオイゲンが自殺説をすぐに受け入れたことも、やはりあやしい。家族は、ルドルフが皇帝ヴィルヘルムの政策を嫌悪し、冷酷な石油トラストに反感を持っていることをよく知っていた。家族が犯罪の可能性に一瞬たりとも考えをめぐらさなかったというのは、奇妙に思える。娘ヘディとその夫が公然と自殺はありえないと断言したときでさえそうだった。おそらくルドルフは何らかのかたちでマルタ、ルドルフ・ジュニア、オイゲンの3人に手の内を明かし、策略への協力を求めたのではないか。身内の中でも愛国心の強いヘディとアーノルドは皇帝に忠誠を誓うおそれがあり、その輪から除外されたのではないか。

ベルギーが出航地に選ばれたことも、イギリスの作戦を有利に運んだ。ベルギーはイギリスの友好国だった（事件から1年足らずでベルギーとイギリスは対独戦争に加わった）。イギリスの旗のもと航行するドレスデン号には、イギリスの作戦への協力を求めやすかった。たとえば船長の証言からもそれがうかがえる。

失踪事件が起きたのはどの国の捜査権も及ばない公海上だったという証言も幸いした。カレルが記者や当局に対して丁寧に述べたことは公の記録として残ったが、その中でもとくに重要だったのは、午後10時まで彼がディーゼルと一緒にいたという点だ。そのころには船は確実に公海上に達していたからだ。船がスヘルデ川河口を通過し、友人同士で見晴らしのいい外洋からヨーロッパの海岸を眺めたというエピソードも、事件現場の管轄権がどの国にもないという立証に大いに役立った。ルクマンも認めたこのエピソードをもとに、各国の捜査当局は、ディーゼルに何が起こったにせよ、それはどの国の権限も及ばない地点だったと結論した。

カレルは重要な役割を果たした。彼はベルギー人で、イギリスの支持者として知られていた。彼が経営するカレル兄弟社は、約10年間にわたってヴィッカース社と共同でイギリス海軍にエンジンを提供していた。カレルとディーゼルは、イプスウィッチに新しく設立されたディーゼルエンジン統合会社の共同設立者でもあった。

ハリッジ駐在のドイツ領事もディーゼル失踪について調べたが、調査はすぐに打ち切られた。調査員たちは船内を捜査し、カレルやルクマンやドレスデン号乗務員に事情聴取をしたうえで、この失踪は明らかにイギリスの作戦の結果だと判断したのだろう。ドイツで最も評価されている科学者がチャーチルの手に落ちたとなれば、国家的スキャンダルだ。ドイツにとってみれば、国辱をさらすより自殺説のほうがはるかにましだった。この点では、ドイツとイギリスの利害は完全に一致したのだろう。両国ともにこの件を自殺として片づけ、極秘作戦は極秘のまま完了した。

そうなると、ディーゼルの帽子とコートが後部デッキの手すりのところに妙な具合に置かれていたという事実も、自殺の状況証拠というより作戦の小道具に見えてくる。身投げをしようというときに、役にも立たない薬や眼鏡ケース、小銭入れ、小型ナイフをポケットに入れて持ち歩いたりするだろうか。ディーゼルのコートはきちんとたたまれて後部デッキに置かれていた。そうなると、どのポケットにそれぞれ入れていたのだろうか。

ディーゼルのポケットにあった品々に唯一、役割があったとすれば、いずれも特徴があり、持ち主を特定できたという点だ。ディーゼルに結びつく物品として、発見された遺体が彼のものであるとマスコミや大衆を欺く役割を果たした。

これらのアイテムが謀略の一部であったことは、荒れた海で12日間漂流してもなお遺体の着衣に残っていたことからもわかる。その可能性はきわめて低い。筆者がニューヨーク市警の警官に取材したところ、「水死体《フローター》」、つまり都市周辺の水域に流れつく遺体は、水中で衣服が数日間でぼろぼろになることが多く、全裸状態になることもあるという。布地は塩水で劣化し、潮流や野生生物によって引き裂かれる。ディーゼルの遺体がスヘルデ川河口で発見されたとすれば、鳥やその他の生き物が衣服をずたずたにしていたはずだ。

加えてこの時期の北海は荒れやすく、洗濯機の中で揉まれるズボンのポケットからコインが出てしまうように、遺体のポケットも空っぽになる傾向がある。ピルケースは手のひらほどの大きさで（ロ絵25参照）、ポケットの中に収まったままだったというのは、ほぼありえない。さらに言えば、ディーゼルはふだんピルケースを持ち歩かなかった。しかし、エナメルの装飾を施したこの小箱は、作戦の一部として身元特定のうえで説得力のある小道具だった。

ディーゼルがとったその他の奇妙な行動も、作戦に備えたものと考えれば理屈が通る。自宅で長男に鍵のかかった収納スペースを見せてまわった際に使用人に休暇を与えたこと、それから地下室の暖炉で多くの書類を燃やしたことは、身辺整理のためと考えられる。その翌日以降、最も重要な論文や文書をまとめて国立ドイツ博物館に寄贈したこともそうだ。

そして、現金の詰まった謎の旅行かばんをマルタに贈ったのも、妻がすぐに自分のあとを追ってこられない場合を心配してのことと考えれば、筋が通る。マルタが同行してくれるかどうか、彼がとても心配していた節がある。

ドイツからの亡命というレンズを通して最後の手紙をあらためて読み直すと、彼の言葉に新たな意味が見えてくる。彼が自分の本にマルタ宛てに書いた献辞は次のとおりだ。

妻へ

君はこの世界で私のすべてだった。君がいたからこそ、私は生きて頑張ってこられた。もし君が私のもとを離れたら、私はもう生きていたくない

君の「夫」より

自殺説を支持する人々は、ディーゼルが「だった」と過去形で書いていることに注目し、この世を捨てる覚悟が無意識にこぼれ出たフロイト的失言だと論じる。しかし、彼が捨てようとした「この世界」は、現世のことではなく、単にドイツを指していたのではないだろうか。

さらに言えば、この献辞において主導権を持っていたのは誰なのか。1913年9月の時点で、ふたりの関係を続けるかどうか、決めるべき立場にいたのは誰なのか。それはマルタだ。「もし君が私のもとを離れたら」とディーゼルは書いた。彼女が自分のもとを離れないように頼んでいるように読める。自分と一緒に来るように誘っているようでもある。北海の底へ心中しようと呼びかけたと結論するのは、いかがなものか。そうではなく、自分から離れず、ある場所へ、一緒に来てほしいと彼女に求めていたのだ。

1872年3月24日、14歳のルドルフ・ディーゼルは、ルター派の堅信礼で、旧約聖書のある一節を読んだ。彼が選んだのは、創世記12章第1節だ。

あなたの国、あなたの親族、そしてあなたの父の家を離れ、私が示す地へ行きなさい。

神がアブラハムに告げたこの不吉な命令は、41年余り後に不気味な影を落とすことになる。ディーゼルの運命に関する証拠は、その場に存在したものだけではない。そこに欠けていたものは何か。それを精査すると、目に見えるものと同じぐらい多くのことが明らかになる。

筆者は元イギリス軍人のサイモン・マンに取材した。彼は裕福な家に生まれ、近衛歩兵連隊《スコッツガード》に所属し、特殊空挺部隊の一員として多くの秘密作戦を計画し、遂行してきた。マン元大尉はディーゼル事件の証拠を検討し、こう結論した。「海軍情報部（ＮＩＤ）には作戦実行につながる動機や能力、機会がそろっていた。それだけでなく、この事件には、当時のイギリスの作戦でおなじみの戦術や巧妙な手法のすべてが含まれている。状況証拠の量を考えると、当時のどの仮説も合理的に排除できる。ディーゼル失踪は、イギリスが企てた欺瞞作戦（偽情報作戦）だった。それが唯一の合理的な結論だ」

失踪から遺体発見まで12日という長い期間があり（その間、大々的な新聞報道がなされた）、衣服から発見された身のまわり品の選択が要領を得なかったことを考えると、死体（または死体があったとする筋書き）を利用したのは、もともとの作戦の一部ではなかったのだとわかる。イギリス人は当初、不眠症の彼が偶発的に転落したというあらすじが通用すると踏んでいたのだろう。予備のプランとしては、自殺説のお膳立てをすれば十分なはずだった。だが、ディーゼルの家族に電報が届いたり、ドレスデン号の乗務員が彼の不在を証言したり、乗客係の乗船者リストが開示されたりしたのは、不測の事態だった。

しかし、なんとシンプルな解決策だろう！　計画立案者に必要なのは、ディーゼルの私物とわかるいくつかのアイテムと、北海に浮かぶ上等な服を着た死体からその品々を見つけたと証言する人物だけだった。ディーゼルがエナメル塗りのピルケース、眼鏡ケース、小銭入れ、小型ナイフをイギリス側の作戦指示者《ハンドラー》に渡せば、あとは息子のオイゲンがすべて父のものだと確認し、新聞はそれを報じてくれる。よく考えればありえないと思い直したりしないかぎり、一般の人々は納得するだろう。

つまり真実はこうだ。ルドルフ・ディーゼルはドレスデン号で海を渡らなかった。彼の死体も存在しなかった。

もしもルドルフ・ディーゼルが1913年9月以降も生きていて、チャーチルの戦争準備に協力したのだとすれば、「彼はイギリス領にいる」という報道が出てきたのも不思議ではない。

第28章 痕跡

日付 1914年3月15日――ベルリン

≫ディーゼル失踪発覚から167日経過

ベルリンからの特電をもとに、ニューヨーク・タイムズは驚くべき見出しを掲げた。「ディーゼル博士、カナダで生存との情報――ミュンヘン・ジャーナルは、水死したとされる発明家が新生活を始めたとの情報を入手――昨秋、北海上の汽船で姿を消す――彼らしき遺体も発見されている」

カナダは大英帝国領の一部だった。ディーゼルは何らかの手段でロンドンにたどり着き、そこから人目を避けてカナダに逃げのび、チャーチルに何らかのかたちで力を貸したのだろうか。そんなことが可能だったのだろうか。

タイムズは続けて「ミュンヘンのアーベント・ツァイトゥング紙（〝夕刊〟の意）は、昨年秋に北海で水死したと報じられたディーゼル博士が、死亡しておらず、ドイツに届いた何通もの手紙によるとカナダで第2の人生を始めた、とする記事を掲載した」と伝えている。

この手紙を書いたのは誰なのか？　誰がそれを受け取ったのか？　手紙はルドルフがマルタに送ったものか？　愛する妻に自分のもとに来てほしいと書き、それがミュンヘンの何者かの手に渡ったのか？　それとも、カナダの誰かが彼を見かけて有名なドイツ国民だと気づき、祖国に手紙で知らせたのか？

日付　**1914年3月24日——ミュンヘン**

≫ディーゼル失踪発覚から176日経過

そしてマルタが姿を消した。ドイツの新聞は、マルタの親しい友人は誰も彼女を見つけられず、ミュンヘンにもベルリンにも彼女の手がかりがないと報じた。

3月24日、イギリスのデイリー・シチズン紙は、ミュンヘンで暮らしていたマルタは5カ月間、カナダに住むルドルフと頻繁に手紙で連絡を取り合っていたが、いまは行方不明だとする記事を掲載した。ルドルフはカナダで暮らしていて、マルタと手紙を交わし続けていたのだろうか？　同紙は「これが今日、ドイツ全土を当惑させている問題である。新聞各紙は、ミュンヘン発のこの話題にかなりのスペースを割いている」と伝えた。

この件がイギリスで報道されたのは1回きりで、驚きのニュースだったにもかかわらず、ドイツでもすぐに消えた。イギリスの新聞各紙は、まるで犬笛の命令にでも従うように、一斉にこの件から手を引いた。１９１４年３月にディーゼルがカナダに姿を現したというメディア報道は、不可解なほど少なかったが、元イギリス軍人のサイモン・マンはむしろそこに説得力を感じたという。「ディーゼルがカナダで生活しているという話は、ドイツでは報道された。アメリカでもニューヨーク・タイムズに載った。しかし、イギリスの新聞アーカイブを丹念に調査したところ、イギリスではこの件についての言及はほとんどなかった。小さな地方紙が３紙、わずかな行数で簡単に言及しているだけで、おそらくこの３紙は政府からの通知をちゃんと見ていなかったのだろう。この時代のイギリスのマスコミは反ドイツ的だったことが有名で、今日では考えられないほど政府に協力的だった。この件に関するマスコミの対応には、Ｄ通告（Defense Notices、略称 D-Notice）の明らかな特徴が表れている。ディーゼルについて報道しないよう、イギリス政府が各紙に通知していたのではないか」

イギリスのＤ通告とは、「国家安全保障上の理由に基づき、特定の話題を刊行または放送しないようにニュース編集者に発せられる公式な要請」である。ガーディアン紙は、「Ｄ通告システムは、イギリス特有の取り決めで、ジャーナリストが国家安全保障を危険にさらさないようにするための、政府とメディアとの間の、公然のものではなく完全に極秘というわけでもない、一種の取り決めである」と説明している。イギリス陸軍省がＤ通告システムを創設したのは１９１２年で（ディーゼル事件にとって絶妙のタイミングだ）、戦前のヒステリックで妄想的な空気の中でディーゼル争奪戦がもたらすような影響に対処するためのものだった。

サイモン・マンは、「１９１４年３月にディーゼルに関する報道がなされなかったことは、ルドルフ・ディーゼルを引き抜くための情報作戦が存在したことを、明らかに裏付けている」と結論した。[1]

引退した元イギリス情報部員も数人、匿名を条件に筆者の取材を受けてくれた。欺瞞作戦におけるルドルフ・ディーゼルの脱出ルートとして、マンはスコットランド最北端の海岸沖のスカパ・フローを経由したと考えているが、彼らも同意見だった。そこから軍用船で大西洋を横断したのではないか。カナダでチャーチルのための仕事をすませたあとは、海軍本部によって大英帝国の辺境に移された可能性が高い。よくあるパターンとして、作戦関係者はオーストラリアに送られた。その当時、オーストラリアは証人保護のための一種の安全地帯とみなされていた。

この作戦の記録についてマンはこう語っている。「ディーゼル作戦は、明るみに出れば今日でもドイツとイギリスの間で面倒な国際問題になるほど重要なものだ。私の考えでは、NID（海軍情報部）の記録ファイルにはきっと残っていない。おそらくこれは簿外作戦だ」

ディーゼル失踪から数週間、イギリスのマスコミは明らかに政府と共謀していて、彼がカナダに姿を現したという話も完全に黙殺した。そして第一次世界大戦が始まった。

ディーゼルがカナダに住んでいるという記事が唐突に出た4カ月後、地獄のような惨劇が幕を開けた。

世界は未曽有の災厄に陥った。最終的に32カ国が参戦し、世界史上、最大かつ最も技術的に進んだ戦争となった。4年3カ月にわたる流血の惨事によって、死傷者は軍人と民間人を合わせて4000万人に上ったとされる。

1時間の出来事が平時のニュース1週間分の価値を持つような狂乱の中で、戦地からは圧倒的に膨

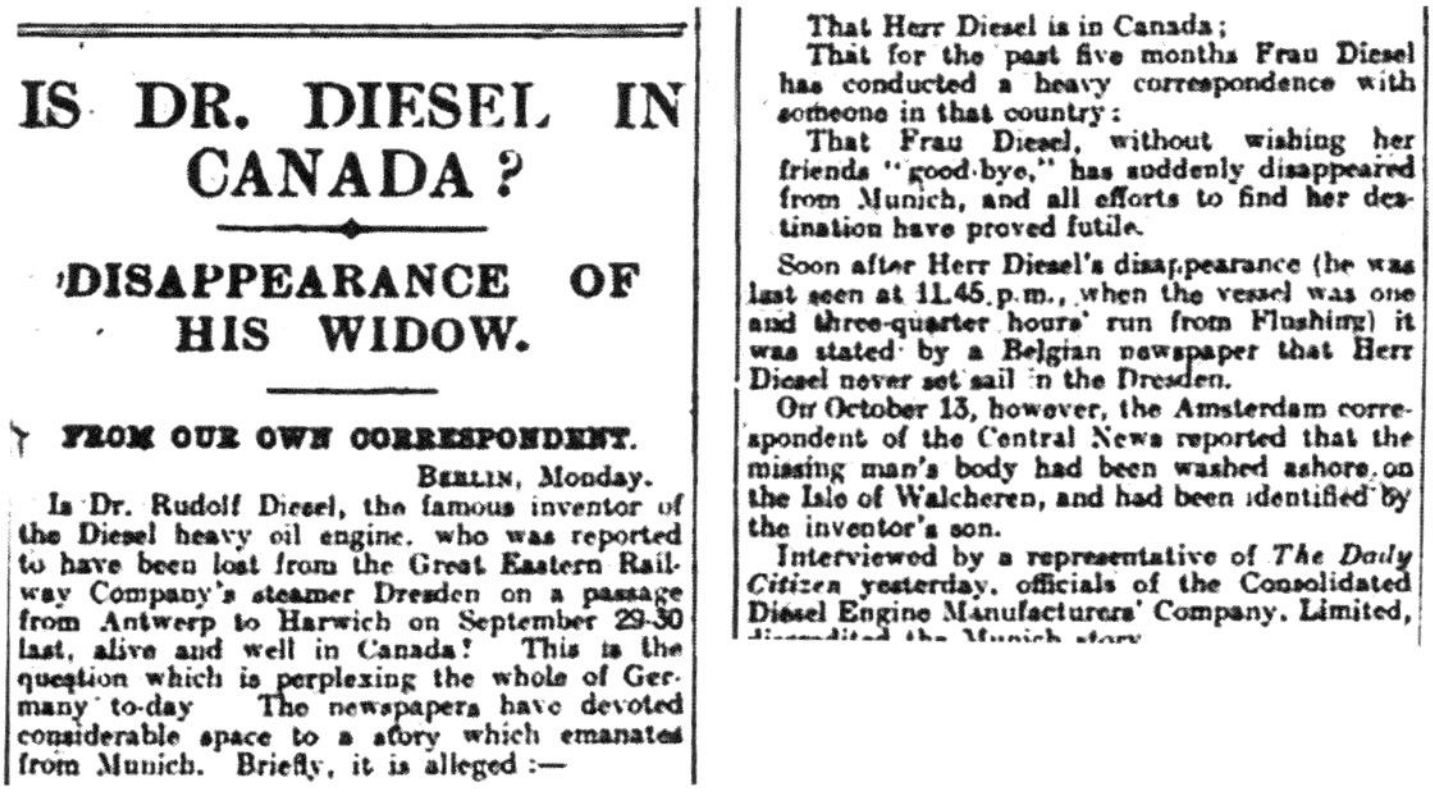

IS DR. DIESEL IN CANADA?

DISAPPEARANCE OF HIS WIDOW.

FROM OUR OWN CORRESPONDENT.

BERLIN, Monday.

Is Dr. Rudolf Diesel, the famous inventor of the Diesel heavy oil engine, who was reported to have been lost from the Great Eastern Railway Company's steamer Dresden on a passage from Antwerp to Harwich on September 29-30 last, alive and well in Canada? This is the question which is perplexing the whole of Germany to-day. The newspapers have devoted considerable space to a story which emanates from Munich. Briefly, it is alleged:—

That Herr Diesel is in Canada;

That for the past five months Frau Diesel has conducted a heavy correspondence with someone in that country:

That Frau Diesel, without wishing her friends "good-bye," has suddenly disappeared from Munich, and all efforts to find her destination have proved futile.

Soon after Herr Diesel's disappearance (he was last seen at 11.45 p.m., when the vessel was one and three-quarter hours' run from Flushing) it was stated by a Belgian newspaper that Herr Diesel never set sail in the Dresden.

On October 13, however, the Amsterdam correspondent of the Central News reported that the missing man's body had been washed ashore on the Isle of Walcheren, and had been identified by the inventor's son.

Interviewed by a representative of *The Daily Citizen* yesterday, officials of the Consolidated Diesel Engine Manufacturers' Company, Limited,

1914年３月24日、イギリスの新聞デイリー・シチズンの記事。マルタは、カナダで生きていたルドルフ・ディーゼルと数カ月にわたって手紙をやりとりした後、ミュンヘンから姿を消したと報じている。

大なニュースが届き、ディーゼル失踪をめぐる謎は新聞から締め出された。しかし、混沌とした戦争報道の中にも、ディーゼルエンジンの開発に関係する気になる活動の痕跡が紛れ込んでいた。

この気になる活動には、またしてもイギリス海軍のための極秘作戦が絡んでいた。今度の舞台はカナダだ。チャーチルが、ドイツとの潜水艦の戦力の差を埋めようと動いていた。

日付 **1915年8月15日——ワシントンDC**

≫ディーゼル失踪発覚から685日経過

ワシントン・ポストは、「15隻のUボート、海を渡る——部品はアメリカ製、組み立てはカナダ——現在、イギリス艦隊で就役中」という見出しを掲載した。

チャールズ・M・シュワブが率いるアメリカの製鋼会社ベスレヘム・スチールは、潜水艦の部品をアメリカで製造し、1915年1月1日にカナダ・モントリオールの秘密の場所に出荷した。そこで外国人エンジニアの一団がアメリカ人から部品を受け取り、作業に取りかかった。この一団はウィンストン・チャーチルとジャッキー・フィッシャーの指令を受け、極秘任務に当たっていた。

ポスト紙の記事は、組み立て前の部品のみをカナダに納入したベスレヘム・スチールの動きを通じて、「中立性を侵さずに」イギリス海軍を支援したアメリカ企業の役割を明らかにした。のちに定められた米国中立法によれば、アメリカ企業は、戦時下にある国に原材料を供給することはできるが、完成した状態の兵器や軍需品は提供できなかった。記事中の潜水艦のエンジニアリングと組み立てはカナダで行われた。

カナダの謎のエンジニア集団は、5月までに奇跡のように最初の5隻の潜水艦を完成させ、残りの注文にも突貫工事で応えた。8月、ワシントン・ポストは、「15隻の潜水艦が自力で大西洋を横断し、現在、北海とダーダネルス海峡で任務についている」と報じた。ポスト紙は、潜水艦のエンジンはディーゼル式だと断定している。

部品を調達できたのは外交の成果だ。そこにはシュワブ、チャーチル、フィッシャーの大きな決断と、中立政策をかいくぐるためのアメリカ国務省の支援が必要だった。

さらに注目すべき成果は、モントリオールでひそかに行われた謎のエンジニアリングだった。戦後、長い歳月が流れ、残された公文書から詳細が少しわかってきた。

イギリスの第一次世界大戦アーカイブで、物語の断片が見つかった。1915年の元日、イギリス海軍本部が派遣した武装集団に伴われたエンジニアの一団が、カナダのヴィッカース社の造船所を占拠し、敷地内で行われていた作業はすべて止まった。

造船所の従業員は護衛されて退去させられ、乱入してきたエンジニアチームが新しいプロジェクトに着手した。このプロジェクトは秘密裏に遂行された。海軍本部は敷地を囲む高いフェンスを設け、周囲に兵士を配置した。エンジニアたちにＩＤカードを発行し、出入りには厳重なセキュリティ対策を講じた。

カナダ政府でさえ、何が行われているのか知らされていなかった。ディーゼル潜水艦プロジェクトは、イギリス情報機関のお家芸としてのちに知られる秘密工作の一例だった。カナダ政府と地元の人々は終戦直後、自分たちのテリトリーでチャーチルの極秘計画が遂行されていたことを知り、本国から軽視されたことに憤ったが、海軍本部の前では無力だった。

イギリスが新しいディーゼル潜水艦を建造しているという報道は、戦争の霧の中から伝えられた。アメリカはまだ中立を保っていて、参戦するかどうかは国内外でホットな話題だった。そこで潜水艦をめぐる秘密作戦は、中立政策と、部品がアメリカで製造されたという事実を柱として報じられた。ルドルフ・ディーゼルの名前は出てこない。カナダ・ヴィッカース社での任務と、造船所接収のわずか数カ月前にルドルフ・ディーゼルがカナダにいると報じられたことを結びつける報道は、ひとつもなかった。

チャーチルとフィッシャーがじきじきに練り上げた作戦は、目覚ましい成功を収めた。この作戦によって、フィッシャーが設定した野心的なスケジュールより4カ月も早く、4カ月間という異例の速さで最初の5隻の潜水艦が完成した。戦後、イギリス海軍の潜水艦司令官はカナダ製の潜水艦について、「非常によく出来ていて、イギリスの潜水艦関係者の間で最も人気のあるタイプだった」と証言した。戦後、技術者たちが独自に、当時のエンジニアリング作業の速度と質を研究し、「これら潜水艦の建造は並外れた産業的成果であり、その成果の多くは、カナダのヴィッカースの作業員たちが挙げたものだ」と結論した。

しかし、その作業員とはいったい何者だったのか。世界のディーゼルコミュニティの中で、一般的にイギリスのエンジニア、とくにヴィッカース社のエンジニアの技量は評判が悪かった。「並外れた産業的成果」と称されるような潜水艦をつくれるような実績は、間違いなく彼らにはなかった。ヴィッカース社でそのころに開発されたディーゼルエンジンの中で、外部からの関与が疑われるものはほかにもあったのだろうか？　もちろん、あった。

ジェームズ・マッキニーは戦前、イギリスのヴィッカース・バロー造船所で所長を務めていた。彼の知識は、ほとんどが学校ではなく現場で学んだものだった。15歳で学校をやめ、製糖工場で見習いとして働き、ポンプエンジンと油圧システムに関する作業をした。19世紀後半、スコットランドの小さな会社で石炭を燃やす蒸気機関を製造する仕事に就き、その会社がヴィッカースに買収された。彼は出世し、厳しい現場監督として知られるようになった。

1906年までに、イギリス海軍は潜水艦向けのガソリンエンジンに完全に見切りをつけ、ディーゼルエンジンに期待をかけた。前に述べたように、海軍本部は、潜水艦と潜水艦向けディーゼルエンジン製造に関する唯一の政府契約をヴィッカース社と結んだ。マッキニーはC・G・ロバートンをエンジニアリングの責任者として迎え入れた。マッキニーにもロバートンにも、ディーゼルエンジンの心得はなかった。

ヴィッカースは、イギリス海軍初の潜水艦隊となる、D級潜水艦と呼ばれるディーゼル潜水艦の建造に着手した。1909年までのところ、ヴィッカースの努力は海軍本部にとって惨敗としか思えなかった。水中航行のためには多くの複雑な条件を克服しなければならないが、そのためのディーゼルエンジン開発はヴィッカースのディーゼルエンジニアリング部門の手に負えるものではなかった。

ところが、1910年から同社のディーゼル部門はエンジン設計において、神秘的とも言える、きわめて高度なブレイクスルーをいくつも成し遂げる。エンジンの燃料噴射システムは、かつてはイギリス人だけでなく、ディーゼルコミュニティ全体にとって大きな難題だった。それが突然、足元もおぼつかなかったヴィッカースのエンジニアグループによって解決されたのだ（思い出してほしい。1907年から08年にかけて、ルドルフと、パートナー企業だったMAN社との間で起きた訴訟の争点は、燃料噴射システムに関するルドルフの先駆的な特許だった）。最大の謎は、この成功は誰の手柄だったのか、それは自分の手柄だと名乗り出た人間はいなかったのか、ということだ。ブレイクスルーの陰にいたのは誰だったのか。

1911年から14年にかけて、ディーゼルエンジンの燃料噴射に関連して英国特許第24154号、第26227号、第27579号などが認められた。時期的には、ディーゼルがイギリスでチャールズ・パーソンズやジョルジュ・カレルらと一緒に過ごし、ディーゼル技術の利点についてあの「とくにイギリスにとって」の講演をしていたころと重なっている。

世間的には、燃料噴射システムに関して独創的な飛躍の数々が成し遂げられたのは、ディーゼル部門内に創意に富んだエンジニア集団がいたからだという話になっている。特許の発明者の名は、その当時では珍しいことではないが、彼らの上司であるジェームズ・マッキニーになっている。彼がディーゼルエンジンの専門家でなかったにもかかわらず、だ。

マッキニーの特許をお膳立てした人物も謎だが、１９２５年に、当時のヴィッカースのディーゼルエンジン設計の責任者だったウィリアム・ラビッジが発表した技術論文も、かなり唐突に出てきた印象だ。この論文は、第一次世界大戦前のイギリスの特許の中でおそらく最も革命的なものである「コモンレールシステム」（共同噴射方式）に関連している。エンジンの複数の気筒を同時に制御することを可能にした画期的な方式だ。コモンレール方式はのちに世界標準になるが、ヴィッカースのエンジニアたちの着想はあまりにも大胆で先駆的だったため、世界中のディーゼルコミュニティの理解も追いつかず、その概念が完全に受け入れられたのは、発表から80年近く経ってからだった。

ラビッジのコモンレール方式発明の背後に、誰がいたのか？　１９２５年の論文で彼が明かした人物は、もちろんマッキニーではない。ラビッジは、戦前からイギリス海軍で語り継がれてきた話を挙げ、実際に発明したのは船の機関室で働いていた腕のいい乗組員だったとした。コモンレールを発明したのは、イギリス海軍の機関室の名もない「マジシャン」だった、というのがラビッジの紡いだ物語だ。イギリス海軍にそんな技術者がいたとすれば、なかなかすてきな話だが、それはありえないだろう。特許論文の真の著者は名前を明かされず、戦後も長い間、その技術開発への道のりが関心を引かなくなってからも、謎に包まれたままだ。

１９１１年から14年にかけて、ヴィッカースは非常に高度な特許を生み出したが、現実的に大きな価値を持つ実用可能なディーゼル潜水艦用エンジンはつくり出せなかった。高品質エンジンの提供という任務が残念な結果になったのは、特許のアイデアの源だった人物と、ヴィッカース工場に常勤するエンジニアたちとの関係が断たれた結果なのではないか。実用化に向けたアイデア自体は、おそらくディーゼル自身から現場に示されていた。しかし、特許を実体化させ、目標である潜水艦用ディーゼルエンジンを製造できる人間が、工場にはいなかった。

ヴィッカースは１９１０年、11年、12年の３回、イギリス海軍と潜水艦製造の契約を結んだが、１９１３年までに履行できなかったため、海軍本部はすっかりパニックに陥った。怒りと非難を込めて、イギリス海軍のロジャー・キーズ大佐[2]は１９１３年８月20日（ディーゼル失踪の前の月）にヴィッカース社のトレヴァー・ドーソン代表取締役に手紙を送った。

> １９１０／１９１１年、１９１１／１９１２年、そして１９１２／１９１３年の注文が、納期から何カ月も遅れている。貴社は３年間で８隻の潜水艦を納入するはずだった！　おわかりだろうが、このまま貴社を全面的に信頼していたら、われわれはドイツに絶望的に後れをとってしまう。

納期を守れなかったヴィッカース社の悲惨な実績は、翌々年にカナダの謎のエンジニア集団が挙げた実績とまったく対照的だ。ディーゼルエンジンをつくる能力が国内になかったため、海軍本部はディーゼル潜水艦隊を手に入れるためにあらゆる手段を検討し、チャーチルが自ら解決に乗り出すことになった。

ディーゼルを失い、彼とカレルがイプスウィッチに共同設立した新しい会社は、床が抜けてしまったような状態だった。思わぬ事態に困惑するディーゼルエンジン統合会社の不運をメディアは報じた。ディーゼル失踪から数週間後に株主が集まり、工場の建設が遅れているという理由で1913年11月に会社を解散すると決めたが、10月の新聞に掲載された写真を見るかぎり、工場はすっかり完成していて、稼働の準備が整っていた。

第一次世界大戦中の1915年2月、ヴィッカース社は潜水艦建造を目的として、閉鎖されたイプスウィッチ工場とその内部のすべての設備を購入した。ディーゼルの失踪直後にイプスウィッチの会社は急にたたまれたが、そんなどさくさに紛れた奇妙な事実がある。ロンドンの会社登録事務所が、この会社の設立に関するすべての詳細な記録をなぜか破棄していた。ディーゼルが出席したすべての取締役会の議事録と記録が、解散手続き中に破棄されたのだ。

第一次世界大戦前の数年間にヴィッカース社で起きた一連の奇妙な出来事に、最も納得のいく説明をつけるとすれば、こうだ。1913年の末までに、同社は世界で最も熟練したディーゼルエンジンの技術者、つまり発明者本人を手に入れたのだ。

ディーゼルをめぐる欺瞞作戦で採用された戦術は、その時代のイギリスの情報工作の特徴をよく表しているが、世界がそれを知るのは数十年後のことだ。驚くほど似ている手法を使った英国情報機関の作戦が、ひとつある。この有名な作戦は筋立てが似ているだけでなく、首謀者も同じウィンストン・チャーチルだった。

「ミンスミート作戦（Operation Mincemeat）」〔訳注　ミンスミートは、パイに詰める、刻んだドライフルーツの洋酒漬け。または挽き肉〕は、第二次世界大戦中の１９４３年、ヒトラーを欺くための偽の戦闘計画書を身につけた死体を使った、英国海軍情報部によって計画された欺瞞工作だ。イギリス政府はのちに作戦の詳細を機密解除したが、元閣僚が掟破りの実録小説を書かなければ世界にこの作戦が知られることはなかったかもしれない。[3]

イギリス海軍のジョン・ゴドフリー提督とイアン・フレミング少佐（のちにジェームズ・ボンドの小説を執筆）が１９３９年に書いた「トラウト・メモ」に基づいて、ミンスミート作戦は実行された。この文書は数十にのぼる諜報作戦案のリストで、ミンスミート作戦は「提案（あまりよくない）」という見出しの下に、「28番」として出てくる。

フレミングは、「航空兵の制服を着せて、ポケットに伝令書を入れた死体を、パラシュート降下に失敗して海に墜落したと見せかける。海軍病院で死体を調達するのは難しくないと思うが、もちろんその死体は新しいものでなければならない」と書いている。

秘密作戦を好むチャーチル首相は、１９４３年、ヒトラーを出し抜かなければならない切迫した状況にあった。イギリスをはじめとする連合軍は大規模な攻勢を計画していて、侵攻の開始地点にはふたつの選択肢があった。シチリア島に上陸しイタリア本島に向かうべきか、それともギリシャからバルカン半島に投入すべきか。

１９４３年１月のカサブランカ会議で、連合軍の計画立案者はシチリア島を選択したが、チャーチルは、シチリア島を選ぶのは見え見えの結論で、ドイツの万全の守備で壊滅的な損害を被る可能性があると懸念した。彼は「大馬鹿者でなければ、（上陸地点は）シチリア島だとわかる」と言ったという。しかし、ヒトラーがバルカン半島の防衛についても不安を抱えていることを連合国側は知っていた。この地域は、ドイツの軍需産業にとって石油、銅、ボーキサイト、クロムの主要な供給地であり、ヒトラーはその防衛を誓っていた。その方面からの陽動に彼が影響される可能性はあった。

連合国は、「バークレー作戦」を開始した。ギリシャとバルカン半島が目標地域だとドイツ人に信じ込ませるための大がかりな欺瞞作戦である。連合国は、カイロに偽の司令部を設置し、通信の一部が傍受されることを承知で、その地域の軍隊の動きを示す架空の通信を送った。ダミーの戦車までつくった。単なる膨らませた風船だったのだが、遠くから見るとよくできたレプリカだった。そして、彼らはトラウト・メモの28番、「ミンスミート作戦」にゴーサインを出した。

この驚くべき作戦を企てるうえで海軍情報部は、世界を欺いてディーゼルを手に入れた第一次世界大戦前の作戦を参考にして構想を膨らませたのかもしれない。ミンスミート作戦の立案者は、「ルドルフ・ディーゼル作戦」の立案者も直面したであろうふたつの課題に直面した。

第１に、どうやって検死官を欺き、死体がイギリス海軍の遺体安置所から調達したものではなく、水死したばかりのものだと信じさせるか。

第２に、どうやって死体と偽の文書を見つけさせ、発見された情報がでっち上げではなく本物だと信じ込ませるか。

ミンスミート作戦を主導したエージェントであるユーエン・モンタギューは、「イギリス海兵隊大尉のウィリアム・マーティン」というキャラクターを考案した。マーティンは国家機密にかかわる任務を帯びて飛行していたところ、ドイツのスパイが活動しているとして知られるスペインの沖で墜落した、という設定を考えた。情報部は、殺鼠剤を飲んで死亡した浮浪者の遺体を入手した。モンタギューは病理学者のサー・バーナード・スピルズベリーに助言を求め、死体発見後に検死を行うスペインの病理学者をごまかすために必要な要素を学んだ。

第2の課題である、死体と伝令書の信ぴょう性を高めるため、モンタギューはキャラクター設定に多大な労力を費やした。そのときに用いられた技術から、30年前にチャーチルの海軍情報部のもとで「ルドルフ・ディーゼル作戦」がどう展開されたのかをうかがい知ることができる。モンタギューは、架空のウィリアム・マーティンのために「物語」をつくった。人物設定としてイギリス海兵隊の大尉を選んだのは、海兵隊員の死についてどんな照会があったか、彼がコントロールできる海軍情報部を通じてすべて関知できるからだ。「マーティン」という姓を選んだのは、海兵隊の大尉の階級にその姓の人間が複数いて、大尉の階級なら機密文書を所持するのにふさわしく、なおかつ、それより上の階級の人間ほど一般人に知られていないからだった。

しかし、悪魔は細部に宿る。モンタギューは、マーティンをもっと実在の人物らしく見せる必要があった。マーティンの私生活のディテールや所持品が綿密に検討された。エージェントたちはそれを「財布」または「ポケットのがらくた」と呼んでいた。

死体には、パムという名前の架空の婚約者の写真が添えられた。この写真は、実際はＭＩ５の事務員ジーン・レスリーのものだった。２通のラブレターと、ダイヤモンドの婚約指輪をボンド・ストリートの宝石店で買ったとする領収書も添えられた。

父親からの手紙と家族の弁護士からの手紙、ロイズ銀行からの79ポンド19シリング２ペンスの当座貸越の支払いを求める文書も死体は身につけていた。これらの印刷物の準備にあたってＭＩ５はさまざまなインクを試し、どれが海水に漬かっても消えにくいか確かめた。

モンタギューは死体のポケットに、タバコ、切手帳、マッチ、ちびた鉛筆、鍵、ギーヴズ＆ホークス〔訳注　ロンドンの紳士服店。軍や王室に制服類を納入していた〕のシャツの領収書、銀の十字架、聖クリストファーのメダルも入れた。

身分証明書の写真はロニー・リード大尉のものを流用した。彼は死んだ男にどことなく似ていて、〝マーティン〟の変わり果てた死体が発見されても、余計な疑いを招くことはないだろう。

死体が携えていた重要な文書――つまり連合軍がギリシャに上陸しバルカン半島へ侵攻するという偽りの戦闘計画――は、公的なブリーフケースに収められた。モンタギューは、ローマカトリック教徒が検死を忌避して身につけた書類が見落とされることや、さらにありえそうな、海で書類がポケットから出て死体と泣き別れになることを危惧した。しかし、ブリーフケースは遺体に固定できたので、確実に調べを受けるはずだ。

１９４３年４月17日、戦闘服を着せられポケットにあれこれ収められた死体は、ドライアイスの入った容器に密封され、潜水艦「ＨＭＦセラフ号」に乗せられた。１９００馬力のディーゼルエンジンを２基搭載したセラフ号の艦長はノーマン・〝ビル〟・ジュエル大尉で、彼は乗組員たちに、容器の中身は気象観測用の秘密の装置で、スペイン沖に配置するのだと説明した。

4月30日午前4時15分、セラフ号は浮上し、「マーティン大尉」の遺体をドライアイス入りの容器から出し、艦尾から海に下ろした。スペイン南西部のウェルバ付近の風は、たいてい海から陸へと吹くので、死体は陸地に向かって流されると予想された。念のためジュエル艦長はエンジンを全開にするよう命じ、スクリューの力で死体を岸へと押し流した。ジュエルは海軍本部に「ミンスミート、完成」というメッセージを送った。その朝9時30分にウェルバの漁師が死体を発見してスペイン兵のもとに届けた。スペイン兵はイギリス海兵隊の制服を着た死体を海軍判事に引き渡し、最終的にイギリスの副領事フランシス・ヘイゼルデンに通報した。あとは敵が食いつくのを待つだけだ。

5月14日、連合軍はあるドイツの暗号通信を解読した。連合軍の攻撃目標はバルカン半島であると警告するものだった。レスリー・ホリス准将はチャーチルに「ミンスミートは丸のみされた。釣りざお、糸、おもりごとすっかり」と作戦の成功を伝えた。

ルドルフ・ディーゼル作戦も基本的には同じで、世間に偽りの物語を納得させるため「ポケットのがらくた」を仕込んだ死体が海に浮かべられた。1913年の作戦には、ミンスミートよりも容易だった側面と、困難な側面があった。

ディーゼル作戦の場合、死体に凝った偽装をするような余裕はなかった。だが、その死体は、単に有名なルドルフ・ディーゼルだと認識されればよかった。当時は検死の水準もはるかに低かった。1943年の作戦では、チャーチルはヒトラーに死体の身元と、その人物が運んでいた計画書を信じ込ませ、ヨーロッパにおけるドイツ軍の再配置という大がかりな行動へと誘導する必要があった。

１９１３年の場合、チャーチルが世論を動かすには、新聞の見出しさえあれば事足りた。検死官の目をごまかせる死体は不要だった。必要だったのは、死体の存在と、その着衣から回収されたとされるいくつかの所持品から身元が裏付けられたという証言だけだった。たとえ新聞記者やドイツ政府がそんな話を鵜呑みにしなかったとしても、イギリスのマスコミが従順ならそれで十分だったかもしれない。チャーチルとしては、ドイツ人がこの件から手を引いてくれさえすればよかった。やがてまもなく両国は宣戦布告し、ドイツがルドルフ・ディーゼルをイギリスから奪還するために法的または外交的な手段を講じることはなかった。


ウィンストン・チャーチルが１９１３年と１９４３年の両時期において海軍の情報機関を率いていたことと、第二次世界大戦中の多くの情報部高官が両方の作戦に従事し、水死体を使った欺瞞作戦の道を開いた可能性については、重ねて言及する価値がある。１９３９年のトラウト・メモをイアン・フレミング少佐とともに作成したジョン・ゴドフリー提督は、そんな高官のひとりだ。ゴドフリーは、フレミングの小説でボンドの上司として登場する「M」のモデルのひとりでもある。

すべての情報を精査すると、すべての奇妙な事実がうまくつながる仮説はひとつだけだ。ルドルフ・ディーゼルのドイツからの亡命を隠蔽する作戦をイギリスの情報部が指揮したのではないか。それはミンスミート作戦の前身だった。30年という年月で隔てられたふたつのよく似た欺瞞作戦が存在したのだ。[4]

1918年11月11日午前11時、第一次世界大戦は4年余りにわたる流血の末に終結した。海上では、潜水艦によっておびただしい人命と貨物が失われた。連合国は大規模な艦隊を使ってドイツ沿岸を封鎖した。ドイツ軍は潜水艦で対抗を試みたが、その一方で大洋艦艇はおおむね港に足止めされた。

1916年初夏のユトランド沖海戦は、イギリスとドイツが国富を費やして建造した貴重な艦隊が対峙した、大戦中唯一の大規模な海戦だった。デンマーク沖の北海で、ジェリコー提督が率いるイギリス海軍大艦隊《グランドフリート》は、ラインハルト・シェア提督のドイツ大洋艦隊と一昼夜に及ぶ戦闘を繰り広げた。ジェリコーは28隻の戦艦と9隻の巡洋戦艦を含む151隻の艦艇を、劣勢のドイツ艦艇は16隻の戦艦と5隻の巡洋戦艦を含む99隻の艦艇を擁していた。イギリス軍はドイツよりも多くの艦船と兵士を失ったが、ドイツ艦隊は港への撤退を強いられた。両軍とも勝利を主張した。

ドイツ軍は大戦中、合計344隻のUボートを海に放ち、ほぼ5000隻の船（総トン数1300万トン）を沈めた。Uボートの恐怖と殺戮は、イギリス海軍に戦略と配置を変更させただけでなく、連合国の海運を混乱させ、1917年にアメリカが参戦する数カ月前には、イギリスは飢えのため降伏寸前まで追い込まれた。

大戦中、イギリスは137隻の潜水艦を、アメリカもさらに72隻の潜水艦を進水させた。ドイツのUボートの半数以上が失われ、多くは連合軍の駆逐艦や潜水艦によって沈められた（一例を挙げると、UB－52は1918年5月、カナダ製のイギリスの潜水艦H－4によりアドリア海東岸のダルマチア沖で撃沈された）。やがて、Uボートの脅威に対して連合国がとった対抗策（商船の迅速な建造と補

1916年７月14日、イギリスの潜水艦「HMS H-5」が湾内の哨戒中にドイツ軍のＵボート「U-51」を撃破して帰還したところ。チャーチルがひそかにカナダでつくらせた潜水艦の１隻で、イギリス海軍のクロムウェル・Ｈ・ヴァーリーの指揮下にあった。戦果を祝って「ジョリー・ロジャー」（海賊旗）を掲げる潜水艦の写真として、最も古いものとして知られる。イギリス南東部グレート・ヤーマスに入港した艦のブリッジにいるのは海軍予備員のジョン・バイロン中尉。カナダ製の潜水艦の性能は、イギリス海軍の潜水艦の中で最も優れていたと報告されている。

カナダのモントリオールで艤装を終え潜水テストに臨む「HMS H-5」から「H-10」までの一団。「H-7」が船団から離れ、潜水テストに備えている。画面左手では、巡洋艦「HMS カーナーヴォン」が座礁で損傷した船底の修理をするため、カナダ総督コノート公の名を冠した浮きドック「デューク・オブ・コノート」に入っている。カーナーヴォンはその後、1915年５月から６月にかけてイギリスに向かうこの潜水艦隊を護衛した。

充など）が、戦況を変え始めた。

１９１８年10月末、ドイツ帝国海軍の水兵たちがヴィルヘルム２世に対して反乱を起こした。革命の機運が高まり、ヴィルヘルムは１９１８年11月９日、退位を余儀なくされた。休戦協定が結ばれ戦争が終わる２日前のことだった。

連合国によるヴィルヘルムの戦争責任の追及はなされなかった。アメリカのウィルソン大統領は、そうした訴追は「国際秩序を不安定化させ、平和を失う」と語った。ヴィルヘルムは残りの人生を亡命者としてオランダで送った。高価な美術品や宝石、家具その他の財産を運び出すため鉄道貨車60両を要したと報じられた。

１９３０年代、ヴィルヘルムはナチ党がドイツに君主制を復活させるものと期待したが、第一次世界大戦中に帝国軍に志願兵として加わっていたヒトラーは、帝位を追われたヴィルヘルムに対して軽蔑の念しか抱いていなかった。１９３８年にヴィルヘルムはナチスの対ユダヤ政策を批判した。彼は１９４１年６月４日、オランダで死去した。82歳だった。

ルドルフ・ディーゼルに関する謎めいた記述がもうひとつ、公の記録に残っている。１９３６年12月７日、ジャーナリストで、エンジニアの経験も積んでいるレミュエル・Ｆ・パートンが、ワシントンＤＣのイヴニング・スター紙に「エンジンの発明者ルドルフ・ディーゼル、いまだ生存か」という見出しの記事を出した。

記事の中でパートンは、１９１４年に、サンフランシスコで翌年開催されるパナマ・太平洋万国博覧会の仕事をしていたころのことを振り返る。この万博は、1913年6月に、アウクスブルクにディーゼルを訪ねたアメリカの技術者たちが彼を招待したイベントだった。パートンは、万博の目玉となる巨大なディーゼルエンジン展示会場の設営にかかわっていた。

パートンによると、「ある晩遅くに、背の高い厳格そうな顔つきのひげを生やしたドイツ人が私の家にやって来た」。奇妙な客人は、自分はディーゼルエンジンの開発に協力した科学者だと語った。その男は、なまりの強い英語でディーゼルのキャリアを詳しく語り、ディーゼルは1913年に死んだわけではないとパートンに言った。そして、君はジャーナリストとしてヨーロッパでこの話を取材すべきだと持ちかけた。翌日、パートンは万博会場で働く同僚に、前夜の不思議なドイツ人来訪の一件を話したが、「その客人について何か教えてくれる者はいなかった」。パートンはヨーロッパに旅立ち、「ルドルフ・ディーゼルはまだ生きていると信じている消息筋のヨーロッパ人多数」に取材したが、誰もが証言を拒み、パートンは生存説を裏付けることができなかった。彼は取材を打ち切った。

ジョン・D・ロックフェラーは、98歳の誕生日を翌々月に控えて亡くなった。1937年5月23日、場所はフロリダ州オーモンドビーチの冬用の邸宅だった。「ザ・ケースメンツ」〔訳注　ドアのように開く窓の意〕と名付けられたこの豪邸では、ロックフェラーの存命中、手の込んだクリスマスパーティーが開かれ、現在は文化センターと市民公園となっている。20世紀初頭までにロックフェラーは、企業帝国の経営を息子のジョン・ジュニアや、スタンダード・オイル社で腹心だったジョン・ダスティン・アーチボルドに任せ、慈善事業により多くの時間と財産を費やすようになった。1913年にはロックフェラー財団を設立し、残りの人生で約2億5000万ドルを寄付した（没年である1937年におけるその金額は、2022年現在の50億ドル以上に相当する）。

死亡当時、彼の資産は推定14億ドルで、当時のアメリカのGDPは920億ドルだった。ロックフェラーの資産がアメリカのGDPの1・5％という数字だったのに対し、ジェフ・ベゾスの資産は、現在のアメリカのGDPの約0・4％だ。スタンダード・オイルの解体で生まれた「ベイビー・スタンダード」の多くは、世界有数の収益を生み出す企業となった。

彼の慈善活動は、スキャンダルのイメージを薄め、自身の評判や家名を高めて後継者たちが社会に受け入れられるようにする運動だったとする見方もある。

石油は20世紀を支配する燃料となり、いまなおその地位を保っている。1900年のパリ万国博覧会でグランプリに輝いたルドルフ・ディーゼルのエンジンが提唱したバイオディーゼルのインフラを築き上げた国はまだない。しかし、ディーゼルの描いた夢は、小規模ながら実現している。カントリー歌手のウィリー・ネルソンのツアーバスは、レストランの使用ずみ食用油もリサイクルして燃料とするディーゼルエンジンで走っていることで有名だ。ネルソンは2007年に受けた取材の中でこう語った。「農家が自分たちの燃料を育て、それによって実際に利益を得られることを、そして、エネルギーをめぐって世界中で戦争を始める必要なしに利益を得られることを、私は知った」

ルドルフ・ディーゼルの家族はその後どうなったのか。両親は彼より先に亡くなった。母エリーゼは1897年に、父テオドールは1901年に亡くなった。どちらもディーゼルエンジンの急成長を見届けられなかった。長男のルドルフ・ジュニアは１９１１年に結婚して息子を授かり、１９４４年に60歳で亡くなった。娘のヘディとその夫アーノルド・フォン・シュミットは４人の子どもをもうけ、１９４７年にアーノルドがドイツ南部のウーアバッハで亡くなるまでともに過ごした。ヘディは１９６８年にミュンヘンで亡くなった。次男のオイゲンは、技術職から執筆業に軸足を移し、技術の進歩が社会や政治にもたらす影響についてまとめ、その著書は高く評価された。彼は１９２５年にアンナ・ルイーゼ・フォン・ヴァルダーゼーと結婚し、３人の子を授かった。オイゲンは１９７０年にバイエルン州ローゼンハイムで亡くなった。ルドルフの妻マルタの１９１３年以降の動向については、ほとんど記録がない。しかし、いくつかの新聞（カナダ、スペイン、アメリカの新聞）に、彼女が１９４４年４月16日にオーストリアで死去したというごく短い死亡記事が掲載された。マルタが再び夫に会えたのかどうか、それは謎のままだ。

注

1. 英語圏の新聞で、マルタとルドルフが１９１４年３月までの５カ月間、さかんに手紙でやりとりしていたとする詳細な記事を載せたのは１紙だけだった。このデイリー・シチズンは、ロンドンとマンチェスターで少部数、発行されていた新聞で、そのあと長くは続かず、１９１５年６月に休刊している。戦時中にＤ通告を無視するとどうなるかを示す一例だったのかもしれない。
2. ロジャー・キーズはのちに艦隊提督に昇進してキーズ卿になり、潜水艦開発の責任者になった。
3. ミンスミート作戦の概要は、機密解除を待たずにアーカイブから漏洩した。作戦についてレクチャーを受けていた元外交官ダフ・クーパーは、保安当局の承認を得ず１９５０年にスパイ小説『Operation Heartbreak（ハートブレイク作戦）』を出版した。この小説は、イギリスのエージェントが偽の文書を携えた死体をスペイン沖に浮かべてドイツ人をだます、という筋書きだ。英国情報部は、クーパーが無断で出した本に対抗する最善の策は、独自のバージョンを出版することだと考えた。この作戦を指揮したエージェントのユーエン・モンタギューは、1953年に『The Man Who Wasn't There（そこにいなかった男）』を出版して200万部を売り上げ、1956年の『The Man Who Never Was（実在しなかった男）』〔『世界ノンフィクション全集26』（筑摩書房）に「ある死体の冒険」と題して収録〕の土台になった。2010年、ジャーナリストのベン・マッキンタイアーは、この作戦の決定版実録である『ナチを欺いた死体――英国の奇策・ミンスミート作戦の真実』（中央公論新社）を出版した。

4. 英国情報部が出版に関与したミンスミートの物語には、「イースターエッグ」〔訳注　本やソフトウェアにひそかに埋め込まれたメッセージや機能〕が仕込まれていた可能性があるのではないか。作戦を指揮したユーエン・モンタギューは、その詳細を盛り込んだ実話に近い小説と脚本を書いている。1956年の映画『The Man Who Never Was』にも、クリフトン・ウェブが演じるモンタギューが登場する。序盤のシーンで、モンタギューはミンスミート作戦の詳細を上司のクロス提督に説明する。提督は、エージェント・モンタギューが原作でも書いたセリフで応える。「30年間の諜報活動の中で、そんな話は聞いたことがない」（傍点は著者による）。ここでモンタギューが私たちにウィンクしてうなずいているように思えてならない。1943年を舞台とする提督のセリフは、ディーゼルが失踪し、新聞が彼の水死体について報じてからちょうど30年後のものだった。

エピローグ

おわりに──ディーゼルエンジンがたどった道

ウィンストン・チャーチルは言った。「戦時において、真実は非常に貴重なものなので、つねに嘘というボディガードをつけてやらねばならない」。あの失踪事件から1世紀以上が過ぎ、ボディガードは去り、真実が明かされるべき時がきた。ルドルフ・ディーゼルは正当な評価を受けるべきだ。しかし、あれほど世界的に話題を呼んだ人物が、どうしてこれほど早く、きれいさっぱりと、人々の意識から消えてしまったのだろうか。

まず考えられるのは、19世紀から20世紀への変わり目、エンジン技術の変化があまりにも急激だったこと。現代から振り返ると進化は明白なのだが、リアルタイムでその事態に直面していた当時の人々にとっては、変化は微妙で複雑なものに見えていた。チャーチルや他の指導者たちにしても、ディーゼル技術の価値を把握して明確に言い表すことは難しく、ルドルフ失踪から何年も経ってからようやくその全貌をつかめた次第だ。

第2に、戦争に勝ったのは連合国であり、したがって戦史を最初にまとめたのは連合国側の人間だった。進んでドイツ国民を称賛しようという気持ちは湧かなかったということだ。たとえ彼が発明したエンジンを使いこなしたからこそ勝利できたのだとしても、である。その発明者が（ドイツ皇帝の目から見ると）略奪された人材であるなら、なおさらだ。彼を平時に連れ去られたドイツは、法外な戦争賠償金を何十年もかけて払わされることになった。

第3に、ルドルフの死は自殺によるものだとする説が広く受け入れられ、本来、彼が受けるべきだった敬意や死後の名声に傷がついた。ほとんどの人は、転落した天才の話題や、心の病を示唆する記事から早々に関心を失った。さらに、同時代の科学者の中には、ルドルフ失踪後に彼の名誉を貶めたり、彼が反論できないのをいいことに記録を改ざんしてエンジン開発成功の手柄を奪おうと試みたりする者もいた。

ひとりの男がいなくなり、そのイメージが傷つき、人の記憶から消えていく一方で、ディーゼルエンジンは、陸、海、空における多くの業界で着々と市場を支配していった。ディーゼルエンジンは、自由市場の原則と経済の発展により20世紀を通じて広く普及した。トラックや自動車用のディーゼルエンジンが、ルドルフの予想通りに登場した。１９２３年、ベンツ社とＭＡＮ社は、大型トラック用のディーゼルエンジンのテストに成功した。１９２７年、アメリカのトラックメーカーのマック・トラックスもディーゼルエンジンのテストを開始し、１９３５年までに独自のラインナップでディーゼルトラックを製造、販売するようになった。１９３０年代後半、世界で製造されたトラックはほぼすべてディーゼル車だった。

乗用車に搭載できる、より軽量のディーゼルエンジンの開発にはもう少し時間がかかったが、アメリカのディーゼル技術のパイオニアであるクレシー・カミンズが１９１９年にカミンズ・エンジン社を設立し、その動きを加速させた。カミンズは当初、大型農機具や船舶用のディーゼルエンジンを製造していた。１９２９年、彼はパッカード社のリムジン（エンジンルームが大きかった）に搭載するために、船舶用エンジンを改造した。盛大なファンファーレのなか、カミンズはインディアナ州コロンバスの本社からニューヨーク市の自動車ショーまで約１１９０キロの道のりを運転した。その間、ディーゼルエンジンが使った燃料はわずか１・38ドル分（現在の約20ドルに相当）だった。

１９３１年には、舞台裏で何かと物議を醸しながらも、インディアナポリス５００〔訳注　レーシングカーの５００マイル（約８０５キロ）のレース。通称インディ５００〕にディーゼル車を参戦させた。レース関係者は薄笑いを浮かべながら、カミンズが自ら船舶用を改造した85馬力のディーゼルエンジンを搭載したデューセンバーグ・モデルAのエントリーを許可した。カミンズお手製のディーゼル車は時速96マイル（時速１５４キロ）の予選速度を記録し、特例として40台の出場枠に入ることができた。ほかのガソリン車は時速１１６マイル（時速１８６キロ）を上回る速さで予選を突破していた。ディーゼルエンジンは重く、貨物運搬では高いトルクを発揮したが、まだそれほどスピードは出せず、宣伝用のデモンストレーション走行のように受け止められていた。

だが驚いたことに、デイヴ・エヴァンズがドライバーを務めたカミンズのディーゼル車は、13位という好結果を出した。エヴァンズはどうやって、はるかに速いほかの出場車の半数以上を破ることができたのか？　前代未聞のことだが、カミンズ車は一度も燃料補給のためにピットインすることなく完走したのだ。

その５年後の１９３６年、ダイムラー・ベンツ社は初の一般向けディーゼル乗用車を実現させ、45馬力のエンジンを搭載した６人乗り自動車「メルセデス２６０Ｄ」をベルリン・モーターショーで披露した。

1928年、キャタピラー・トラクター社は、同社のトラクターにアトラス・インペリアル社製のディーゼルエンジンを導入するテストに成功した。1931年から32年にかけてキャタピラーは農作業や土木作業を目的とした157台のディーゼルトラクターを製造した。1932年、キャタピラーはオレゴン州の農場でデモ運転を行って話題を呼んだ。同社は新しいディーゼルトラクターに12連プラウ（12の溝を掘れる）をつないだ。46日間の連続運転で約5600キロを走行し、6880エーカー（2784ヘクタール）を耕し、平均燃費は1エーカー（0・4ヘクタール）あたり6セント未満で、ガソリントラクターの何倍も優れていた。

2022年現在も、カミンズ、キャタピラー、MANはディーゼルエンジンで世界をリードしている。世界のディーゼル市場規模は2022年時点で1兆ドル以上とされ、2023年から28年にかけて、年間5・65％の堅調な成長を遂げると予想されている。

ディーゼルパワーの軍事利用も20世紀を通して進んだ。第一次世界大戦後に結ばれたヴェルサイユ条約の取り決めによって、連合国はドイツの特定分野でのディーゼルエンジンの使用を制限しようと試みたが、それは失敗した。戦勝国側は、条約第5編「陸軍、海軍及び航空の条項」で、ドイツ海軍の将来の兵力に制限を設けた。第181条は潜水艦の保有そのものを禁じた。第188条は、戦争終結時にドイツ軍に残っていたすべての潜水艦を、主要連合国および関係国に引き渡すよう命じ、さらに第191条で「商業用も含めて、ドイツにおけるいかなる潜水艦の建造または取得も禁止する」と宣言した。

１９１９年、ドイツはヴェルサイユ条約に合意したが、ディーゼルエンジンは第二次世界大戦で前の大戦よりもさらに大きな役割を果たし、ディーゼルエンジンを搭載したドイツ軍のUボートは再び海で猛威をふるった。ディーゼルエンジンは、ドイツとソ連の長距離爆撃機にも動力を与えた。陸上では、ドイツの将軍に「世界最高の戦車」と評されたソビエトの戦車T－34がディーゼルエンジンで走行し、かつてロシアを拠点としたノーベル社の卓越した技術が継承されていることをうかがわせた。ディーゼルエンジン製造に携わったエマヌエル・ノーベルは１９１８年にスターリンの赤軍に追われロシアを去り、スターリンは１９４０年、T－34の大量生産を開始した。この戦車はスピードと威力の両面で、ドイツ軍のパンツァー（皮肉なことにマイバッハ社のガソリンエンジンで動いていた）を完全にしのいでいた。

１９４７年、アメリカ海軍のE・L・コクラン中将はこう断言した。


先の戦争でアメリカ合衆国は数千隻の艦艇を建造し、その90％がディーゼルエンジンで動き、何らかのディーゼル動力を備えていない船はなかった……上陸作戦に用いられた船はすべてディーゼル式で、これら船艇は最も苛酷な条件下でよく働いた……困難を克服できたのは、ディーゼルエンジンのおかげだ。重要な作戦において、エンジンに足を引っ張られることは一度もなかった。

アドルファス・ブッシュは1913年、ルドルフの失踪からわずか数日後にドイツで亡くなったが、ブッシュとスルザーの共同会社は継続され、第二次世界大戦でアメリカ海軍が使用した多くの船舶用ディーゼルエンジンは、同社が製造したものだった。

戦後、ディーゼルエンジンは世界の商業を支えた。1960年には、新造されたほぼすべての商船がディーゼルエンジンを備えていた。現在、遠距離航海で運ばれる商品のほぼ100%（2021年時点で年間約110億トン）がディーゼル動力で輸送されている。港に到着した貨物はトラックに積み込まれるが、これもほぼ例外なくディーゼルエンジンで走っている。トラックは貨物ターミナルへ向かい、貨物列車は1960年ごろからすべてディーゼル動力で走っている。今日、ルドルフの驚異的な技術の助けなしでは何も動かないように思われる。[1]

エンジンは正当な評価を手に入れた。ならば、その発明者にも日の目を見てほしい。

ルドルフは世界を支配するほどの動力源をつくり出した。そしてその技術がドイツ国内にとどまらず利用されるよう努力したが、それには大きな犠牲を伴った。ある意味、ロックフェラーと皇帝ヴィルヘルム2世はルドルフに「死」をもたらしたのだ。ルドルフは彼らに脅威を与えてしまったため、ドイツを捨て、カナダで極秘に任務を遂行することを余儀なくされた。屋敷、家族、アイデンティティー、そして業績をも捨てなければならなかった。1913年にウィンストン・チャーチルの手駒になったとき、彼のそれまでの人生は終わったのだ。

ルドルフはさまざまなかたちで世界を変えた。そうした変化に、本人は満足していたのだろうか？

戦況を左右する貴重な人材となってしまったことは、彼の人生において恐ろしい矛盾だった。たしかにルドルフはイギリス海軍を支援したが、生涯をかけた野望に軍事力増強など含まれてはいなかった。イギリスとドイツの軍事機構を比較して、イギリスのほうがより害悪が少ないと判断したにすぎない。両国の衝突は避けられないと考えたとき、ドイツのUボートをつくるよりイギリスの潜水艦をつくるほうがましだと結論したのだ。この観点から見ると、チャーチルとの仕事は、思想の一致というより、利害の一致によるものだった。

ルドルフは、自ら開発したエンジンが農村経済と職人階級の地位の向上に役立つと期待していたが、思い通りには、ことは運ばなかった。1897年にルドルフが最初の特許ライセンス契約にサインした当初から、エンジンの成果は大企業や軍隊に急速に取り込まれていった。

良いことにも悪いことにも、科学の進歩をうまく取り入れるには多大な労力が必要だ。ルドルフの時代もいまも、それは同じだ。強力な新技術を別の用途に活用してみようという衝動は、歴史の中で繰り返し見受けられる。しかし、そのリスクは高まる一方だ。オイゲン・ディーゼルは父親をテーマにした本を1960年に出版し、その中で次のように書いている。

私たちは機械や技術と折り合いをつけなければならないが、どんなふうに取りかかったらいいのか、まだわかっていない。危険と同時に希望にも満ちたこの新しい時代を、私たちはまだ切り開き始めたばかりだ。

地球上のあらゆる生命体の中で、人間にはユニークな性質がある。それは、進化に対する意識的な野心だ。これは、より良きものを求める私たちの天使的な性質なのだろうか。この問いは、ディーゼルの人生と業績が直面した悲しいパラドックスを浮かび上がらせる。

歴史を通じて、ある人々は技術を進歩させ、私たちの生活を便利にし、スピードアップさせてきた。彼らを除く、私たちほとんどの人間は、進歩は本質的に良いものだ、という考えを前提としている。めったに出くわさない分かれ道で、立ち止まって考える人もいる。ここまではるばる歩いてきたが、それは何のためだったのか、自分たちは本当に正しい方向に進もうとしているのか、と。

ルドルフ・ディーゼルも、まさにそれを疑問に思ったのだ。ディーゼルエンジンがもたらした驚異的な進歩は、人類の向上につながったのだろうか、と。皮肉なことに、彼が生んだ夢のエンジンは、ことごとく彼の意図に反する結果をもたらした。彼のエンジンは、経済を分散させるのではなく、産業と経済の中央集権化のツールになった。恐ろしい新兵器を生み出し、人倫にもとる攻撃方法を可能にした。これぞ植物由来の代替燃料が使える未来のエンジンだと訴えたが、石油トラストが巧みに勝利を収めた。20世紀から今日に至るまで、ディーゼルエンジンの主な燃料は石油だ。植物油やコールタールの燃料精製インフラを開発するには政治や投資のハードルがあり、それを越えた国はまだなく、ディーゼルエンジンは原油を吸い上げていく一方だ。

こうした皮肉な状況を見ることなく世を去ることができたなら、心が痛まなかっただろう。だが、ルドルフはこのパラドックスを存命中に見てしまったのだ。

そんなとき彼に残されていたのは、1枚の切り札だけだった。

「ドイツのエンジニアリング」はほかの国々を絶望のふちに落とす脅威になった。ルドルフは、非ドイツ語圏に味方すると決意した。彼は公の場から姿を消し、チャーチルと連合国に身を捧げた。努力と奮闘の生涯を通して、彼はある疑問に頭を悩ませ、答えを出せないまま姿を消した。その疑問は、創造にかかわる者すべてが抱えるものなのだろう。ルドルフは、誰よりもその疑問を体現していた。失踪の数日前、辞世の言葉にふさわしい、こんな発言を残している。

芸術家が図案を描き、ものを創るように、設計や発明をするのはすばらしいことだ。しかし、そこにはひとつの目的があるのか、その結果として人々がより幸せになれるのか、もはや私には判断がつかない。

ルドルフ・ディーゼル

注

1．世界の貨物の大部分は海上輸送される。貨物の輸送量を示す「トンキロ」という単位は、貨物の重量に移動距離を乗じて表すものだ。２０１５年に世界中で輸送された１０８兆トンキロ（の貨物）のうち、70％が海路、18％が道路、９％が鉄道、２％が内陸水路で運ばれたという。いずれの手段においても主力はディーゼルエンジンだ。空路で運ばれたのはわずか0.２５％だった（「２０５０年までに世界の貨物需要は3倍になる」と、オンラインメディア『マリタイム・エグゼクティブ』は２０１９年5月27日に推測している）。

謝辞

本書の執筆には、ヨーロッパとアメリカのアーカイブで数年間に及ぶリサーチを要した。アーカイブで働く多くの人々から、とりわけパンデミックのため自ら内部に入れなかった時期、多大な力をお借りした。なかでも、アウクスブルクのMAN社の歴史アーカイブのヤナ・ヴェーバー、ユリア・オーバンドルファー、アンゲリカ・ピルツ、エーリッヒ・フリートライン、ミヒャエル・メルツァーに感謝を述べたい。ドイツ博物館のアンナ・クルッチ、マティアス・ロシュナー、カトリン・メンヒ、クルップ社歴史アーカイブのシュテファン・ラング、ケンブリッジのチャーチル・アーカイブセンターのソフィー・ブリッジズ、ジェシカ・コリンズ、アマンダ・ジョーンズ、キャサリン・トムソン、イギリスの王立海軍国立博物館のアリソン・ファース、ジョン・リグビー、オランダ水先案内人協会のアーカイブ&コレクションのヤン・ファン・ベルロ、デンマーク海事博物館のサラ・ゲルシン、ヘンリエット・ガヴンホルト・ヤコブセン、シカゴ大学図書館のアンドレア・トゥウィス・ブルックス、ウィスコンシン歴史協会のスーザン・クルーガー、リー・グレイディ、ハーバード大学文理学部図書館のジョアンヌ・ブルーム、セントルイス国立公文書館のキャスリン・テリー、そして非常に限られた開館時間にイギリス・キューのアーカイブでイギリスの新聞データベースを調査してくれたハイウエル・マズレンにも感謝したい。

たくさんの手紙その他の文書をドイツ語から英語に翻訳してくれたゲルハルト・ライヒにも感謝。ディーゼルについて交わした会話も楽しかった。

エイドリアン・キンロックは、私のこれまでの著書のときと同様に、「DouglasBrunt.com」で大活躍してくれた。今回は、ディーゼルの時代を映像化するとしたらどんなキャスティングにするか、一緒に考えるのが楽しかった。

ルドルフ・ディーゼルの血を引くジャン・フィリップ・ディーゼルとスザンネ・クロプフは思い出を語ってくれた。ピーター・ロマリー、フィル・ヒューストン、ビル・スタントン、マイク・スウェインは、私と一緒に証言や物証を再検討してくれた。夕食に招いてくれたアンディ・スターンとエリン・スターンにも感謝する。

エージェントのキース・アーバーン、マット・ラティマー、マット・カーリーニは、ディーゼルの物語に対する私の熱意に共感し、その重要性と、現代とのつながりをわかってくれた。本がどんなふうにまとまるのか理解したうえで出版社への提案を手助けしてくれただけでなく、いつも相談役としてアイデアを出してくれた。

編集者のピーター・ボーランドとショーン・デローンはすばらしかった。この複雑な物語を、流れるような構成に整えるためにふたりは大いに力を貸してくれた。サイモン&シュスターのリビー・マクガイア、ケイティー・リッツォ、シダ・カー、デイナ・ジョンソンにも感謝する。

これまでのように、妻メーガンは第一読者であり、大事なサポーターであり――時には「これじゃダメ」という言葉で私を励ます存在だ。ルドルフ・ディーゼルに関しては、私と同じぐらい盛り上がってくれた。彼の失踪に関連する証拠や、現代にも多大な影響を及ぼしている1913年以前の功績について、私たちは数えきれないほど会話を重ねた。議論の輪には、わが子イェーツ、ヤードリー、サッチャーもしばしば加わり、3人もディーゼルの手紙、日記、理論を読んだ。この本の長い執筆期間中、ルドルフ・ディーゼルの歩みについて話し合っているうちに、彼の姿が三次元で立ち現われ、私たちのそばを歩いているように感じられた。彼と過ごした日々を、私は懐かしく思い出すことだろう。

資料——4ストローク・ディーゼルエンジン運転図

圧縮点火エンジンの4ストローク・ディーゼルサイクル

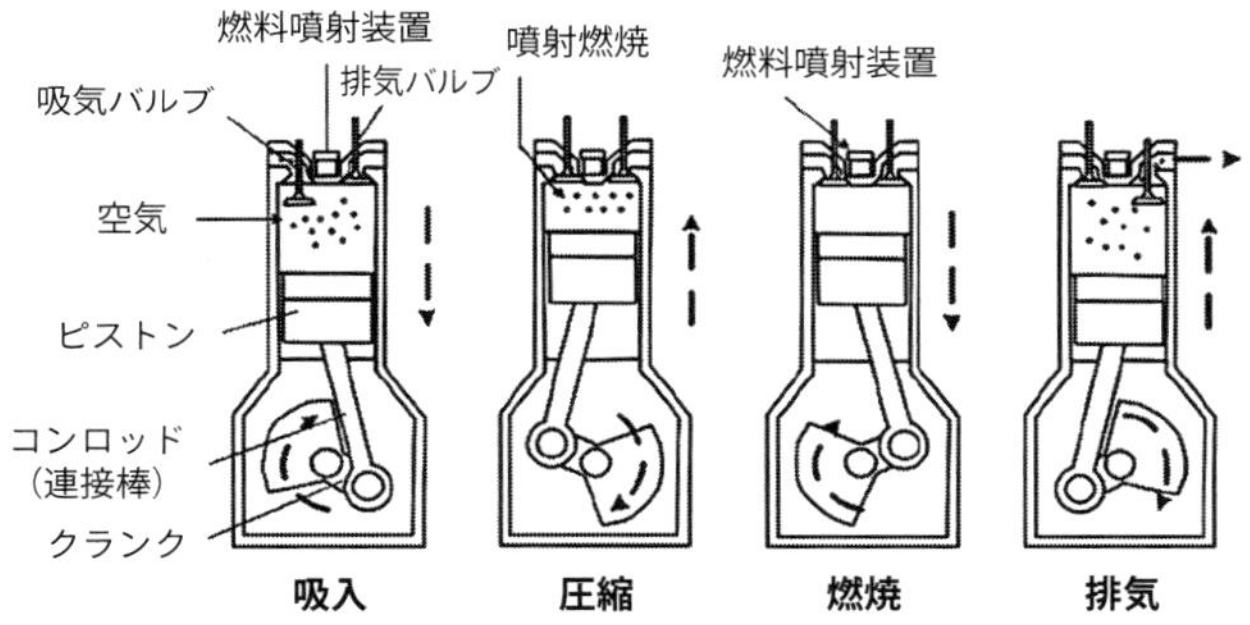

この図は、4ストロークエンジン設計における1気筒の4つの行程を示している。①ピストンが下がり、空気が引き込まれる。②ピストンが上がって空気が圧縮される。③燃料噴射による燃焼によってピストンが押し下げられ、パワーストロークが発生する〔訳注　その力でクランクが回転し、動力が生まれる〕。④ピストンが再び上がってシリンダーから燃焼ガスを押し出す。

余話

MAN社の秘密——第一次世界大戦前夜の戦艦用ディーゼルエンジン

1909年8月、MAN社のニュルンベルク支部のアントン・フォン・リッペルは、ドイツ海軍に対して、ある大胆な申し出をした。わが社は主力艦に使用可能な性能のディーゼルエンジンを建造する用意がある、という内容だ。他のどのエンジンメーカーも夢想だにしないものだった。だが、その年の終わりまでに彼は海軍と契約を結び、1万2000馬力の出力が可能な6気筒のエンジンを6基、製造することになった。その力を合わせれば戦艦の航行に必要な7万2000馬力を発揮できる。数年のうちに、戦艦サイズのディーゼルエンジンの噂はヨーロッパじゅうに広まったが、その開発は極秘に進められたため、設計の詳細は大戦後まで不明のままだった。

この革新的なディーゼル戦艦は、燃料補給なしに世界中で戦える、前例のない航続距離を持つものになるだろう。そんな力を秘めたディーゼルエンジンが実現すれば、この海に浮かぶ怪物は敵艦にひっそりと近づくことができる。煙突から黒い煙を幾筋も空へと吐き出して空に何マイルも続く線を描くこともない。従来の戦艦は、水平線の向こうから近づいてくるのがわかった。ディーゼルエンジン搭載の戦艦ならば、重い長距離砲をフル装備しても、敵に逃げる隙を与えずその前に立ちはだかることができる。

ドイツは、この時期に戦艦へのディーゼルエンジン導入を真剣に追求した唯一の国であり、それが夢ではないと考える唯一の国であった。イギリスのドレッドノート級戦艦の性能を追い越し、突き放したいと望んだヴィルヘルム2世は、１９０９年に3つの契約を結んだ。相手は自国のＭＡＮ社とクルップ社、そしてスイスのスルザー・ブラザーズ社だ。ヴィルヘルムは、カイザー級戦艦として5隻目で、最後の1隻となった、ＳＭＳプリンツレゲント・ルイトボルトにディーゼルエンジンを搭載するつもりだった。

今世紀において、ディーゼルエンジンがもたらす航続距離の価値や、軍艦に石炭をくべるという燃料補給の苦労がどれほどのものだったのかは実感しにくいが、歴史上でおそらく最も有名な海の逃走劇を演じた「ＳＭＳゲーベン」を例にとると、わかりやすいだろう。

第一次世界大戦の最初の数カ月、ドイツの巡洋戦艦「ＳＭＳゲーベン」は、イギリス海軍から逃げて地中海やエーゲ海を航行していた。島の港に寄ったり、海上で石炭運搬船と合流したりして石炭を艦に積み替える燃料補給（給炭）は厳しい作業で、たいへんなリスクを伴った。イギリス軍の大砲が背後に迫っていると察知したゲーベンの乗組員は全員、無我夢中で働いた。「夜を徹して石炭の袋が軍艦に放り投げられ、鉄製の甲板にがんがんうるさく落ち、シャベルがせっせと動いた。暑さで男たちはふらふらし始めた。（提督のヴィルヘルム・）ズーションは、ビールやコーヒー、レモネード、軍楽隊の演奏、激励の言葉でねぎらったり、シャツを脱いで働くよう将校に手本を示させたり、自ら乗組員と並んで作業をしたりした。だが、男たちはもう立っていることができなかった……2日目の正午までにゲーベンは１５００トンの石炭を積み込み、乗組員は疲れ果てていた。男たちは甲板に倒れ込み、水ぶくれだらけの手にはシャベルが握られたままだった」。ゲーベンの災難はそこで終わらない。船が蒸気を上げて再び逃走を始めると、ズーションはスピードの限界までエンジンを酷使した。船のボイラー管が破裂し始め、蒸気と沸騰した湯が噴き出し、プロペラを動かすため石炭を炉にくべていた上半身裸の作業員に襲いかかった。追跡を受けるさなかに4人の作業員がやけどで死亡した。これがディーゼルエンジンの艦だったならば、ホースをポンプに接続して燃料をタンクに自動的に送り込むだけですんだのだ。

当時の基準からすると、戦艦向けの「カテドラル級」のエンジンはとんでもない規模で、MAN社のエンジンは1基の高さが7・6メートルに及んだ。1911年、MAN社の最初のテストエンジンは契約上の要求をぎりぎり満たす90%の馬力に達したが、5日間はそのレベルを維持するという約束を果たせなかった。1912年1月、再設計されたテストエンジンが爆発して10人の技術者が死亡し、さらに14人が重傷を負った。

最終的にMAN社は1913年9月に7番目にして最後の設計を完了させ、翌年2月にエンジンの建造を終えた。この設計での初期のテストは有望な結果で、エンジンは10時間にわたって1万馬力を出し続けた。しかし、戦争の勃発によってテストの進み具合は鈍った。テスト用の燃料は不足し、エンジン完成が実戦での運用に間に合わないのではないかという懐疑的な意見もあり、この新しいディーゼルエンジンの優先順位は下がった。

原油が不足し、重油ディーゼル燃料の生産が困難になったため、腹をくくったエンジニアたちは、ルドルフ・ディーゼルがずっと提唱していた方向にプロジェクトを進めることにした。MAN社は、ドイツにとって石油よりも調達しやすいコールタールを燃焼にすべくエンジンを改造し、１９１５年4月、（フル６気筒エンジンではなく）単気筒でテストを再開した。フル６気筒エンジンの試験は１９１７年1月に始まり、３月24日にエンジンは引き渡し試験に合格した。なんと１万２２００馬力を発揮し、６基合計で７万３２００馬力という高性能だった。エンジンは１馬力あたり１時間に２４３グラムの燃料を消費した。この燃料効率は、現役のどの戦艦の何倍もの航続距離をかなえるものだった。燃料の組成は、コールタール２１４グラム、パラフィン油29グラムという比率だった。ドイツ（またはイギリス）のように、国産の石炭は豊富だが石油は外国に依存していた国にとって、ディーゼルエンジンは運命を逆転させる存在だった。

クルップ社とスルザー社は異なるアプローチで戦艦エンジン開発に取り組んだが、どちらもＭＡＮ社ほどの成果を挙げられなかった。１９１４年12月22日、フランス海軍の代表団がスルザー工場を訪れ、エンジンテストを視察した。数日後、イギリス、ドイツ、イタリアの海軍の代表たちが同じエンジンの性能をそれぞれ違う観点から検証した。

巨大エンジンは、ドイツの技術者による神秘的とさえ言える科学的成果で、長年にわたって世界のどこにも匹敵するものがなかったが、このエンジンが実用に供されることはなかった。ドイツは１９１０年10月にカイザー級戦艦ＳＭＳプリンツレゲント・ルイトポルトを着工した。どのメーカーもしかるべきディーゼルエンジンの納期を守れなかったため、この艦は１９１２年２月17日、２基のパーソンズ式蒸気タービンを搭載して進水することになった。ドイツは敗戦し、ヴェルサイユ条約調印のわずか１週間前の１９１９年６月21日、連合国による接収を防ぐため、ルートヴィヒ・フォン・ロイター海軍少将は艦に自沈を命じた。

1949年3月24日、ニューヨーク・タイムズは「石炭と石油の混合物で動くディーゼルエンジン」という記事を掲載し、ノースカロライナ州立大学教授が石油と微粉炭の「半々」の混合物を燃焼させるディーゼルエンジンをつくったという「お手柄」をたたえた。教授は、あと4年から10年もすれば商業利用できるという感触を持っていて、平時はもちろんだが、「戦時下では、石炭は石油よりも豊富という点で重要だとしていた。そして石炭の場合、1ガロンの燃料が2ガロン分の石油の仕事をする」。MAN社の技術者たちはそれよりずっと前の1917年に、石炭と石油のはるかに野心的な混合比率を秘密裏に実現させていた。それを考えるとこの記事は気が抜けたものに思えてくる。そしてアウクスブルクで進められたおそるべきプロジェクトの悲哀も見えてくる。MAN社のエンジンは工場から出ることはなく、ヴェルサイユ条約に基づいてスクラップにされた。

参考文献について

どういうわけか、ルドルフ・ディーゼルはいまなお歴史の水面下に身を潜めたままだ。こちらから捜そうと思ったときだけ顔をのぞかせてくれる。だがいったん姿が見えれば、彼が後世に与えた影響は明らかに大きく、広範囲に及んでいることがわかる。

ディーゼルに関する文献、とくに英語の文献は、不可解なほど少ない。なぜだろう。本書は、そんな好奇心を満たしたいという願望から生まれた本でもある。彼はあまり注目されなくなってしまった。歴史家リンカーン・ペインが著した『The Sea & Civilization: A Maritime History of The world（海と文明：世界の海事史）』や、ダニエル・ヤーギンの素晴らしい著作『石油の世紀』（石油獲得をめぐる動きが20世紀の国際政治やパワーバランスに最大の影響を与えたという前提に立つ）のような、高評価を得ている壮大な本も、ディーゼルエンジンについては駆け足で触れているだけだ。『石油の世紀』では、ドイツ装甲師団が旧ソ連軍の陣地を制圧して燃料を手に入れたが、それはT－34戦車のディーゼルエンジン用の燃料だったので役に立たなかった、という話の中で言及しているだけだ。ロシアの優れた戦車が、異なる燃料を用いるまったく別のエンジンを採用した意義については掘り下げていない。ディーゼルが石油の優位性を脅かす最大の存在だったこと、彼をロックフェラーが敵とみなしたことについては論じられていない。

ルドルフ・ディーゼルの個人史や彼のエンジンの歴史を調べる中で、興味深い話題が多く見つかるのは、20世紀初頭に出版されたニッチな刊行物だ。たとえば、ニミッツが１９１３年にアウクスブルクで指を失った話は、１９４９年の『Journal of the American Society of Naval Engineer』誌に掲載されている。この種の目立たない出版物を見ると、彼の偉大さが世間の共通認識になるずっと以前に、世界のある種の人々がディーゼルエンジンの重要性を理解していたことがわかる。

英語によるルドルフ・ディーゼルの本格的な伝記は３冊しかなく、いずれも小さな出版社や大学出版から出ていて、その記述のほとんどが学術関係の読者を想定している（W・ロバート・ニッケ＆チャールズ・モロウ・ウィルソンが１９６５年、モートン・グロッサーが１９７７年、ドナルド・E・トーマス・ジュニアが１９８６年にそれぞれ刊行）。３冊とも、ルドルフの失踪についての記述は短く、ルドルフは自ら命を絶った可能性が高いと結論している。いずれも、１９８６年以前のルドルフに関する情報源として、オイゲン・ディーゼルが１９３７年に出した伝記に依拠している。オイゲンの著書にある一家のエピソードがディーゼルのすべての伝記に登場する。トーマス・ジュニアはアウクスブルクとミュンヘンのアーカイブでもう少し独自の調査を行い、家族の手紙や子ども時代の資料を見つけている。しかし彼は自殺説に基づく偏見から、全体的に否定的なトーンでディーゼルを描いている。また、彼の失踪後に書かれた、かつての相棒イマヌエル・ラウスターらによる痛烈な批判を真に受けすぎている。ラウスターは１９３０年代に敵対的な文章を発表しているが、彼は、ディーゼルが１９１３年にイギリスを支援するためにドイツを捨てたと疑っていた、あるいは事情を知っていた可能性もある。

アメリカにおけるディーゼル技術のパイオニアであるクレシー・ライル・カミンズの息子であるカミンズ・ジュニアは、ルドルフ・ディーゼルとそのエンジンに関する最も総合的な著作を自費出版している。ディーゼル・コミュニティーに身を置くカミンズ・ジュニアは、世界中のアーカイブを訪ねて綿密な研究をまとめた。彼の著作は、エンジニアリングの詳細を学びたい読者を対象にした非常に技術的なものだ。

どの伝記も、オイゲンの１９３１年の著作『Germany and the Germans（ドイツとドイツ人）』を重視していないが、この本は、大戦前のヴィルヘルム2世政権――ルドルフとオイゲンはそれを「ドイツの問題」と呼んだ――に対するルドルフの考えを理解するうえで重要な作品である。

また、どの伝記も、ルドルフ・ディーゼルを彼の時代の軍事戦略的な文脈に位置づけていない。ディーゼルのロンドンでの講演と、その2日後のチャーチルの演説。チャーチルのセランディア号視察の直後の、ヴィルヘルムのフィオニア号視察。チャーチルが液体燃料の独占を彼の「褒美」の前に立ちはだかる障害と特定したように、ディーゼルが１９１２年に燃料独占を打破すると誓っていたこと。ばらばらの出来事に重要な関連性があったことに触れていない。１９１３年9月29日以降のメディア報道の奇妙な展開を精査したり、ドレスデン号の乗務員の証言を見直したりもしていない。そうした記事は新聞のアーカイブで入手可能だというのに。マルタがミュンヘンから姿を消したのと時を同じくして、ディーゼルがカナダで発見されたという謎の報道が出てきたことについても、誰も追及していない。これらのニュース報道を見つけるのはたしかに難しかったが、過去の著者たちがそもそもれらを探していないのは、記事から新事実が見つかるかもしれないとは考えていなかったせいだ。彼らはみな、ディーゼルが１９１３年に亡くなったと思い込んでいた。

どの伝記も、１９０７年のＭＡＮ社との訴訟や、アウクスブルクに本拠を置く会社との決別、アメリカやイギリスとのより緊密な連携など、ディーゼルの最後の数年間の軌跡をたどっていない。伝記には多くの洞察が含まれているが、自殺という致命的な誤解を出発点にするかぎり、彼の最後の日々を正しく理解することはできない。１９０７年から13年までのディーゼルの行動や手紙は、しかるべき文脈で読み返すと、まったく新しい意味を帯びてくる。

これまでの伝記はいずれも、自殺を当然の帰結としている。誰も彼を真に理解していない。ディーゼルの動機と彼の運命に関するすべての手がかりは、歳月や謀略の霧のなかでうやむやにされてきたが、見つけることは可能だ。ばらばらに散らばり、長いあいだ無視されてきた糸をつなぎ合わせて初めて、ルドルフ・ディーゼルの全体像を描くことができるのだ。

Segall, Grant. *John D. Rockefeller: Anointed with Oil.* New York: Oxford University Press, 2001.
Smith, Gaddis. *Britain's Clandestine Submarines, 1914–1915.* New Haven: Yale University Press, 1964.
Thomas, Donald Jr. *Diesel: Technology and Society in Industrial Germany.* Tuscaloosa: University of Alabama Press, 1987.
Watson, Graham. *Year of the Diamond Jubilee Naval Review: Royal Navy Ship Deployments 1897.*
Yergin, Daniel. *The Prize: The Epic Quest for Oil, Money & Power.* New York: Touchstone, 1991.［ダニエル・ヤーギン著『石油の世紀：支配者たちの興亡〈上・下〉』日本放送出版協会、1991年］

Fromkin, David. *The King and the Cowboy: Theodore Roosevelt and Edward the Seventh, Secret Partners.* New York: Penguin Press, 2008.

Gilbert, Martin, *Churchill: A Life.* London: Heinemann, 1991.

Grosser, Morton. *Diesel: The Man and the Engine.* New York: Atheneum, 1978.

Harford, Tim. "How Rudolf Diesel's Engine Changed the World," BBC News. December 19, 2016.

Hargreaves, Steve. "Willie Nelson's Biofueled Bus," CNNMoney. September 27, 2007.

Holian, Timothy J. "Adolphus Busch," in *Immigrant Entrepreneurship: German-American Business Biographies, 1720–the Present, Vol. 3.* German Historical Institute. Updated 2013.

Hordenfelt, Thorsten. "On Submarine Boats," *Royal United Services Institution Journal* 30, no. 133 (1886): 149–73.

Hull, Isabel V. *The Entourage of Kaiser Wilhelm II, 1888–1918.* Cambridge, UK: Cambridge University Press, 2004.

Illies, Florian. *1913: The Year Before the Storm.* London: Melville House, 2013.［フローリアン・イリエス著『1913：20世紀の夏の季節』河出書房新社、2014年］

Knudsen, Ivar. "A Smokeless Marine: Denmark's Recent Development of the Diesel Motor." *The American-Scandinavian Review*, Vol. II. Published by the American-Scandinavian Foundation, New York. 1914.

Langer, William L., ed. *Western Civilization.* New York: American Heritage Publishing Company, 1968.

Levada, C. L., H. Maceti, I. J. Lautenschleguer, and M. M. O. Levada. "Who Wants Rudolf Diesel's Death?" *Discovery Science* 7, no. 17 (2013): 11–14.

Lyons, Justin. "Churchill on Science and Civilization." *The New Atlantis*. Summer 2010.

Magdeburger, E. C. "Diesel Engine in United States Navy." *Journal of the American Society for Naval Engineers* 61, no.1 (February 1949): 45–93.

Marder, Arthur J. *From the Dreadnought to Scapa Flow, The Royal Navy in the Fisher Era, 1904–1919. Vol. 1: The Road to War, 1904–1914.* London: Oxford University Press, 1961.

Massie, Robert K. *Castles of Steel: Britain, Germany, and the Winning of the Great War at Sea.* New York: Random House, 2003.

———. *Dreadnought: Britain, Germany, and the Coming of the Great War.* New York: Random House, 1991.

McCormick, Donald. *Peddler of Death.* London: Holt, Rinehart and Winston, 1965.

Meyer, Paul. *Beiträge zur Geschichte des Dieselmotors.* Berlin: Springer, 1913.

Mohave County Miner. October 5, 1912.

Moon, John F. *Rudolf Diesel and the Diesel Engine.* London: Priory Press, 1974.

Nitske, Robert W., and Charles Morrow Wilson. *Rudolf Diesel: Pioneer of the Age of Power.* Norman: University of Oklahoma Press, 1965.

Perkins, J. D. "The Canadian-built British H-boats," Great War Document Archive, 1999.

Rabbidge, William F. "Some Barrow Light Weight Oil Engines." Trans., Barrow Association of Engineers, 1930. Papers of Philip F. Rabbidge.

Röhl, John C. G. *Young Wilhelm: The Kaiser's Early Life, 1859–1888.* Cambridge, UK: Cambridge University Press, 1998.

Schnauffer, Kurt. *Die Erfindung des Dieselmotors, 1890–1893.* Part 1. Translated by Henry I. Willeke, unpublished manuscript in the Historical Archive MAN Augsburg, 1954.

"Science: His Name Is an Engine." *Time*. December 9, 1940.

参考文献

Andrew, Christopher. *Her Majesty's Secret Service: The Making of the British Intelligence Community.* New York: Viking, 1986.

Best, Geoffrey. *Churchill: A Study in Greatness.* London: Hambledon & London, 2001.

Boyd, Carl L. "The Wasted Ten Years, 1888–1898: The Kaiser Finds an Admiral." *Royal United Services Institution Journal* 111, no. 644 (1966): 291–97.

Carr, Albert Z. *John D. Rockefeller's Secret Weapon.* New York: McGraw-Hill, 1962.

Cave Brown, Anthony. *Bodyguard of Lies.* London: W. H. Allen, 1975.[アンソニー・ケイヴ・ブラウン著『謀略：第二次世界大戦秘史〈上・下〉』フジ出版社、1982年]

Chandler, David Leon. *Henry Flagler: The Astonishing Life and Times of the Visionary Robber Baron Who Founded Florida.* New York: Macmillan, 1986.

Chernow, Ron. *Titan: The Life of John D. Rockefeller, Sr.* New York: Random House, 1998.[ロン・チャーナウ著『タイタン：ロックフェラー帝国を創った男〈上・下〉』日経BP、2000年]

Clerk, Dugald. *The Gas and Oil Engine.* Sixth Edition. London: Longmans, Green, 1894.

Cummins, Lyle. *Diesels for the First Stealth Weapon: Submarine Power 1902–1945.* Wilsonville, Oregon: Carnot Press, 2007.

———. *Internal Fire: The Internal Combustion Engine 1673–1900.* Third Edition. Wilsonville, Oregon: Carnot Press, 2000.

———. *Diesel's Engine: From Conception to 1918.* Wilsonville, Oregon: Carnot Press, 1993.

Debruyne, Emmanuel. "Espionage." *1914–1918 Online: International Encyclopedia of the First World War.* Berlin: Freie Universität Berlin, 2014.

Diesel, Eugen. *Diesel: der Mensch, das Werk, das Schicksal.* Hamburg: Hanseatische Verlagsanstalt, 1937.

———. *Germany and the Germans.* Translated by W. D. Robson-Scott. London: Macmillan & Co., 1931.

Diesel, Eugen, et al. *From Engines to Autos: Five Pioneers in Engine Development and Their Contributions to the Automotive Industry.* Chicago: Henry Regnery Company, 1960.[E.ディーゼル著他『エンジンからクルマへ：オットー・ダイムラー・ベンツ・ディーゼル・ボッシュ』山海堂、1984年]

Diesel, Rudolf. *Die Entstehung des Dieselmotors.* Berlin: Springer-Verlag, 1913.[ルドルフ・ディーゼル著『ディーゼルエンジンはいかにして生み出されたか』山海堂、1993年]

———. *The Present Status of the Diesel Engine in Europe and a Few Reminiscences of the Pioneer Work in America.* A Collection of Lectures Delivered by Dr. Diesel in America. Published by Busch-Sulzer Brothers Diesel Engine Company, Saint Louis, Missouri, 1912.

Fisher, Lord. *Memories and Records by Admiral of the Fleet Lord Fisher, Vol I.* New York: George H. Doran Company, 1920.

———. *Memories and Records by Admiral of the Fleet Lord Fisher, Vol II.* New York: George H. Doran Company, 1920.

Friedman, Morris. *The Pinkerton's Labor Spy.* New York: Wilshire Book Co., 1907.

361　非常によく出来ていて：Cummins, *Diesels for the First Stealth Weapon*, 234.
363　ウィリアム・ラビッジが発表した技術論文：William F. Rabbidge, "Some Barrow Light Weight Oil Engines." Trans., Barrow Association of Engineers, 1930. Papers of Philip F. Rabbidge.
365　詳細な記録をなぜか破棄していた：Cummins, *Diesels for the First Stealth Weapon*, 195–6.
372　一例を挙げると、UB-52は：the Canadian-built submarine: Smith, *Britain's Clandestine Submarines, 1914–1915*, 132.
376　農家が自分たちの燃料を育て：Steve Hargreaves, "Willie Nelson's Biofueled Bus," CNNMoney, September 27, 2007.

エピローグ

382　1932年、キャタピラーはオレゴン州の農場でデモ運転を行って：Nitske and Wilson, *Rudolf Diesel*, 259.
382　年間5.65%の堅調な成長を遂げると予想されている："Diesel Market 2023 Research Report Which Shows Huge Growth Rate, Revenue, Progress Insight and Forecast to 2028," Marketwatch, February 3, 2023.
383　先の戦争でアメリカ合衆国は数千隻の艦艇を建造し：Magdeburger, "Diesel Engine in the United States Navy," 91.
385　私たちは機械や技術と折り合いをつけなければならないが：Diesel, *From Engines to Autos*, 232.

余話　MAN社の秘密——第一次世界大戦前夜の戦艦用ディーゼルエンジン

393　第一次世界大戦の最初の数カ月：Massie, *Castles of Steel*, 39–44.
394　MAN社の最初のテストエンジンは：Cummins, *Diesel's Engine*, 663.
395　1914年12月22日：同上、675

第22章　高まる圧力

295　ドイツ語で会談を進めなければならない：Massie, *Dreadnought*, 809.
296　年間を通じてあらゆるクラスの艦船の攻撃力が：Smith, *Britain's Clandestine Submarines, 1914–1915.*
297　ドイツが1920年までに：同上
298　この会談の2年後の1914年6月：Massie, *Dreadnought*, 852.

第23章　最後の数カ月

303　薬指はずたずたで：E. C. Magdeburger, "Diesel Engine in the United States Navy," *Journal of the American Society for Naval Engineers* 61, no. 1 (February 1949): 45–93.
305　ディーゼル邸でのすてきな6月の小宴：Nitske and Wilson, *Rudolf Diesel*, 236.
307　彼はさらに、人生を終わらせるいちばん簡単な方法は：Illies, *1913*, 241.
307　休暇明けで戻ってきた使用人たちが：Grosser, *Diesel*, 85–6.
309　独創的な才能を持つ人々は：Diesel, *Germany and the Germans*, 225.
309　ただし、結婚式の間はアーノルドを：Nitske and Wilson, *Rudolf Diesel*, 199.
310　愛する息子、オイゲンへ：Cummins, *Diesel's Engine*, 719–20.
310　妻へ、君はこの世界で私のすべてだった：同上
311　私は依然、自動車向けディーゼルエンジンの実用化も：Diesel, *Diesel*, 418.
311　お互いにまだ若かったころから：Nitske and Wilson, *Rudolf Diesel*, 238.
312　私がどれほど君を愛しているか、わかるかい?：Cummins, *Diesel's Engine*, 720.
313　（この万博全体の）ハイライトは：書簡（アウクスブルクMAN社・歴史アーカイブ所蔵）
313　石油トラストによる操作のせいで：同上
315　1913年の夏、ミュンヘンではいろいろなことが起きていた：Illies, *1913*, 112.

第24章　蒸気船ドレスデン号　1913年９月29日

316　きっと「ディーゼル」と名乗るだけで：Nitske and Wilson, *Rudolf Diesel*, 244.
318　断固として、死亡証明書の発行や：同上、245
318　乗務員たちへの聴取も公式な検死官報告も：同上、246

第25章　世界の反応

331　ミュンヘンの家族のもとに届いたという電報は：*Alaska Daily Empire*, January 23, 1919.

第26章　有力な仮説

345　このときヒューバート船長は：Nitske and Wilson, *Rudolf Diesel*, 245.

第27章　オペレーション・ルドルフ・ディーゼル

351　旧約聖書のある一節を読んだ：Diesel, *Diesel*, 72.

第28章　痕跡

356　D通告システムは、イギリス特有の取り決めで：Betsey Reed, "The D-notice System: A Typically British Fudge That Has Survived a Century," *Guardian*, July 31, 2015.
359　1915年の元日、イギリス海軍本部が派遣した：J. D. Perkins, "The Canadian-built British H-boats," Great War Document Archive, 1999.
360　この作戦によって：Smith, *Britain's Clandestine Submarines, 1914–1915*, 107.

259　潜水艦の建造が可能な工場に：Smith, *Britain's Clandestine Submarines*, 23.
260　得意の秘密工作で：Diane Cole, "'Sidney Reilly' Review: Spy in His Own Service," *Wall Street Journal*, October 27, 2022.
263　マーリース社に戦車用ディーゼルエンジンの開発を命じたが：Nitske and Wilson, *Rudolf Diesel*, 207.
263　チャーチルもその対策を講じ：Massie, *Castles of Steel*, 19.

第21章　西方の大いなる光、アメリカ

264　業績が認められるには生まれるのが早すぎた：Nitske and Wilson, *Rudolf Diesel*, 198.
265　世界最高のマジシャン：*Mohave County Miner*, October 5, 1912.
266　運行中のディーゼルエンジン搭載船は365隻：Rudolf Diesel, *The Present Status of the Diesel Engine in Europe and a Few Reminiscences of the Pioneer Work in America.* A Collection of Lectures Delivered by Dr. Diesel in America. Published by Busch-Sulzer Brothers Diesel Engine Company, Saint Louis, Missouri, June 1, 1912, 27.
267　蒸気船ではエンジンやボイラーが上甲板のあたりまで達する：同上
268　煙突がないため：同上、36-7
269　昨日、私は貴殿に：書簡、1912年8月28日（ケンブリッジ、チャーチル・アーカイブセンター所蔵）
269　クルップ社は、燃料補給なしで：Lord Fisher, *Memories and Records by Admiral of the Fleet Lord Fisher, Vol. II.* New York: George H. Doran Company, 1920, 191.
270　設計図の準備はすべて整った：Lord Fisher, *Memories and Records by Admiral of the Fleet Lord Fisher, Vol. I.*, 217.
270　今日、植物油をエンジン燃料として使うことに：Diesel, *The Present Status of the Diesel Engine in Europe and a Few Reminiscences.*
270　あるところ（国々）ではもっぱら石炭がとれる：同上
272　どんなかたちであれ高効率化を図るには弱すぎ：Thomas Jr., *Diesel*, 15. スケッチ（アウクスブルクMAN社・歴史アーカイブ所蔵）
272　太陽の熱から動力を生み出すことができる：Diesel, *The Present Status of the Diesel Engine in Europe and a Few Reminiscences.*
273　ひとつ確かなことがあります：同上
273　自分が開発した熱機関車を：Nitske and Wilson, *Rudolf Diesel*, 208.
274　私に特定の出身地はありません：同上、223
274　ドイツ参謀本部の力は、ほかのどの分野よりも：同上
274　私と父は一緒に多くの旅をし：Diesel, *Germany and the Germans*, 226.
275　軍隊精神がしばしば：同上、166
275　西方の大いなる光：Nitske and Wilson, *Rudolf Diesel*, 180.
275　基本的に私は、アメリカ人は：同上、228
276　興味深い展開ですね：同上、208
277　ルドルフは新聞の見出しを切り抜き、日記に貼りつけた：日記（アウクスブルクMAN社・歴史アーカイブ所蔵）
277　古代世界でこの無名の存在（発見者）：E・D・マイアーからジェームズ・ハリスへの手紙、1912年6月13日（ウィスコンシン歴史協会所蔵）
279　ペンシルベニア鉄道とヘンリー・フォードが：Nitske and Wilson, *Rudolf Diesel*, 237–8.
281　家に入ると、椅子は座り心地がよいとは言えず：同上、231-2
283　数十人、数百人の技術者の労力を「結集」したエンジンは：Nitske and Wilson, *Rudolf Diesel*, 233.
286　第一次世界大戦中：Cummins, *Diesels for the First Stealth Weapon*, 283.
286　ディーゼルが1897年につくった量産向けエンジンは：Thomas Jr., *Diesel*, 118.

221 フランスがここまできたのだから：Cummins, *Diesel's Engine*, 482.
223 MANは1910年4月、このエンジンのテストを成功させた：同上、485-6
224 第一次世界大戦前の数年間：Cummins, *Diesels for the First Stealth Weapon.* Page 35, 158, and 175.
225 ロバート・スコットも同時期に：Florian Illies, *1913: The Year Before the Storm.* London: Melville House, 2013.［フローリアン・イリエス著『1913: 20世紀の夏の季節』(河出書房新社)］

第17章　新時代の夜明け

230 ディーゼルエンジン総括会社の役員会は1911年2月27日に会社を解散させた：Thomas Jr., *Diesel*, 193–4.

第18章　ルドルフ、単独行動をとる

233 われわれが当地でやってきたことをすべて否定するのは：Cummins, *Diesel's Engine*, 308.
234 ディーゼルエンジンに関して：同上、325
235 ここ数年間に進水したすべての戦艦や巡洋艦が：同上、351
236 何ともひどい思い違いだった!：同上、676
237 世界中で彼(クヌッセン)ほど：Grosser, *Diesel*, 78.
238 大戦終結までにケルティングは：Cummins, *Diesel's Engine*, 619.
239 魚雷攻撃に備えよ：Robert K. Massie, *Castles of Steel: Britain, Germany, and the Winning of the Great War at Sea.* New York: Random House, 2003, 154.
239 ドイツの潜水艦エンジンをコピーしようと：Cummins, *Diesels for the First Stealth Weapon*, 601.
242 君のいたずら：Nitske and Wilson, *Rudolf Diesel*, 238.
242 世界中でアメリカ合衆国ほど：同上、209

第19章　イギリス海軍一行、セランディア号に乗る

247 煙が見えなかったせいだろう：Knudsen, "A Smokeless Marine: Denmark's Recent Development of the Diesel Motor."
247 セランディア号はたびたび：同上
248 イギリス人はバイキングがイングランドに刻んだ足跡を：同上
248 (セランディア号は)海運の発展における：Grosser, *Diesel*, 80.
249 クヌッセンも記しているが：John F. Moon, *Rudolf Diesel and the Diesel Engine.* London: Priory Press, 1974, 74.
253 国の最も価値ある宝：Rudolf Diesel, "The Diesel Oil Engine and Its Industrial Importance, Particularly for Great Britain." June 1912.
253 万一、戦争が起きて：同上
254 世界に冠たる海運国家であるイギリス：同上
255 設備全体を視察するため：Knudsen, "A Smokeless Marine: Denmark's Recent Development of the Diesel Motor."
256 最初の12年間で運航距離は：Grosser, *Diesel*, 80.

第20章　海軍大臣の秘策

258 潜水艦にできるのは獲物を沈めることだけ：Gaddis Smith, *Britain's Clandestine Submarines, 1914–1915.* New Haven: Yale University Press, 1964, 18.
258 海軍の強さは：Nitske and Wilson, *Rudolf Diesel*, 19.

168　エンジニアは新時代に突入しようとしている：書簡（アウクスブルクMAN社・歴史アーカイブ所蔵）
168　ディーゼルエンジンを発明したのは実によいことだったが：Diesel, *Diesel*, 373–4.
168　多くの先例と同様に：Thomas Jr., *Diesel*, 65. Karl Figdorの書評を引用。
169　ディーゼルは自然宗教の概念を重視していた：Thomas Jr., *Diesel*, 56–7.

第13章　眠れる巨人について考える

170　記録は200ページ近くに及び：1904年のアメリカ旅行に関するすべての引用は、アウクスブルクMAN社・歴史アーカイブに保管されているディーゼルの手書きの日記からのもので、ゲルハルト・ライヒ（著者が通っていたハバーフォード・スクールのドイツ語教授）が翻訳を担当した。

第14章　牙をむく旧勢力《オールドハウス》

184　その数十年間、ピンカートン社は収益の大部分を：Morris Friedman, *The Pinkerton's Labor Spy.* New York: Wilshire Book Co., 1907.
187　やさしい輝き：Chernow, *Titan*, 261.

第15章　カイザー、「リスク理論」を採用

191　対照的に、イギリス海軍は15隻の：Graham Watson, *Year of the Diamond Jubilee Naval Review: Royal Navy Ship Deployments 1897.*
195　ありえない！：Massie, *Dreadnought*.
196　指揮官の立場：同上、184
197　グロテスクなロブスターごときに：同上、346
199　フィクションのかたちで事実を示す：同上、635
202　（フィリは）ルーティンだらけの日常に：同上、666
203　非常に多難な1年で：同上
205　ドイツ皇帝は煙を上げスクリューをまわす：同上、687
206　ある。もしもやつらがやって来たら：Andrew, *Her Majesty's Secret Service*, 54.

第16章　武力と武力のはざまで

208　戦争は実際に、人類を滅ぼしかねない：Justin D. Lyons, "Churchill on Science and Civilization," *The New Atlantis*, Summer 2010.
209　そして武力による勝利が：Diesel, *Germany and the Germans*, 224.
211　ノーベルはほぼ同型の「サルマート号」も：Cummins, *Diesel's Engine*, 290.
212　船の上で朝食：同上、478
212　記念すべきイベントを：Thomas Jr., *Diesel*, 207.
213　弱者の兵器：Lyle Cummins, *Diesels for the First Stealth Weapon: Submarine Power 1902–1945.* Wilsonville, Oregon: Carnot Press, 2007, 15.
213　潜水艦というアイデア自体には：Thorsten Hordenfelt, "On Submarine Boats," *Royal United Services Institution Journal* 30, no. 33 (1886): 149–173.
214　ジョージが浮かび上がってこなかったら：Massie, *Dreadnought*, 455.
215　ディーゼル発動機は実用段階：Cummins, *Diesels for the First Stealth Weapon.* Page 38 references the French Naval Ministry report.
217　操縦者は手動ハンドルを：Grosser, *Diesel*, 77.
218　M・P・サイリンガー博士：同上、91
220　ディーゼルモーターはすばらしい：Grosser, *Diesel*, 78.

127　彼らは、父が研究室にこもっていたときには：Diesel, *From Engines to Autos*, 219.
129　ロバート・ボッシュはのちに：Christopher Andrew, *Her Majesty's Secret Service: The Making of the British Intelligence Community.* New York: Viking, 1986, 383.

第10章　ケルヴィン卿、口火を切る

133　ほぼ合意に達したかと思うと：Diesel, *Diesel*, 260.
134　ディーゼル式の空気加熱方式は：1898年5月18日、フィラデルフィアのフランクリン研究所で行われたE・D・マイアーの講演では、ケルヴィン卿の報告書が引用された。
136　1897年6月16日の講演録を刊行して以来：E・D・マイアー『Report on Diesel Motor』、1897年10月4日（アウクスブルクMAN社・歴史アーカイブ所蔵）
138　アメリカのライセンスに対する「希望額」を尋ねた：Nitske and Wilson, *Rudolf Diesel*, 125–6.
138　何もかも蜃気楼のように：Diesel, *From Engines to Autos*, 221.
141　ルドルフ・ディーゼルは1898年2月14日：Diesel, *Diesel*, 288–9.
141　エマヌエルは1899年、ロシア初の：Nitske and Wilson, *Rudolf Diesel*, 173.
144　ディーゼル氏は契約にあたって：Meier, *Report on Diesel Motor.*
145　陰気で薄汚い片隅で：Diesel, *Diesel*, 293.

第11章　グランプリ目前のつまずき

147　ひょっとすると、私は：Eugen Diesel, *Diesel*, 260. 書簡の写し（アウクスブルクMAN社・歴史アーカイブ所蔵）
149　娘のヘディは13歳で：Nitske and Wilson, *Rudolf Diesel*, 130.
150　始動から10分ほど経ったところで：Paul Meyer, *Beiträge zur Geschichte des Dieselmotors.* Berlin: Springer, 1913, 37.
151　エンジンは開発したものの：Diesel, *Diesel*, 318–22.
152　偉大な発明品が大々的な成功を：1899年7月6日付書簡（アウクスブルクMAN社・歴史アーカイブ所蔵）
153　アウクスブルクから来た整備士：Diesel, *Diesel*, 327.
153　自ら訓練を施して採用した技術者たちを：Nitske and Wilson, *Rudolf Diesel*, 129.
153　生涯ただひとつの真の目標：書簡、1898年7月16日（アウクスブルクMAN社・歴史アーカイブ所蔵）
155　アメリカからの出展は：Nitske and Wilson, *Rudolf Diesel*, 151–2.
157　ドイツのディーゼルエンジンの台数はほぼ3倍に：市場分析レポート（アウクスブルクMAN社・歴史アーカイブ所蔵）
158　体調不良の原因が：書簡、1898年7月16日（アウクスブルクMAN社・歴史アーカイブ所蔵）
158　ツェッペリン伯爵はディーゼルに：Grosser, *Diesel*, 70–1.

第12章　成功の光と影

159　手ごろな土地に、ささやかな家を：Nitske and Wilson, *Rudolf Diesel*, 157.
161　ヘディはスイスの一流：Thomas Jr., *Diesel*, 25.
161　私たちはみんなそろって父の演奏を：Nitske and Wilson, *Rudolf Diesel*, 159.
164　おまえはそこで人生の真実や：Thomas Jr., *Diesel*, 37.
165　一人ひとりとオーナーシップを分かち合う：Nitske and Wilson, *Rudolf Diesel*, 164.
165　寛大すぎるのはいかがなものか：同上、145
166　戦争に対する保険：同上、164
166　連帯主義とは：Thomas Jr., *Diesel*, 56.
167　結果というものは：書簡、1892年2月11日（ドイツ博物館所蔵）

Springer-Verlag, 1913, 1. ［ルドルフ・ディーゼル著『ディーゼルエンジンはいかにして生み出されたか』（山海堂）］
94　機械を修理していると：Thomas Jr., *Diesel*, 16.
95　重い不眠症に苦しんでいて：同上
95　歯科治療、宝飾品づくり：同上、53
95　一日じゅう、仕事に出て：同上、16
96　遅れたからといって：Diesel, *Diesel*, 170.
97　当地の情勢は不安定と言うほかなく：Thomas Jr., *Diesel*, 17.
98　1キロの石炭を燃やして得られる熱量は：Morton Grosser, *Diesel: The Man and the Engine*. New York: Atheneum, 1978, 14.
99　次のステップへ進む覚悟：Diesel, *Diesel*, 187.

第８章　ヴィルヘルム２世、海軍にかける野望

103　ビスマルクの前に、興味深いネメシス：Massie, *Dreadnought*, 209.
104　何本もの線路が交錯する：同上、82
105　余はドイツ政治の唯一の主であり：同上、267
105　大昔の政治体制への回帰：同上、45
105　ヴィルヘルム大帝には：同上、106
106　（ヴィルヘルムは）弁解を試みたが：同上、284
107　現在の情勢はこれまでとたいへん異なり：同上、241

第９章　ディーゼルパワーの誕生

110　火もつけていないのに火口が光って：Diesel, *From Engines to Autos*, 190.
110　さて、想像してみよう：同上
112　もちろん、私たちエンジニアにとって：Dugald Clerk, *The Gas and Oil Engine*. Sixth Edition. London: Longmans, Green, 1894.
112　うれしいじゃないか：Kurt Schnauffer, *Die Erfindung des Dieselmotors, 1890–1893*. Part 1. 未発表原稿、1954年（アウクスブルクMAN社・歴史アーカイブ所蔵）
112　君の方向性は鋭くも正しい：Lyle Cummins, *Diesel's Engine: From Conception to 1918*. Wilsonville, Oregon: Carnot Press, 1993, 36.
114　小冊子を刊行すると：Diesel, *From Engines to Autos*, 206.
115　あらゆる面から慎重に検討した結果：Schnauffer, *Die Erfindung des Dieselmotors*.
116　貴殿から4月6日：書簡、1892年4月20日（アウクスブルクMAN社・歴史アーカイブ所蔵）
117　爆発が起きたのは：Lyle Cummins, *Internal Fire: The Internal Combustion Engine 1673–1900*. Third Edition. Wilsonville, Oregon: Carnot Press, 2000, 319.
117　エンジンは作動せず：Nitske and Wilson, *Rudolf Diesel*, 210–11.
118　機械は不完全だが：同上、90
119　あなたのお仕事と、成果を待ち望む：Nitske and Wilson, *Rudolf Diesel*, 86 and 100.
119　勇気を。ほんのしばらくでいいですから：Diesel, *From Engines to Autos*, 213.
120　私のモーターは：Diesel, *Diesel*, 235.
121　ミュンヘンは美しく：Nitske and Wilson, *Rudolf Diesel*, 91.
122　シンプルに「ディーゼルエンジン」がいいわ：Diesel, *From Engines to Autos*, 216.
123　工場で働く者全体が：Cummins, *Diesel's Engine*, 126.
123　（ディーゼルエンジンが）ほかのどんなオイルエンジンよりも：書簡、1894年1月23日（アウクスブルクMAN社・歴史アーカイブ所蔵）

Coming of the Great War. New York: Random House, 1991, 27–8.
47　プリンスは泣き泣き：同上
47　私に乗馬は無理だという考えは：同上
48　ビスマルク公は私たちの運命の唯一絶対的な支配者：同上、32
51　ドイツが道しるべとする星は：Eugen Diesel, *Germany and the Germans.* London: MacMillan & Co., 1931, 224.

第4章　誰のおかげで大きくなった？

54　経営陣や主要なエンジニアの名前を耳にし：Diesel, *From Engines to Autos*, 190.
55　食糧の蓄えが減っている／父と一緒に：ルイーゼ・ディーゼルの日記、1871年1月（アウクスブルクMAN社・歴史アーカイブ所蔵）
56　あと1年：書簡、1872年9月11日（アウクスブルクMAN社・歴史アーカイブ所蔵）
57　一緒に遊んだり物語を聞かせたりして：Donald Thomas Jr., *Diesel: Technology and Society in Industrial Germany.* Tuscaloosa: University of Alabama Press, 1987, 9.

第5章　石油がゲームをひっくり返す

61　すきあらば息子たちを引っかける：Grant Segall, *John D. Rockefeller: Anointed with Oil.* Oxford Portraits. New York: Oxford University Press, 2001.
62　ドクター・ウィリアム・A・レヴィングストン、本日来たる：Ron Chernow, *Titan: The Life of John D. Rockefeller, Sr.* New York: Random House, 1998.［ロン・チャーナウ著『タイタン：ロックフェラー帝国を創った男』（日経BP）］
63　並外れた能力と信頼を備えた：同上
65　ジョージ・ガードナー、あんたほど：同上、65
67　市場は活況を呈し：同上
72　われわれは鉄道会社とパートナーシップを：David Leon Chandler, *Henry Flagler: The Astonishing Life and Times of the Visionary Robber Baron Who Founded Florida.* New York: Macmillan, 1986, 73.
72　金を稼ぐ力は神からの贈り物：Chernow, *Titan.*
73　28人編成のチームが：Chandler, *Henry Flagler*, 72.
73　あるとき、ロックフェラーは：同上

第6章　理想の追求

80　見出しをつけた2ページ：ディーゼルのノートより（アウクスブルクMAN社・歴史アーカイブ所蔵）
81　一着きりのスーツを汚さないように：Nitske and Wilson, *Rudolf Diesel*, 51.
83　そのとき以来、カルノーの理想の：Thomas Jr., *Diesel*, 80.

第7章　給料より大事なもの

86　うってつけだとリンデは考えた：Nitske and Wilson, *Rudolf Diesel*, 55.
88　あの人は感じがよくて、謙虚で：Thomas Jr., *Diesel*, 11–12.
88　幅広く、そして激しく：Nitske and Wilson, *Rudolf Diesel*, 61.
90　あと2、3通やりとりしたら：Diesel, *Diesel*, 153.
91　どうやら、偏ったスピリチュアリズムを：Thomas Jr., *Diesel*, 12.
92　われわれのゴールは：同上
93　アイデアはどうやって生まれるのか？：Rudolf Diesel, *Die Entstehung des Dieselmotors.* Berlin:

出典

プロローグ

13　発明家、海に落とされる：Tim Harford, "How Rudolf Diesel's Engine Changed the World," BBC News, December 19, 2016. この記事は、ルドルフ・ディーゼルが皇帝ヴィルヘルム2世かロックフェラーによって殺害されたとする、当時の見出しを紹介している。同じ見出しがHistory.comの "Inventor Rudolf Diesel Vanishes", November 13, 2009にも掲載されている。

13　人類が成しえた最も偉大な：*Albuquerque Morning Journal*, February 13, 1912.

13　今世紀で最も完璧な海の傑作：Ivar Knudsen, "A Smokeless Marine: Denmark's Recent Development of the Diesel Motor," *The American-Scandinavian Review*, Vol. II. Published by the American-Scandinavian Foundation, New York. 1914. チャーチルのこの発言は、のちに他の出版物でも取り上げられた。

13　偉大なマジシャン：*Mohave County Miner* [Kingman, Arizona], October 5, 1912.

15　私がどれほど君を愛しているか、わかるかい?：書簡、1913年9月28日（アウクスブルクMAN社・歴史アーカイブ所蔵）

第1章　国際人としてのアイデンティティー

20　ある朝、父親の作業中に：Eugen Diesel, *From Engines to Autos: Five Pioneers in Engine Development and Their Contributions to the Automotive Industry.* Chicago: Henry Regnery Company, 1960, 186.［オイゲン・ディーゼル著『エンジンからクルマへ：オットー・ダイムラー・ベンツ・ディーゼル・ボッシュ』（山海堂）］

23　9歳のルドルフも好奇心に目を輝かせながら：同上

27　父と子は暖かな日差しを浴びて歩き始めた：Robert Nitske and Charles Morrow Wilson, *Rudolf Diesel: Pioneer of the Age of Power.* Norman: University of Oklahoma Press, 1965, 5.

29　まるで自分のポケットの中のように：同上

29　きっとパリで最も美しい少年のひとり：同上、17

30　デッサンは：Diesel, *Engines to Autos*, 187.

31　ぼくは嘘つきです：Eugen Diesel, *Diesel: der Mensch, das Werk, das Schicksal.* Hamburg: Hanseatische Verlagsanstalt, 1937, 33.

33　パンひとかたまり：同上

第2章　ロンドンでの体験

35　箱詰めにした持ち物を引きずって：Nitske and Wilson, *Rudolf Diesel*, 25.

40　12歳の少年というより：同上、37

40　葉巻の箱を使って、操車場も完備した鉄道模型を：Diesel, *From Engines to Autos*, 189.

41　パリでは、フランスならではの：同上、191

第3章　ヨーロッパの新しい帝国

47　あの哀れな、不幸な腕でさえなければ：Robert K. Massie, *Dreadnought: Britain, Germany, and the*

写真クレジット

口絵

1. Historical Archive MAN Augsburg
2. Historical Archive MAN Augsburg
3. Historical Archive MAN Augsburg
4. No credit
5. Public domain
6. Public domain
7. Public domain
8. Historical Archive MAN Augsburg
9. Historical Archive MAN Augsburg
10. Courtesy of the Deutsches Museum
11. Courtesy of the Deutsches Museum
12. Getty
13. Historical Archive MAN Augsburg
14. Getty
15. Getty
16. No credit
17. Public domain
18. Getty
19. Getty
20. Getty
21. Getty
22. Public domain
23. Public domain
24. No credit
25. Public domain

本文

p.32 Historical Archive MAN Augsburg
p.110 Historical Archive MAN Augsburg
p.185 No credit
p.189 Public domain
p.210 Public domain
p.249 Public domain
p.268 Public domain
p.292 Public domain
p.305 Papers of Chester W. Nimitz, Naval History and Heritage Command, Washington, D.C.
p.330 Public domain
p.334 Map designed by Matt Mayers; © Douglas Brunt
p.335 Public domain
p.358 Public domain
p.373 Royal Navy Submarine Museum
p.391 Public domain

■著者紹介

ダグラス・ブラント（Douglas Brunt）

小説『Ghosts of Manhattan』『The Means』『Trophy Son』の著者としてニューヨーク・タイムズのベストセラー入りを果たしている。衛星デジタルラジオSiriusXMの人気ポッドキャスト番組『Dedicated with Doug Brunt』のホストでもある。フィラデルフィア出身。妻と3人の子どもとともにニューヨークで暮らしている。より詳しい情報はDouglasBrunt.comで。

■訳者紹介

越智正子（おち・まさこ）

出版翻訳家。東京大学法学部卒業。全国紙の社会部などで勤務後、フェロー・アカデミーでノンフィクション、フィクションの翻訳を学ぶ。翻訳書に『人類初の南極越冬船 ベルジカ号の記録』（パンローリング）がある。

2025年4月2日　初版第1刷発行

フェニックスシリーズ⑯⓪

ルドルフ・ディーゼル失《しっ》踪《そう》事《じ》件《けん》
――歴史に埋もれたエンジン発明家

著　者　ダグラス・ブラント
訳　者　越智正子
発行者　後藤康徳
発行所　パンローリング株式会社
〒160-0023　東京都新宿区西新宿7-9-18　6階
TEL 03-5386-7391　FAX 03-5386-7393
http://www.panrolling.com/
E-mail　info@panrolling.com
装　丁　パンローリング装丁室
印刷・製本　株式会社シナノ

ISBN978-4-7759-4303-8

好評発売中

ベルリン 1928-1933

graphic novel

ジェイソン・リューツ【著】
ISBN 9784775942840
定価：本体 4,500円＋税

ワイマール時代の大都市を精巧に描き出した歴史スペクタクル。20カ国語に翻訳された海外マンガのベストセラー。

人類初の南極越冬船
ベルジカ号の記録

ジュリアン・サンクトン【著】
ISBN 9784775942819
定価：本体 2,000円＋税

極限を体験すると人はどうなってしまうのか？ 狂気の淵へ追いやられる男たちを追った波瀾万丈のサバイバル・ストーリー。

第三帝国のバンカー
ヤルマル・シャハト
ヒトラーに政権を握らせた金融の魔術師

シリル・テルノン【作画】、他
ISBN 9784775942932
定価：本体 4,000円＋税

知られざる孤高の経済学者。マンガでわかるナチス政権の台所事情。

ファスター
1930年代のモータースポーツカルチャー

ニール・バスコム【著】
ISBN 9784775942567
定価：本体 2,400円＋税

ナチスが支配する巨大な勢力に立ち向かった不屈の挑戦者たち。